위기와 상담

정태기 지음

상담과 치유
Counseling & Healing

위기와 상담

초판 1쇄 발행 1998년 1월 10일
　　7쇄 발행 2016년 11월 21일
지은이 : 정태기
발행인 : 정태기
펴낸곳 : 상담과치유

판권 ⓒ 상담과치유

06588 서울시 서초구 서초대로121(방배동)
전화 02-599-2466(대표)　599-2468(팩스)
E-mail : chci@chci.or.kr
http://www.chci.or.kr
ISBN 8-87670-07-03223
등록 1997. 6. 21(제 22-1163호)

값 15,000원

위기와 상담

책을 내면서

지금 창밖엔 영하 10도를 오르내리는 겨울 추위가 기승을 부리고 있다. 위기는 인간의 마음 속에 찾아드는 겨울이다. 목숨 바쳐 사랑해온 사람을 잃었을 때, 그리고 피땀 흘려 쌓아온 공든 탑이 무너져 내릴 때 인간의 마음엔 겨울이 찾아 온다. 그리하여 몸도 마음도 겨울처럼 얼어 붙어 버린다. 마음의 겨울이 너무 추워서 인생을 포기해 버리는 사람들이 얼마나 많은가! 모든 살아있는 것들은 추위에 지나치게 노출되면 얼어 죽어 버린다. 얼어서 죽는 것을 동사라 한다.

아들 딸 3남매를 애지중지 키워 온 어느 노부부가 아들 며느리들이 모여 서로 부모를 모시지 않겠다고 싸우는 소리를 우연히 듣게 되었다. 순식간에 이 부부의 마음속에 한겨울 눈보라가 몰아쳤다. 인간은 자기가 사랑해야 할 대상이나 자기를 사랑해 주어야 할 대상이 자기를 버린다고 생각될 때 겨울의 위기 속에 빠져든다. 아들 며느리들이 자기를 귀찮은 존재로 여기는 것을 아는 순간 부모의 마음과 몸은 얼어붙기 시작했다. 그로부터 삼일 후 어머니가 심장마비로 세상을 떴다. 아내까지 잃어버린 아버지는 더욱 추위를 느꼈다. 삼일 후에는 아버지마저 심장마비로 세상을 하직했다. 의사의 진단은 심장마비였다. 그러나 나의 진단은 다르다. 그들은 마음과 몸이 얼어서 죽은 동사자임에 틀림없다.

인간은 추운 겨울의 위기를 만나면 파멸할 수밖에 없는 존재인가? 그렇지 않다. 인류역사를 움직여 온 성숙한 사람들은 모두가 겨울의 추위에서 새로운 생명의 빛을 찾았던 사람들이다. 이처럼 겨울의 위기는 인간에게 피해를 줄 수도 있지만 인간을 변화 성장시키는 기회를 주기도 한다.

필자는 지금 오십 대 후반을 살아가고 있다. 어느 누구도 겨울을 겪지 않고 살아 갈 수 없듯이 나의 지나온 삶 가운데에도 수많은 겨울의 위기가 있었다. 중학교 일학년 때부터 3학년 졸업 때까지 나에겐 인생 최대의 꿈이 있었다. 사범학교에 입학해서 국민학교 선생님이 되는 것이 내 꿈이었다. 그런데 사범학교 입학시험에서 떨어졌다. 그순간 나에게 너무나 추운 겨울이 찾아왔다. 밤낮 3일동안 식음을 전폐할 정도의 혹한이었다. 고등학교 졸업 후, 수 의과대학 입학시험에 응시했다가 신체검사에서 귀의 이상이 발견되어 또 한 번 낙방의 고배를 마시게 되었을 때 겪었던 겨울도 너무 시린 것이었다. 그때 고향 섬에 들어가 바다를 친구 삼아 살았던 1년간의 겨울을 지금도 잊을 수 없다. 그리고 믿었던 사람들로부터 받은 배신은 나의 마음에 가장 혹독한 겨울의 위기를 몰고 왔다. 그들에게 쏟았던 나의 진실이 하루 아침에 모래성처럼 무너져버린 날, 나는 다시는 봄이 올 것 같지 않은 엄동설한의 한복판에서 오돌오돌 떨어야 했다.

지금 나는 내가 겪어 온 마음의 겨울들을 돌아본다. 오늘의 나는 과거의 추운 겨울 가운데서 싹트기 시작했다는 것을 깨닫는다. 너무 혹독한 겨울이었지만 그 겨울이 없었더라면 오늘의 나도 존재하지 못했을 것이다. 겨울의 위기 속에서 앞이 캄캄함을 느꼈지만 하나님은 내 마음의 겨울을 봄으로 들어서는 길목으로 삼으셨다.

위기 상담은 겨울의 추위 속에 떨고 있는 사람들에게 봄이 온다는 것을 알려주는 일이다. 한밤중을 헤매이는 사람들에게 새벽이 다가오고 있음을 깨우쳐 주는 일이다. 마음도 몸도 꽁꽁 얼어붙어서 꼼짝할 수 없는 사람들에게 다가가서 가슴으로 껴안고 얼어붙은 마음을 녹여주는 것이다. 내 마음을 알아주는 사람이 내 곁에 있을 때 나는 어떤 겨울의 추위도 이길 수 있다. 내가 혹독한 겨울의 위기 속에서 떨고 있을 때 나를 사랑하는 사람들이 주위에 있었다. 그들 때문에 오늘 내가 여기 서 있음을 나는 잘 알고 있다. 나는 하나님과 나를 사랑해 준 사람들에게 큰 빚을 갚는 마음으로 이 책을 세상에 내놓는다.

1998년 1월
정태기

위기와 상담 ●차례

책을 내면서 ……………………………………… 4

제1장 · 위기 상황
   1. 위기 속의 현대인 ……………………… 10
   2. 위기와 상담 ……………………………… 20
   3. 고난과 성장 ……………………………… 26

제2장 · 인간의 아픔과 하나님
   1. 고난을 통한 하나님의 역사 …………… 30
   2. 고난의 회피와 직면 …………………… 37
   3. 고난과 희망 ……………………………… 41
   4. 고난과 구속 ……………………………… 43
   5. 고난과 치유 ……………………………… 46

제3장 · 위기의 원인과 구분
   1. 위기 원인 ………………………………… 50
   2. 위기 구분 ………………………………… 59

제4장 · 위기 발전 과정
   1. 위기 단계 ………………………………… 73
   2. 고난과 아픔의 언어 …………………… 82
   3. 고난과 한국인의 심성 ………………… 95

제5장 · 위기 상담 방법
  1. 위기 특성과 상담 ····················102
  2. 위기 예방 상담 ······················108
  3. 위기 개입 방법 ······················113

제6장 · 청소년 위기 상담
  1. 위기의 청소년 ······················124
  2. 청소년의 위기와 가정 ···············138
  3. 상처입은 자존심 ····················148
  4. 청소년과 성 ························157

제7장 · 결혼 위기 상담
  1. 부부 갈등 ··························176
  2. 결혼의 위기와 궁합 ·················181
  3. 만남의 주기 – 사랑은 파도를 넘어서 오는 것 ······189
  4. 사랑의 활력소 ······················198
  5. 이혼 위기와 상담 ···················205

제8장 · 중년기 위기 상담
  1. 중년기란 ···························213
  2. 중년기 위기상황 ····················216
  3. 중년기 위기증상 ····················220
  4. 중년기의 위기와 상담 ···············227

위기와 상담 ●차례

제9장 · 노년기 위기 상담
1. 노년기의 정의 ················· 238
2. 노년기의 위기 ················· 239
3. 적극적인 노년기 ··············· 245
4. 노인 상담 ····················· 249
5. 노인 상담 방법 ················ 255

제10장 · 죽음의 위기와 상담
1. 동반자로서의 죽음 ············· 260
2. 임종의 유형 ··················· 262
3. 죽음의 심리적 단계 ············ 270
4. 임종자를 위한 상담 ············ 274

제11장 · 영성의 성숙 과정과 위기
1. 서론 ·························· 282
2. 보편적 영성의 성숙 과정 ······· 284
3. 종교적 영성의 성숙 과정 ······· 292
4. 결론 ·························· 301

- 각주 ··························· 302

위기 상황

1. 위기 속의 현대인
2. 위기 상담
3. 고난과 성장

위기 속의 현대인

    내 고향은 반농 반어촌의 형태를 갖춘 전형적인 섬마을이다. 어찌나 가난했던지, 내가 자랄 무렵에는 신발이란 것이 무엇인지도 몰랐었다. 여름에는 그냥 천둥벌거숭이로 뛰어다니다가 겨울이면 짚신으로 겨우 추위를 가릴 정도였다. 뿐인가, 옷도 직접 농사해서 거둔 목화 솜으로 길쌈을 해서 지어 입어야 했다. 그랬음에도, 인심만은 순박하기 그지없던 마을이었다. 모두들 가난했지만 따뜻한 인정이 넘쳐흘렀다.
    마을에서 일어나는 모든 일은 마을 사람들 전체의 일이었다. 슬픈 일과 기쁜 일을 함께 나누는 것은 물론 어떤 집에 어려운 일이 닥치면 온 마을이 나서서 대처했다. 또 집집마다 사랑방이 있었는데, 마을 사람들이 서로 마실을 가거나 함께 모여 일을 하는 곳으로 사용되었다. 간혹 외부에서 낯선 손님이 찾아들 때에도 언제든 이 사랑방에 맞아들여 따뜻하게 대접해 주었다. 참으로 아름다운 두레 공동체였던 것이다.

    이러한 고향에서 자라던 내가 어느 날 갑자기 현대 문명의 소용돌이 속에 내던져졌다. 중학교 입학을 위해서 도시로 나오게 된 것이다. 모든 것이 돈이라야만 해결되는 도시생활이었다. 더운 여름에도 옷을 꼭 꼭 챙겨 입고 신발을 신어야만 했다. 배가 아무리 고파도 하숙집 밥 세 끼 외에는 허기를 면할 길이 없었다. 내 것 네 것이 너무나 분명하기만 했다.

이러한 도시사회의 생리 속에서 나는 엄청난 위기의식을 느꼈다. 아무도 나에게 관심을 기울여 주지 않았고, 아무 데도 찾아갈 곳이 없었다. 스스럼없이 이야기를 나눌 만한 상대도 없었다. 상대방을 짓밟고 일어서지 않으면 내가 짓밟혀야만 하는 치열한 경쟁의 사회에 살게 되었던 것이다. 고향에서는 감기 한 번 걸리지 않던 내가 걸핏하면 병으로 앓아 누웠다. 갑작스런 환경의 변화가 마음에 위기감을 불러왔고, 그 위기감이 신체의 이상으로 나타났던 것이다.

나는 오랫동안 인간관계 훈련 프로그램을 인도해 왔다. 인간관계 훈련이란 인간 사이의 진정한 만남을 경험시키기 위한 과정이다. 20년 가깝게 이 훈련을 해 오면서 나는 두 가지 사실을 발견했다. 하나는, 심각하게 자신의 참모습을 상실한 채로 살아가는 현대인의 모습이고 또 하나는 그 사람들이 어느 순간에 가면을 벗어 던지고 참된 모습으로 돌아갈 때 보여주는 놀라운 생명력이다. 현대인의 위기는 다른 사람들과 진정한 만남을 경험하지 못할 때 다가온다.

도시에 살면서도 나는 이 도시에 정을 느끼지 못한다. 요즈음엔 도시가 무서워지기까지 한다. 도시에 발을 들여놓은 지 벌써 40년이라는 세월이 흘러갔는데도 도시는 여전히 내게 낯설다. 도시뿐만 아니라 농촌도 너무나 많이 변했다. 이제는 어디가 도시이고 어디가 농촌인지 분간하기가 어려울 정도다.

어느 학자의 말에 의하면, 서양에서의 800년 변화의 역사가 일본에서는 130년 동안에 이루어졌고, 일본에서의 130년 변화가 한국에서는 불과 30년 동안에 이루어졌다고 한다. 이렇게 급변하는 과정에서 사회는 물질적으로 풍요를 누리게 됐지만 사람들의 마음은 빈곤해지고 말았다. 정신문화가 산업의 급격한 변화에 따르지 못하는 때문일 것이다.

따뜻한 인정이 넘치던 농촌 공동체가 피폐해지면서 현대인들은 도시화된 현대사회 속에서는 충족되지 않는 인간미에 대한 갈증에 허덕이고 있는 것이다.

수많은 인파 속에서도 진정한 만남을 갖기 어려운 현대인들은 사람이 그립고 외로워서 병들어 가고 있다. 이러한 현대사회는 분명 위기의 사회임에 틀림이 없다. 누구를 붙잡고 물어도 오늘 우리가 살고 있는 사회에 대해서 위기의식을 느끼지 않는 사람은 없을 것이다. 경제 파탄, 살인강도, 사기사건, 자살 등등의 기사가 연일 신문의 지면을 채우고 서로가 서로를 믿지 못하는 불신감이 팽배하다.

도시화된 현대사회는 사람들에게 안전과 문화생활에 혜택을 주기보다는 삶의 불안과 병을 더 많이 가져다준다. 밤에 외출하는 것조차 꺼려질 만큼 범죄는 날로 흉포해지고, 한 치 앞을 내다볼 수 없을 정도로 긴박한 경제상태는 우리를 불안에 떨게 한다. 숨이 막힐 정도로 압박해대는 입시에 대한 부담감으로 청소년들은 출구가 없다. 아무리 아끼고 저축을 해도 내 집 마련은 꿈도 꿀 수 없는 다수의 서민층과 소수의 부유층과의 차이, 심각한 교통난, 임금인상을 추월하는 물가 등등. 어디를 둘러봐도 무자비할 정도의 경쟁심만을 조장하는 사회 구조 속에서 현대인들은 긴장된 의식을 가지고 살아간다.

이 긴장감은 불안심리로 탈바꿈하고, 불안심리는 다시 분노로 전환되어 사회의 이곳저곳에서 분별없이 터져 나온다. 이런 상태로부터 벗어나기 위해 마약이나 알코올의 힘을 빌리는 사람들도 있다. 그러나 이런 것들은 단지 파멸을 불러오고, 자신에게나 사회에 위기상황을 더욱 가중시킬 뿐이다.

현대인들을 한 마디로 말하라면, 혼이 나가고 안정감을 상실한 자들이라고 말할 수 있다. 어디로 가야할지를 몰라 이리 뛰고 저리 뛰다가 부딪치고 쓰러지는 사람들이다.

왜 오늘의 사회가 농촌, 도시 할 것 없이 모두 위기 앞에 놓여 있는 것인가? 무엇이 이런 위기를 불러온 것일까?

첫째, 현대인들의 위기는 하나님을 떠난 데서 왔다. 인간은 하나님과 함께 살 때라야만 진정한 안정과 평안을 누리도록 설계되어 있다. 하나님은 인간을 창조하실 때 인간의 마음 한가운데(Center)에 하나님의 자리를 마련해 주셨다. 그 자리가 인간의 영이다.

인간의 영은 창조주이신 하나님을 만날 때 가장 건강하고 생명력이 있다.[1]

"마음이 청결한 사람은 복이 있나니 저희가 하나님을 볼 것이라"(마 5:8). 이 말씀의 의미를 파고들어가 보면, "마음이 하나인 사람은 복이 있나니 저희가 하나님과 만날 수 있다."라는 뜻이다. 이 말씀을 더 깊이 음미해 보면, 마음이 비어 있는 사람은 복이 있어서 하나님이 언제든지 들어가 역사하신다는 의미임을 알 수 있다.

인간의 마음 중심은 근본 하나님의 자리이므로, 하나님이 들어와 역사하시도록 마음을 비워 둘 때 하나님과 만날 수 있다는 뜻이다. 이때 비로소 인간은 하나님이 원하는 모습이 될 수 있고, 인간의 한계를 넘어서는 능력을 나타낼 수 있다.

그러므로 이 하나님의 자리에서 하나님이 떠나는 순간, 인간의 영이 흔들리면서 위기가 시작된다. 다시 말해서, 마음 가운데서 하나님을 내보내고 대신 다른 것을 하나님의 자리에 두는 순간 인간은 힘을 잃고 위기 속으로 빠져드는 것이다.

도시화 속의 현대인들의 마음속에서 하나님이 떠나 버린 지는 이미 오래다. 하나님의 자리에는 하나님 대신 물질과 권력, 명예욕이 그 자리를 차지하고 있다. 병들어 있는 인간의 심리를 분석해 보면, 그 마음 가운데서 위기를 불러오는 우상의 뿌리를 찾을 수 있다.

전인건강의 기둥이자 핵심은 인간의 영이다. 정신과 의사 칼 융(C. Jung)은 인간의 영을 '자기'(Self)라고 표현했다. 기독교 용어로는 '영'을 말한다.

융에 의하면, 그를 찾아온 중년 환자들은 한 사람의 예외도 없이 모두 자기(영)에 상처를 입은 사람들이었다고 한다. 그리고 그들이 자기(영)를 회복했을 때 동시에 건강도 같이 회복되었다고 했다.[2]

이 자기(영)는 신앙과 밀접한 관계를 가지고 있다. 신앙을 통해서만 참된 생명력을 얻을 수 있기 때문이다.[3]

한 마디로, 인간의 영은 하나님과 함께 할 때 활력을 갖게 되고 하나님과 멀어지면 생명력을 잃는다. 영이 생명력을 잃게 되면 정신도 함께 활력을 잃게 되고 육체도 따라서 활력을 잃게 된다. 즉, 영의 병은 만병의 근원인 것이다.

이렇듯 중요한 것이 영인데, 우리의 관심을 궁극적으로는 썩어 없어질 물질과 명예, 권력 같은 것들에 둔다면 필연적으로 병이 들 수밖에 없다. 권력이나 물질, 명예 등이 우리에게 궁극적인 가치를 제공해 주지 못하기 때문이다.

다음으로, 현대인의 위기는 참 만남의 상실에서 온다. "인간은 사회적 동물이다."라는 말은 인간은 관계를 통해서 성장해 가는 존재임을 의미한다. 어린 시절에는 부모와 다른 가족들과의 관계 속에서 자라고, 커서는 주위 사람들과의 끊임없는 관계 속에서 살다가 죽는 것이 인간이다. 인간은 타고난 관계의 의지(Will-to-Relate)를 지니고 있어서 이것이 탄력을 잃게 되면 병이 들게 된다.[4] 정신병원에서의 임상목회 경험으로 보면, 심리적 요인에 의해 정신질환을 앓고 있는 환자들 대부분이 성장시 가족관계가 원만치 못했음을 알 수 있다.

인간의 관계의지가 충족될 수 있는 가장 기본적인 관계집단은 바로 가족이다. 아버지와 어머니의 부부관계와 부모와 자식간의 관계가 사랑과 신뢰로 강한 유대감을 형성하고 있는 가족은 정신적으로 강한 힘과 건강을 유지해 갈 수 있다. 그러나 가정에서 사랑의 유대관계를 경험하지 못한 사람은 정신이 황폐해져서 육체의 건강도 약화된다. 그러므로 가정공동체가 상처를 입게 되면 사회와 국가도 큰 손실을 입게 된다.

1991년, 미국 시카고 시의 한 초등학교의 예를 통해서 우리는 미국이라는 거대 사회의 한 면을 볼 수 있다. 이 학교의 한 학급 학생의 75퍼센트가 파괴된 가정의 아이들이었다. 100명 가운데 25명만이 정상적인 가족 관계를 맺고 있었던 것이다. 오늘의 미국이 마약으로 병들고, 산업이 기우는 것은 이와 같이 가족 관계가 무너진 데 그 원인이 있는 것이다.

산업화 사회도 인간의 유대관계를 흐트러지게 하는 데 공헌을 하고 있다. 훈훈한 인간의 정이 넘치던 농촌사회가 무너지면서 도시로 모여든 사람들은 이내 도시라는 익명의 사회에 익숙해진다. 도시는 오래 머물지 않고 수시로 이동하는 속성을 갖고 있어서 인간들끼리의 심도 깊은 만남이 이루어지기 어렵다.

더욱이 도시는 냉혹한 경쟁의 사회여서 서로 얼굴을 맞대고 일을 하면서도 속으로는 상대를 자기의 적으로 간주하는 치열한 삶의 전장이다. 또한 누가 더 많은 능력과 재산을 소유하고 있느냐에 따라 평가되기 때문에 그것을 차지하기 위해 수단과 방법을 가리지 않는다. 이것이 바로 도시 산업사회의 얼굴이다.

고등학교의 입시반 교실을 한 번 상상해 보자. 누구의 성적이 몇 점 더 오르고 내리느냐에 따라서 학생들의 희비가 엇갈린다. 학생들은 친구의 성적이 자기보다 한 점이라도 낮을 때에만 마음에 안도감을 느낀다.

 이런 사회 속에서 어떻게 인간의 진정한 만남이나 우정을 기대할 수 있겠는가?

 이처럼 도시사회는 가능성과 인격을 보고 사람을 평가하는 것이 아니라 재물이나 사업의 규모를 보고서 상대의 인격까지도 재단하려 든다. 심지어 목회자를 평가하는 데 있어서도, 그가 얼마나 성실하고 하나님과 사람들 앞에서 부끄럽지 않은 정직한 종인가를 보기 전에, 그가 얼마나 큰 교회에서 목회하고 있는가를 보고 판단하는 경향이 많다.

 에리히 프롬(Erich Fromm)이 이야기하는 물질 지향적인 인간관이 도시 산업사회의 특징이다. 그 사람의 수입이 얼마나 되느냐에 따라 그 사람의 가치가 결정되고, 인간의 가치가 물질적인 가치 아래로 추락해 버린 사회인 것이다.[5] 공장에서 일하는 노동자는(성서적으로 이야기하면), 이 세상에서 제일 귀중한 존재이다. 그러나 도시 산업사회에서의 공장 노동자는 생산의 비중이 큰 값비싼 기계보다 훨씬 값싸게 취급되는 경향이 있다.

 이런 사회 구조 속에서 참 인간관계가 이루어지기란 참으로 어려운 일이다. 그러므로 도시 산업사회 속의 인간은 고독할 수밖에 없고, 고독이 심화되면 생명력도 상실되어 버린다.

 이런 사회 속에서 사는 사람들은 작은 어려움도 잘 견디지 못하고 방황하면서 인생을 부정적으로 바라보는 경향이 강하게 드러난다.

 현대인의 세 번째 위기는 병든 사회구조에서 온다. 우리는 모두 한 가정의 가족이면서 사회인이며 한 나라의 국민이다. 때문에 좋든 싫든 일생을 살아가면서 우리가 속한 정치, 경제, 교육제도의 영향을 받을 수밖에 없다. 그러므로 정치가 병들고 경제가 병들면 국민 개개인도 피해 갈 수 없는 것이다.

 국민을 위해서 일해야 할 정치가가 모든 수단을 동원해서 국민을 우롱하고 억압할 때, 국민은 긴장과 불안과 분노 속에서 살게 되고 이런 상태가 오랫동안 지속되다 보면 국민은 결국 아픔을 아픔으로 느끼지 못하는 무감각병(Apathy)에 빠져들고 만다.[6]

국민이 정치 지도자를 신뢰할 수 없을 때, 국민의 마음속에 위기의식이 자리잡게 된다. 무엇보다도 우리에게 위기를 느끼게 하는 것은 각 나라가 전쟁무기를 생산, 비축하는 일이다. 정치가 자신들의 정권유지를 위해, 그리고 자국의 이익을 위해 전쟁을 일으키고 수많은 생명을 무자비하게 살상하는 행위들이 우리로 하여금 불안감에 사로잡히게 한다.

또한 경제인들이 자신들의 이익만을 생각하고 노동자나 국민의 복리를 무시할 때에도 절망과 분노의 감정과 더불어 위기의식을 느낀다.

교육제도가 병들었을 때에도 왜곡된 교육을 받아야 하는 피교육자들이 심각한 위기를 맞게 된다. 학생이 선생을 존경하지 못하고, 선생이 학생을 사랑할 수 없는 교육이 행해지고 있다면, 가슴과 가슴이 만나고 혼과 혼이 만나서 불꽃을 튀기는 인격적인 교육의 현장은 결코 이루어지지 않을 것이다. 선생은 오로지 몇 줄 지식이나 전달하고, 학생은 그런 선생을 장사치 정도로 취급하는 교육의 현장이 우리의 현실이라면 그야말로 나라 전체에 심각한 위기상황이 아닐 수 없다.

오늘의 입시교육은 인격을 키워 가는 교육이 아니라 인격에 상처를 주는 교육이다. 한창 인생의 바른 모습을 배워야 할 청소년들이 정서적인 위기의 소용돌이에 내몰리고 있는 것이다. 입시생을 둔 집은 온 식구가 입시의 희생자가 된다. 가정 식구 모두가 입시생과 함께 긴장감 속에서 살얼음판을 걷듯 조심해야 하는 것이다. 이것이 전 사회적인 현상일 때 그 파급효과는 엄청나다.

마지막으로 현대인의 위기는 자연 생태계의 파괴현상이다. 자연은 우리의 젖줄과 숨통이다. 인류 역사가 시작된 이래 인간은 땅에서 나오는 젖을 먹고, 나무들이 내뿜는 산소를 마시면서 살아왔다. 자연은 마치 자비로운 어머니처럼 우리를 품에 안고 사랑의 젖줄이자 숨통이 되어 주었다.[7]

그런데도 자연에 의해서 키워진 인간이 모태인 자연에 치명적인 상처를 주고 있다. 그 상처가 너무 심해 자연은 지금 신음하고 있으며, 인간의 배신에 울고 있다. 대기오염과 산성비로 인해 매년 피해를 입고 있는 숲의 면적은, 남한 면적의 3배가 훨씬 넘는 3,100헥타르나 된다고 한다. 또 공업화에 따른 산성비로 인해 호수 속의 생물이 전멸되었고, 지금 현재도 수천 개의 호수가 서서히 죽어 가고 있다. 우리의 젖줄인 한강, 영산강, 낙동강, 청평호도 생활쓰레기와 약물오염으로 죽어 가고 있으며, 삼면의 바다 역시 마찬가지이다.

그 밖에도, 지구의 온난화 및 오존층의 파괴 때문에 지구의 생물들이 무참히 죽어 가고 있는데, 1970년대 후반부터는 하루에 30종, 1년에 1만여 종의 생물이 지구상에서 사라져 간다고 한다. 이런 비율로 생물종이 멸종되어 간다면, 20년 후에는 지구 전체 생물의 5분의 1이 사라질 것이라고 한다.[8]

인간이 생명을 가지고 있다면 자연도 살아 있는 생명을 가지고 있다. 어느 기독교 사업가의 다음과 같은 말에서 우리는 중요한 교훈을 얻을 수 있다.

"한 줌의 흙 속에 인간의 생명을 살리는 놀라운 생명력이 숨어 있다. 그러기에 흙 속에 씨를 심으면 생명의 싹이 나는 것이다. 플라스틱 가루에 씨를 심으면 몇 년이 지나도 싹은 트지 못한다."

우리가 숨을 쉬는 것처럼 나무나 흙도 숨을 쉬며 산다. 인간은 생명의 힘을 제공해 주는 흙을 떠나서는 살 수 없고 흙에서 나는 소산을 먹지 않고는 생명을 유지할 수 없다. 그런데 우리의 생명 줄인 흙이 병들어 죽어가고 있으니 우리는 어디로 가야 할 것인가?

우리에게 산소를 제공해 주는 나무와 생명의 젖줄인 땅이 병들고, 마실 물조차도 병이 들었으며, 하늘에서 쏟아지는 햇빛마저도 오존층의 파괴로 독소로 변해 버린 지 오래다. 바야흐로 인간이 자연과 함께 멸종할 수밖에 없는 위기에 놓여 있는 것이다.

현대 산업사회에 뿌리박고 있는 교회는 하나님을 잃어버리고 생명력을 상실해 가는 인간의 신음 소리와, 참 인간을 찾아 헤매는 고독한 현대인의 소외, 병든 정치 경제 사회, 교육제도 아래서 아픈 상처를 부여안고 절규하는 소리를 듣고 볼 수 있어야만 한다. 또 모태처럼 우리에게 생명의 젖줄이 되어주는 자연 생태계가 허물어져 가는 모습을 바로 볼 수 있어야 한다. 그래서 이런 현대인의 위기에 대답을 해 줄 수 있어야 한다.

위기와 상담

인간은 누구나 꿈과 소망을 가지고 산다. 갓 결혼식을 올린 신혼부부는 서로의 사랑과 충성의 서약이 죽는 날까지 변치 않기를 바라고 공부하는 학생은 자신의 앞날에 펼쳐질 찬란한 미래를 내다보면서 생명력을 얻는다. 동네 구멍가게 주인도 하늘 끝까지 닿을 수많은 꿈들을 안고 있다. 개척교회를 세우는 목사님은 성령의 도우심으로 언젠가는 수많은 사람들이 모여 함께 예배 드리는 그 날을 소망하면서 교회를 시작한다.

그러나 인생을 살다보면 약속이 깨어지기도 하고, 미래에 대한 소망이 산산 조각나 버리는 뼈아픈 경험을 할 때도 생긴다.

이런 경우, 우리는 심한 충격과 함께 마음의 아픔을 겪는다.

인생이란 소망을 이루기 위해 노력하면서 사는 하나의 과정이라고 할 수 있다. 그래서 소망의 빛이 꺼져 갈 때 절망이 싹트게 되고, 소망의 빛이 완전히 꺼져 버리면 지옥을 맛보게 된다.

인생을 사노라면 누구나 크고 작은 고난의 순간을 수없이 경험하게 된다. 이런 고난의 광풍에 잘 적응하면 살아 남지만 적응에 실패하면 파멸될 수밖에 없다. 고난의 광풍에 성공적으로 대처하지 못하고 좌절하는 사람이 많으면 많을수록 그 사회는 어둡고 그 민족의 미래도 기대하기 어렵게 된다.

그런데 이상한 것은 인간은 고난을 통해서 성장한다는 것이다.[9] 때문에 고난을 겪지 않고 성장한 인격자나 고난을 모르는 역사의 발전은 결코 상상할 수가 없다. 왜냐 하면 하나님은 고난을 통해서 인생들과 역사에서 부활의 꽃을 피우시기 때문이다. 그렇다고 해서 모든 인간이 고난을 통해서 부활의 승리를 경험하는 것은 아니다.

고통의 순간을 건전하게 처리하는 자만이 영적으로나 정신적으로 성장하는 것이며, 그렇지 못하면 퇴보적이고 방어적인 성격만을 형성하게 된다. 고통의 위기를 언제나 성공적으로 해결할 수는 없다. 그러나 우리는 위기에서 무엇인가를 배울 수 있고, 고통의 경험을 성장과 발전의 계기로 삼을 수 있다. 즉, 고통의 경험이 인격을 발전시킬 수도 있고 저해할 수도 있는 것이다. 다만 고통이 주는 교훈을 어떻게 받아들이고 적용하는가에 따라서 그것은 독이 될 수도 있고 약이 될 수도 있다.

사랑하고 아끼는 대상을 상실했을 때 누구나 애통한 마음을 느낀다. 이때 애통하는 마음이 건전하게 처리되면 생은 더 깊고 심오한 성장을 가져 올 수 있으나, 이 마음이 병적으로 진행된다면 실망과 좌절과 퇴보의 상태에서 헤어 나오지 못하게 된다.

위기에 직면할 때, 우리의 신앙과 가치관은 위기를 처리하는 무기가 된다.

한 인간이 고난에 처했을 때, 누군가가 그로 하여금 고난을 딛고 일어설 수 있도록 도움을 준다면 그에게 성장의 계기까지도 마련해 주는 것이다.

위기상담이란 인생의 거센 파도를 만나 조난을 당한 사람들이 소망을 잃고 아파할 때 그들의 아픔에 동참하는 상담이다. 아무리 조난자들의 상처가 깊다고 할지라도 끝까지 소망을 잃지 않고 세상을 향해 다시 일어서게 하는 상담이다. 그리하여 그들이 이 어두운 세상에서 낮에는 구름 기둥, 밤에는 불기둥으로 기능할 수 있도록 돕는 상담인 것이다.

그런데 문제가 있다. 자연의 파도는 육안으로 볼 수 있지만, 인생의 파도는 육안만으로는 구별하기 어렵다는 것이다. 인생의 파도는 영적인 눈을 통해서 조난자의 내면의 아픔을 꿰뚫어 볼 때에만 드러나 보인다.

대부분의 사람들은 조난의 위기를 만나면 정상의 궤도를 벗어난 사고와 행동 양식을 보인다. 이런 태도는 주위 사람들과의 관계에 갈등을 일으킨다.

처음에는 가장 가까운 사람들과 부딪치기 시작하고 시간이 흐를수록 그 동선 폭이 넓게 확대된다. 내적으로 위기를 느끼는 사람은 항상 다른 사람과 갈등을 일으킬 수 있는 가능성이 있다.

속담에, '남대문에서 뺨 맞고 동대문에서 화풀이한다.' 라는 말이 있다. 이런 현상은 위기를 경험하고 있는 사람들에게서 얼마든지 볼 수 있다.

어려운 위기에 처한 사람은 정신기능에 이상이 오기 쉬운데, 그때는 충동적이면서도 신경질적으로 변하게 된다.

이때 분노의 감정을 혼자서 조용히 처리하기는 쉽지 않다. 이런 태도는 가족들과의 관계를 멍들게 하고 서서히 주위 사람들에게 영향을 미치기 시작한다.

이렇듯 한 사람에게 불어닥친 파도는 주위 사람들에게 파장을 미치며 특히 교회는 아직 정리되지 않은 위기의 여파가 여러 방면에서 세차게 불어닥치는 곳이다. 분노와 좌절과 상처를 입은 사람들이 그 상처를 치유받기 위해 모여드는 곳이 바로 교회이기 때문이다.

목회자는 고난을 당한 신도를 찾아가서 도와야 할 사명을 하나님으로부터 부여받았다. 병원에 입원해 있는 가족에게 생명이 위급하다는 의사의 진단을 받았을 때, 또는 가까운 친척이 죽거나 어려움에 처하게 될 때, 교인들은 자기들이 제일 신뢰하는 사람으로부터 도움 받기를 원한다. 목회자나 교회 지도자들은 이런 사람들에게 도움을 줄 수 있는 아주 중요한 사람들이다.

또 위기의 심리는 교회에서 일어나는 여러 가지 분쟁과도 불가분리의 관계를 갖고 있다. 교회 분쟁을 깊이 연구해 온 맥스웨인(McSwain) 교수는, 교회 갈등이나 분쟁의 원인을 찾으려면, 분쟁의 주요인으로 등장하고 있는 문제 그 자체보다는, 분쟁에 참여하고 있는 사람들의 위기상황과 그로 인해 생기는 위기심리를 살펴보아야 한다고 했다.[10] 즉, 교회의 분쟁이나 갈등을 해결하려면 먼저 그들이 위기에서 얻은 상처를 치유해 준 다음에 교회문제를 처리해야 한다는 것이다.

교회에서 어떤 문제가 일어났을 때, 안정된 마음의 소유자는 침착하게 대처할 수 있는 마음의 여유를 갖고 이 문제가 교회와 사회에 미칠 영향까지를 고려하는 이성을 갖추고 있으나, 반면에 자신이나 가정에서 위기에 처해 있는 사람은 문제를 신중하고 건전하게 대처하기가 어렵다.

이상에서 살펴본 대로 교회에서 일어나는 분쟁과 갈등의 문제는 교인들의 위기와 밀접한 관계가 있다고 할 수 있다. 그러므로 목회자와 교회 지도자들이 위기로부터 받은 교인들의 상처를 얼마나 잘 치유해 주느냐에 따라서 문제를 해결할 수도 있고 더 복잡하게 만들 수도 있다.

목회자와 교회 지도자들이 교인들이 겪고 있는 위기를 등한시할 경우, 교인들의 상처는 점점 심해지고 결국엔 치유 불가능해진다.

교회에 어떤 말썽의 소지가 있는 문제가 발생하면 위기에 처한 사람들은 그 문제를 걷잡을 수 없는 방향으로 끌고 가려는 경향이 있다. 이들 중에도 물론 이러한 문제를 스스로 잘 처리하고 건전하게 대처하는 사람이 있기는 하지만 그런 사람은 흔치 않다.

K씨는 성실한 교인이며 모범적인 가장이었다. 그의 신실한 교회 생활은 목회자들과 많은 교인들의 존경심을 불러일으키고도 남음이 있었다. 그런데 그가 55세쯤 되었을 때에 직장에서 물러나야 되는 위기를 만나게 되었다. 전혀 예기하지 못한 일은 아니었지만 평생을 몸바쳐 온 직장을 그만둔다는 사실이 그에게는 엄청난 충격이었다.

그에게서 전에는 볼 수 없었던 태도가 나타나기 시작했다. 아내에 대한 불평이 잦아지고 아이들에게 잔소리가 심해졌다. 그 결과 가족들과의 관계가 서먹해지고 온 집안에 긴장과 불안이 가득했다.

이 파도는 그의 가정을 넘어서 교회로 자연스럽게 넘쳐들었다. 그전 같으면 충분히 이해하고 넘어 갈 수 있는 일들을 수용하지 못하고 이의를 제기하기 시작했다.

500여 명의 신도들 가운데서 K씨에게 동조하는 그룹이 형성되었고, 교회는 2년이 넘도록 치열한 싸움 속에 휘말렸다. 재미있는 사실은, K씨에게 동조해서 싸움을 주도했던 사람들을 조사해 보니 거의가 적게든 크게든 인생의 파도를 만나 상처를 입은 사람들이었다는 것이다.

만일 이때 목회자가 K씨의 위기 상황을 충분히 이해하고 있었다면, 이러한 사태를 미리 막을 수 있었을 것이다. 뿐만 아니라 이 위기가 K씨 자신에게도 새로운 영적인 성장의 기회가 될 수 있도록 도울 수 있었을 것이다. 만일 K씨가 영적으로 다시 태어날 수 있었다면 건전한 측면에서 교회 전체에 미칠 영향이 얼마나 컸을 것인가? 조그마한 물구멍 하나를 막지 못했기 때문에, 주먹으로 막을 물을 가래로도 막지 못하고 목회자와 전 교인이 함께 위기의 홍수에 휘말리고 말았던 것이다.

롤로 메이(Rollo May)는, "한 사람이 고난을 겪고 있다는 것은 물이 가득히 담겨 있는 큰 저수지에 비교할 수 있다."라고 말했다.[11] 저수지의 둑이 무너져 많은 물이 범람한다면 수많은 피해를 입게 되지만, 이 물을 수력발전용으로 이용한다면 수많은 사람들에게 빛을 줄 수 있게 된다. 이 얘기는 K씨뿐만 아니라 인생의 광풍노도와 같은 위기를 만난 모든 사람들에게 다 함께 적용될 수 있다.

이런 면에서 우리는 목회자로서 자신의 위기와 교인들의 위기를 정확히 꿰뚫어볼 줄 아는 통찰력을 길러야 할 필요가 있다.

이런 위기의 파도는 교인들에게만 불어오는 것은 아니다. 목회자 자신도 쉴 새 없이 위기를 겪으며 살아간다. 목회자 자신의 위기가 원인이 되어서 교회문제가 심각해지는 경우도 얼마든지 볼 수 있다. 목회자 위기 연구가인 하트(A. D. Hart)는 목회자가 자신의 위기를 현명하게 대처하는 방법을 모를 때 쉽게 위기의 회오리바람에 휘말려들게 되는 경우를 지적하고 있다.[12]

목회자의 고독한 인간관계나 설교, 심방, 상담, 행정에 대한 과중한 부담 및 24시간 마음을 놓을 수 없는 목회자의 생활은 언제든 위기의 광풍으로 치달을 수 있는 가능성을 내포하고 있는 것이다.

고난과 성장

"이상하게 들릴지 모르지만 사람들은 고통을 기뻐해야 한다. 왜냐하면 고통 가운데서 아파한다는 것은 자기의 인격을 변화시킬 수 있는 힘이 있다는 신호이기 때문이다. 고통은 우리의 그릇된 태도나 행동을 자각시켜 주는 자연법칙이며, 자기의 고난을 객관적으로 바라볼 수 있는 사람에게는 성장과 발전의 기회를 가져다 주기도 한다."[13]

인생을 사노라면 크고 작은 고통의 순간을 많이 경험하게 된다. 비단 이런 일은 개인뿐만 아니다. 국가도 마찬가지로 수많은 역사의 위기 속에서 고난을 겪는다. 국가가 고난에 직면했을 때 잘 적응하면 살아 남고 실패하면 흔적도 없이 역사 속에서 사라져 버리는 것이 바로 국가의 운명이다.

그러므로 닥쳐오는 고난에 성공적으로 적응하지 못하고 좌절해 버리는 국민이 많으면 많을수록 그 국가 사회는 어두워지고, 그 민족의 역사도 희망적이지 못하다.

어느 시인은, "괴로움이나 외로움, 그리고 그리움은 영원한 앵글"이라고 말했다. 이렇듯 고통은 우리의 삶과 분리될 수 없는 삶의 한 부분이다.

에릭슨(Erickson)을 비롯한 현대의 여러 심리학자들은 한 사람이 나서 죽기까지 많은 위기를 겪는다고 말한다.[14]

사춘기, 장년기, 노년기에 접어들면서 느끼는 심리적 고통이 있는가 하면, 예측할 수 없이 우리 앞에 부딪쳐 오는 고통의 순간에 느끼는 위기감이 있다. 한 마디로 고통이나 위기는 우리의 인생에 중대한 위협이 느껴질 때 느끼는 정신상태이다. 자신의 생애에 중요한 위치를 차지하고 있는 어떤 대상을 상실했을 때, 즉 그것이 부(富)라든가, 사랑하는 사람이라든가, 혹은 자유나 명예 같은 추상적인 개념의 어떤 것들이 자신에게서 떨어져 나가거나 빼앗기거나 상실했을 때 느껴지는 상처인 것이다.

그런데 역설적으로 인간은 이런 고난을 통해서만 성장한다. 고난을 겪지 않고 성장한 인격자나 고난을 모르는 역사의 발전은 결코 상상할 수 없다. 왜냐하면 하나님은 고난을 통해서만 인간과 역사에서 부활의 꽃을 피우시기 때문이다.

필자는 이 책에서 인생의 주기를 따라 찾아오는 위기와 우발적으로 부딪쳐 오는 위기를 다루어 보고자 한다. 좀더 구체적으로는 아래와 같은 문제를 생각해 보고 싶다.

1) 우리가 당하는 고통에서 어떤 의미를 찾을 수 있는가?
2) 우리가 경험하는 고난에서 무엇을 배울 수 있는가?
3) 기독교는 인간의 고통을 어떻게 이해하고 있는가?
4) 왜 어떤 고통은 우리를 완전히 파멸로 이끄는 반면, 어떤 고통은 새로운 차원의 세계로 성장시키는 것일까?
5) 한국인들은 이 고통을 어떻게 대처하고 있는가? 한 개인이 고난을 창조의 도

구로 삼을 수 있다면, 우리 민족의 고난도 창조의 도구가 될 수 있는가? 그렇게 되려면 어떤 과정이 필요한가?

6) 위기심리의 발전과정에서 신체적이고 정신적으로 나타나는 증상은 무엇인가?

7) 위기에 처한 사람의 고통이 부활의 승리가 되게 하기 위해서 목회자는 어떻게 대처해야 하는가?

인간의 아픔과 하나님

1. 고난을 통한 하나님의 역사
2. 고난의 회피와 직면
3. 고난과 희망
4. 고난과 구속
5. 고난과 치유

고난을 통한 하나님의 역사

지금 시점에서 가장 두려운 병이라면, 치유가 불가능하다는 암이나 에이즈 등을 들 수 있을 것이다. 그러나 수십 년 전까지만 해도 폐결핵은 치유하기 어려운 병 중 하나였다. 폐결핵에 걸렸다 하면 거의 모두들 죽을 사람 취급을 했고, 실제로 수없이 많은 사람들이 그 병으로 죽었다.

그런데 놀랍게도 그 당시 폐결핵을 딛고 일어서서 오늘날까지 우리나라 기독교계에 지대한 공헌을 하고 있는 분들이 있다. 그분들에게, '당신은 어디에서 그런 놀라운 힘을 얻었느냐?' 라고 묻는다면, 아마도 '폐결핵이라는 죽음의 고통을 통해서 하나님이 나와 함께 하심을 깨달았다.' 라고 대답할 것이다. 다른 사람들에겐 폐결핵이 죽음을 가져다주었지만 그들에겐 하나님을 만나는 계기를 마련해 준 것이다.

죽음과 삶의 기로에서 오랫동안 고통을 경험했던 롤로 메이(Rollo May)는 고통을 통해서 위대한 인격을 가진 인물들이 나오는 것을 조개 속의 모래알이 진주가 되는 것에 비교했다. 조개는 자신의 몸 속에 들어온 모래알의 아픔을 견디기 위해 오랫동안 애쓰고 애쓴 결과 진주를 만들어 낸다.

이처럼 세월은 가도 영원히 살아 있는 위대한 인물들의 업적은 오직 그들이 경험했던 피나는 아픔의 생애를 통해서만 이해될 수 있는 것이다.[1]

필자는 수년 전 미국을 여행하면서 사우스다코타 주의 러쉬모어를 들른 적이 있다. 그곳에서 산 중턱 큰 바위에 미국의 위대한 대통령 네 사람의 얼굴이 조각되어 있는 것을 보았다. 그 네 사람은 모두 미국을 위기에서 건져낸 대통령들로서 조지 워싱턴, 토머스 제퍼슨, 에이브러햄 링컨, 루스벨트이다.

이들 중 에이브러햄 링컨은 어린 시절부터 고통의 생을 살아 온 사람이었다. 가난한 집에서 태어나 어린 시절에 어머니를 잃었고, 젊은 시절에는 친구와 동업을 하다가 배반을 당해 빚을 갚기 위해 17년이라는 긴 세월을 소비해야만 했다. 또 사랑하는 약혼자를 사고로 잃었는가 하면, 일리노이 주 의원 선거에서도 패배하였다. 국회의원에 출마했다가 낙선했고 상원의원 선거에서도 실패했다. 부통령에 출마 때에도 패배를 당했다.

그러나 그는 이 쓰라림과 고통의 장벽을 넘는 사이에 위대한 힘을 축적해서 결국엔 미국을 위기에서 건져낸 위대한 대통령이 되었다.

링컨뿐만 아니라 루스벨트도 자유롭게 걸을 수 없는 불구자였다. 그러나 그는 그 고난에서 힘을 기를 줄 알았고 미국을 위기에서 건져내는 대통령이 되었다. 뼈아픈 고난을 견뎌 낸 대통령들이 그들의 조국을 위기와 역경에서 건져 낼 수 있었던 것은 고통이 내포하는 힘이 얼마나 위대한 것인가를 잘 설명해 준다.

우리는 고난에 처했을 때 흔히 하나님의 징벌을 먼저 생각하는 경향이 있다.

고난이 하나님의 진노로부터 오는 징벌이라면 왜 고난을 통해서만 인간은 성숙해지고, 신앙도 성숙해지는 것일까? 신앙이 어느 단계에까지 성숙한 사람들에게, "당신의 신앙이 어떻게 해서 이런 성숙의 단계까지 도달하게 되었는가?"라고 묻는다면 그들은 "고난을 통해서였다."라고 십중팔구는 대답할 것이다.

오늘날 우리는 고난에 직면할 때마다 시편 기자와 똑같은 탄식을 자주 하게 된다.

"**하나님, 언제까지 나를 잊으시렵니까?**
영영 잊으시렵니까?
언제까지 나를 외면하시렵니까?
밤낮 없이 쓰라린 이 마음, 이 아픔을 언제까지 견뎌야 합니까?"(시 13:1-2).

시편 기자처럼, "언제까지 나를 잊으시렵니까? 영영 잊으시렵니까?"라고 울부짖는 일은 힘들고 괴로울 때 누구나 할 수 있는 하소연이다.

이 말을 더 깊이 파고들어 가보면, "하나님, 당신은 나의 아픔과 상관이 있는 존재입니까? 아니면 나의 아픔과는 아무 상관이 없는 존재입니까?"라는 아우성이다. 엄청난 어려움에 직면하게 되면, 대부분의 사람들은 하나님의 존재를 까마득히 잊어버리거나 하나님의 존재에 대해서 회의를 느끼게 된다. "하나님이 어디 있어? 하나님이 있다면 어떻게 해서 이런 일이 일어날 수 있다는 말인가?"라고 투정한다. 이럴 때 하나님의 존재는 구만리 밖에 떨어져 있어서 나의 아픔과는 아무 상관이 없는 무의미한 존재처럼 느껴진다. 그래서 이 시편 기자의 아픔의 탄식은 바로 오늘 우리의 탄식이기도 한 것이다.

이런 탄식 소리는 예수님이 십자가에 달려 돌아가시는 순간에도 들을 수 있었다. 하늘처럼 믿었던 하나님의 아들 예수가 힘없이 십자가에 매달려 죽고 말았을 때, 예수님을 따르던 무리들은 충격과 좌절과 절망에 몸부림쳤다. 그리고 "하나님이 어디 있어? 하나님이 있다면 어떻게 이런 일이 일어날 수 있는 거야?"라고 탄식했던 것이다.

예수님의 사랑을 가장 많이 받았다는 베드로에게서도 이런 탄식의 소리가 새어 나왔다. 그는 절망한 나머지 다른 여섯 제자들까지 데리고 멀리 디베랴 바다로 도망을 가 버렸었다. 엄청난 충격에 혼이 나간 베드로 일행이 좌절 속에 있을 때 하나님은 도대체 어디에서 무엇을 하고 계셨던 것인가? 수많은 사람들이 허망하게 죽어 버린 예수를 보고 넋이 나가 있을 때, 하나님은 예수님이 달린 십자가의 고난 속에서 부활을 이루고 계셨다. 이 때 하나님은 십자가에서 죽은 예수와 멀리 떨어져 계셨던 것이 아니라, 친히 십자가의 고난에 동참하시고, 그 아픔 속에서 새로운 역사를 탄생시키고 계셨던 것이다.

어떻게 해서 인간은 고통을 통하여 성숙해지고, 역사는 발전하는 것인가? 우리는 이 해답을 십자가의 고난과 부활의 역사에서 찾아야 한다. 고난을 당한 사람과 함께 계시면서 그 사람의 아픔에 동참하시고 새로운 역사를 창조하시는 하나님에게서 찾아야 한다.

예수의 십자가 고난을 부활의 승리로 바꾸시는 하나님에게서 그 신비를 발견해야 한다. 사실 성서에 나타난 하나님은 인간의 아픔과 절대로 거리가 멀지 않으시다. 인간의 아픔을 모르는 무감각한 하나님은 성서의 하나님이 아니라 희랍사상과 중세기 신학사상에 뿌리를 두고 있는 하나님이다.[2] 하나님이 인간과 함께 아픔을 나눈다는 사상은 성서 전체를 통해 흐르고 있다.

유대 히브리사상(Shekinah)이나 유대 신비주의자들(Cabala)의 가르침은 한결같이 이 세상에 내주하시는 하나님(Indwelling Presence in the World)을 강조하고 있다.[3]

하나님은 고난 당하는 백성을 구원하시기 위하여 고난 중에 있는 세상에 들어오셨고, 유배생활을 하시면서 함께 고통을 당하신다는 것이다.

히브리 사람들의 쉐키나(Shekinah) 사상이나 신비주의에서의 구원은 밖이나 위에서 오는 것이 아니다. 우리 안에서 하나님은 우리가 구원의 완성을 가져오는 주인공이 되기를 원하신다.[4]

출애굽사건에서 우리는 계약의 백성이 억압과 수난을 당하고 있을 때 함께 동참하여 역사 하시는 하나님을 볼 수가 있다(출 3: 7-8, 33 : 14-15, 민 10: 35-36). 하나님은 그가 택한 백성의 아픔을 멀리서 지켜보는 방관자가 아니라, 직접 뛰어들어 함께 아파하면서 역사를 만들어가는 분이시다.

여기에 고난자와 함께 하는 하나님에 대해서 잘 말해주는 엘리에 비젤(Elie Wiesel)의 이야기가 있다. 비젤은 유태인으로서 독일 나치하의 아우슈비츠 수용소에서 살아 남은 사람이다.

어느 날 수용소에서 많은 유태인들이 지켜보는 앞에서 두 사람의 유태인이 교수형에 처해지고 있었다. 한 사람은 나이가 지긋한 어른이었고, 또 한 사람은 어린 소년이었다. 교수대의 밧줄이 내려지자 성인은 곧 운명을 했지만, 어린 소년은 쉽게 죽지 않고 줄에 매달려 30분 이상을 발버둥쳤다. 이 비참한 광경을 목격해야 했던 수용소의 유태인들 가운데 한 사람이, "하나님은 어디에 있는가? 도대체 하나님은 어디에 있다는 말인가?"라는 절규를 내뱉었다. 또 다시, "하나님은 어디에 있는가?"라는 절규가 들려오는 순간 비젤의 마음속에서, "하나님은 지금 바로 여기에 계시다. 하나님은 저 교수대에 매달려 고통받고 계시다."라는 음성이 들려 왔다.[5]

그렇다. 주님은 인간의 아픔이 있는 곳에서 그 아픔을 함께 나누고 계신다. 병들어 고통하고 있는 환자들, 신체장애자, 정신박약자들, 어찌할 바를 몰라 방황하고 있는 사람들, 특히 어려운 입시 싸움에서 큰 아픔을 견뎌야 하는 젊은이들, 잘못한 일도 없이 사랑하는 사람을 감옥에 보내 놓고 고통당하는 친족들, 버림받은 어린이들과 노인들, 특수한 환경 때문에 버림받고 소외되어 외롭게 사는 사람들, 정치적으로나 경제적으로 그리고 사회적으로 부당한 대우를 받는 사람들, 자녀문제나 부부 사이의 문제로 특별한 곤궁에 처한 가정들, 이런 고난을 받는 사람들과 함께 계신다. 우리의 도움이 필요한 곳, 바로 거기에 주님이 계신다. 그러므로 주님을 만나기 위해 다른 곳에서 애쓰고 방황할 필요가 없다. 내 이웃의 아픔이 있는 곳, 그곳에 언제나 하나님이 계시기 때문이다.

복음서는 인간의 아픔과 기쁨이 있는 어느 곳에나 예수님이 함께 계심을 알려 준다. 예수님은 배고픈 자와 목마른 자들과 함께 하셨고, 외로운 자와 감옥에 갇힌 자들과 함께 계셨다(마 25: 41-46).

"하나님은 어디에 있는가?"라는 하나님의 존재에 대한 질문에 마태복음 25장은 인간이 고난을 당하고 있는 바로 그 현장에 하나님이 함께 계심을 보여 준다.

천주교 수녀이며 철학자인 시모네 웨일(Simone Weil)은 어디에서도 찾을 수 없었던 진리를 십자가의 고난에서 찾았다. 그녀에 의하면, 십자가는 하나님과 인간이 만나는 곳이다. 하나님과 인간이 만나는 곳이면 고통이 있기 마련이다. 따라서 고통의 현장은 인간과 하나님이 만나는 현장이기도 하다.

그럼에도 불구하고, 초대교회로부터 오늘날까지 인간의 고통이 부정적인 시각에서 이해되어져 왔다. 인간의 고난에 대해 부정적이면서도 소극적인 태도는 희랍사상에서 연유되었는데, 희랍사상에 영향을 받은 초대교회가 인간의 고통으로부터 하나님을 멀리하게 만들었다. 어떤 면에서는 인간이 접근하기 어려운 하나님이 되게 했다. 이 사상이 중세기에 개혁교회 신학으로 바뀌었고 최근에는 몇몇 신학자들에 의해 '하나님은 우리의 아픔을 함께 아파하시는 동역자'(Fellow Sufferer)라는 신학 사상이 대두되었다.

일본의 신학자 가조 기타모리는 그의 저서 '하나님의 아픔'(The Pain of God)에서 고통은 하나님과 분리될 수 없는 요소라고 주장했다. 하나님은 아파하시는 하나님이라는 것이다. 복음의 핵심은 바로 이 하나님의 아픔이요, 시련이다. 이런 하나님의 고통과 시련이 가장 구체적으로 나타난 사건은 십자가 사건이다.[6]

위와 같은 이론을 더 발전시킨 학자는 송(C. S. Song)이다. 하나님의 아픔은 우리 인간이 겪는 비참한 아픔에 대한 하나님의 사랑의 반응이다. 그래서 하나님은 인간을 고통으로부터 해방시키려 하신다. 하나님의 아픔은 전적으로 그분의 아가페적인 사랑 때문이다. 그러므로 인간 가운데서 행하시는 하나님의 행동은 고통하는 사랑의 행동이다. 하나님은 이 아파하는 사랑을 통해 우리와 연합하고 아픔을 함께 함으로써 우리로 하여금 이 고통을 벗어날 수 있는 길을 열게 하신다.[7]

고난의 회피와 직면

본회퍼는, "고통이야말로 교회의 진정한 사인(Sign)"이라고 주장하면서 십자가는 기독교의 상징이자 고통의 표현이라고 했다. 만일 우리가 예수 그리스도의 십자가를 거부한다면 우리는 예수 그리스도와 상관이 없고 더 이상 그리스도를 따르지 않는 것이 된다는 것이다. 그래서 그리스도의 참 제자는 이 세상에서 하나님의 고통에 참여하는 자이다. 예수 그리스도가 십자가의 고통을 짐으로써 고통을 이겼듯이 우리가 고통을 이기는 유일한 방법도 우리에게 주어진 십자가의 고난을 지는 것이다.[8]

여기에서 유의해야 할 것은, 예수께서 십자가를 회피하지 않고 받아들여 고난을 이기셨다는 점이다. 그러나 인간은 자기에게 밀려오는 고난을 피할 수만 있으면 피하면서 편안하게 살기를 원한다.

그런데 고난을 자꾸만 이런 방식으로 회피하다 보면 결국 인생의 파멸과 맞닥뜨리게 된다. 이 법칙은 한 사회의 역사에도 똑같이 적용된다. 고난을 외면하는 삶의 방법들이 너무 발달되어 있는 사회는 죽음 이상의 의미가 없다.

프로이트는 정신질환을 '자기 자신에게 부딪혀 오는 고난(책임)을 회피하려는 병'으로 규정하였다. 왜냐하면 자신의 고통이 너무도 견디기 어려워서 정신이상을 일으키는 사람도 있기 때문이다. 시험 날이 다가오면 몸이 아파오는 학생의 경우도 결국은 자기 고난(책임)을 회피하는 하나의 수단일 수가 있다.

우리 민족의 역사는 고난의 역사이다. 지금도 정치적으로나 사회적으로 그리고 국제적으로나 경제적으로 고난을 겪고 있는 중이다. 그러나 이 아픔을 숙명론이나 팔자로 돌리고 체념하거나 기피하게 되면 우리의 앞날은 더욱 어두워진다. 다시 말해서, 아픔의 현실을 회피하면서 쉽고 편하게만 살려고 한다면 우리에게는 미래가 없다고 말할 수 있다.

그러므로 우리는 우리에게 존재하는 현실, 즉 존재하는 고통을 용납하고 대면하면서 살아가야 한다. 고통을 용납하면서도 직면하는 자세를 가질 때, 비참한 조건에서도 현실과 적극적으로 관계를 맺을 수 있는 것이다.

고통을 용납하는 자세란 고통의 현실을 있는 그대로 받아들인다는 것을 의미한다. 반대로 고통을 거부하는 자세는 현실 도피를 초래함으로써 현실 접촉을 더욱 왜곡시키고 만다.

우리가 인생을 지속하는 한, 고통에서 완전히 자유로울 수는 없다. 우리의 기대와는 달리 고통이나 상실 같은 아픔은 평온한 삶 속에서도 일어난다. 부모와의 이별, 어릴 적 친구들과의 헤어짐, 사랑하는 사람과의 이별 등등의 고통들이 우리를 둘러싸고 있다. 우리는 또 젊음을 계속해서 유지할 수도 없고, 죽음을 피할 수도 없다. 우리가 현실을 더 깊이 인식해 갈수록 고통스런 현실의 문제에 더욱 밀접해진다. 그러나 이 고통의 현실을 용납하고 대처하는 사람은 현실을 변화시킬 수 있다.

우리는 아픔을 모르고 모든 문제를 쉽게 처리해 버리는 서구 사회의 병폐를 잘 알고 있다. 남녀 관계도 쉽게 만나 사랑의 아픔 없이 결혼하고, 싫어지면 곧 이혼하며, 이혼한 후에도 마음의 상처를 심각하게 느끼지 못하는 사회가 바로 그곳이다. 세대간의 차이에서 오는 고민이나 마찰도 별로 없고, 인생의 문제를 심각하게 고민해야 될 젊은이들은 마리화나와 코카인 같은 마약을 빌려 고민을 해결하려 든다.

아무리 뼈아픈 사건이라도 지나고 나면 금방 잊어버리는 사회가 바로 그곳이다. 불구자나 노인은 쉽게 요양원이나 양로원으로 보내 버리는 사회, 과연 이런 고통 없는 사회가 이상적인 사회일까?

이런 사회는 고통으로부터 아무것도 배우지 못한다. 이런 사회에서 자란 사람은 고통을 지각할 수 없게 되며 다른 사람의 고통은 물론 자기 자신의 고통스런 현실조차도 이해하지 못하는 무감각한 인간이 되어 버리고 만다.

요즈음은 우리 나라의 일부 부유층에서도 이런 사람들을 종종 볼 수 있다. 이들은 고통 없이 모든 욕구를 충족시키며 자란 사람들로, 이들에게서 지적 성장이나 정신적 성장, 영적인 성장을 기대하기는 어렵다. 이들에게는 다만 침체와 퇴보만 있을 뿐이다. 새로운 차원에로의 성장을 자극해 주는 아무런 요인이 없기 때문이다. 이같이 지루하고 고통이 없는 사회 속에서 자란 사람들은 진정한 기쁨이나 행복을 체험할 수가 없다.

사회복지가 가장 잘 되어 있다는 스웨덴에서 전세계적으로 자살율이 제일 높다는 사실은 조금도 이상한 일이 아니다. 이들은 고통이 무엇인지 보지도, 느끼지도 못했기 때문에 감수성이 극도로 약해져서 작은 고통에도 이겨내지 못한다. 그러므로 서구의 나라, 특히 미국이 우리의 아픔을 이해해 주리라고 기대하는 것은 큰 오해이다.

이런 차원에서, 우리는 누군가가 고통을 못 이겨 쓰러질 정도가 아니면 그 아픔을 없애 주려고 애쓸 필요가 없다. 그리고 가능한 대로 스스로 고통에 직면해서 처리할 수 있도록 도와주어야 한다.

고난과 희망

하나님은 우리의 아픔에 동참하시는 하나님이시며, 우리의 아픔을 바꾸시기 위해 역사하신다. 십자가의 고난과 부활은 창세 이후 지금까지 인간을 키워오시고, 역사를 이끌어오시는 하나님의 성장 원칙을 이야기해 준다. 기독교의 고난은 언제나 소망을 내포하고 있는 고난이다. 흑인 신학자 제임스 콘은, "하나님은 예수 그리스도 안에서 인간이 되어 죄와 악과 죽음의 세력을 이겨냄으로써 우리에게 아픔의 실체에 대항해서 싸울 수 있는 자유와 능력, 그리고 희망을 주었다."라고 말했다.[9]

우리는 십자가의 고난과 부활의 사건을 통해 고통 가운데 숨겨져 있는 희망을 바라볼 수 있다. 만일 고난 가운데서 어떤 희망을 바라볼 수 있다면 우리는 어떤 고난도 이겨낼 수 있고 그 고난을 통해서 새로운 역사 또는 새로운 성장을 창조할 수 있게 될 것이다. 얼마나 많은 순교자들이 십자가의 고난 다음에 부활이 있다는 소망 하나 때문에 기쁘고 당당하게 죽어 갔는가! 그들의 믿음대로 그들의 고난은 부활의 꽃이 되고 열매가 되어서 새로운 역사를 만들어 왔다.

오늘의 기독교는 '나는 약하나 하나님은 강하다.'라는 신념과 '나는 십자가의 예수처럼 죽지만 하나님은 내 고난에서 부활의 새로운 역사를 창조하신다.'라는 소망을 가지고 고난에 동참했던 사람들에 의해서 맺어진 열매이다.

하나님이 십자가의 고난에 동참하신 것은 이 세상을 사랑하고 이 세상을 구원하시기 위함이었다. 어떤 면에서 구원의 목적은 이 땅에 하나님의 나라를 창조해 가는 것이다. 바울도 이 세상을 구원하시려는 하나님의 계획에 동참할 것을 외치고 있다. 정의와 사랑이 지배하는 하나님의 나라에 대한 소망을 가지고 하나님의 역사에 동참한다는 것은 결국 고난 속에 뛰어드는 것을 의미한다.

바울에 의하면 교회는 "그리스도의 고난에 동참하며"(롬 8:17), "그리스도의 죽음을 따르도록"(빌 3:10) 부름받은 고난의 공동체이다. 예수 그리스도를 통해 새로 창조된 교회는 하나님 나라의 건설이라는 궁극적인 목적을 위해 고난을 견뎌내야 할 뿐만 아니라 하늘나라 건설을 위한 고난의 대열에 참여해야 하고, 사탄의 세력에 의해 야기된 고난을 치유할 수 있어야 한다. 이런 의미에서 기독교인은 자신의 개인적인 고난뿐만 아니라 사회적인 고난에도 동참해야 한다. 이런 고난은 우리의 소망이 실상으로 이루어지기를 믿으면서 겪는 고난이기도 하다. 다시 말하지만 예수 그리스도 안에서 이루어진 하나님의 구속 행위는 우리 기독교인들의 고난과 소망의 토대인 것이다.

소망이 없는 고난은 체념과 절망을 낳지만, 고난과 무관한 소망도 참된 소망이 되지 못한다. 바울은 다음과 같이 고백한다. "바로 그 영이 우리의 영과 함께 우리가 하나님의 자녀라는 사실을 증거합니다. 자녀라면 상속자도 될 것입니다. 우리가 그리스도와 함께 영광을 받기 위하여 그와 함께 고난을 받으면 우리는 하나님의 상속자요, 그리스도와 함께 상속할 사람이 됩니다"(롬 8:16-17).

고난과 구속

현대 신학 가운데서도 인간의 고통에 대해서 가장 구체적으로 이해하고 있는 신학은 경험주의 신학이다. 경험주의 신학은 인간의 아픔에 대한 새로운 해석을 시도한다. 인간적으로 말하면 아픔이 한 인간의 성장을 저해할 수도 있다. 그러나 그 아픔을 통해 인간은 자기 자신에 대해 새로운 이해를 하게 되고 영적으로 성장하게 된다. 그리고 그 아픔을 통해서 다른 사람과의 사귐을 증진시킨다. 이럴 때, 아픔은 새로운 인간의 역사를 창조해 가는 것이다.

경험주의 신학자 다니엘 데이 윌리엄스(Daniel Day Williams)에 의하면, 고통은 넓은 의미에서 인간에게 어떤 영향을 미치는 사건이다.[10] 어떤 개인이 현재의 상태에서 새로운 영역으로 변화되어 갈 때에는 고통이 따르게 된다. 이런 면에서, 우리가 경험하는 고통은 우리를 새로운 존재로 만들 수 있는 가능성을 내포하고 있는 셈이다. 때문에 고난이 지니고 있는 여러 가지 파괴적인 면을 인정하면서도 다니엘 데이 윌리엄스와 다른 학자들이 이야기하는 고통이 갖는 구속적인 역학(Dynamics)은 긍정적이다.[11]

첫째로, 고통을 통해서 인간은 '내가 누구인가?'를 자각하게 된다. 즉, 나 자신의 실존과 인간성이 고통을 통해서 발견될 수 있다. 자아 발견은 자신의 정체감과 자기 확신을 갖는 데 없어서는 안 될 중요한 요소이다. 자아 발견은 우리가 의미 있는 공동체를 만들고 인간관계를 이룩할 수 있는 관문이기도 하다. 육신이 겪는 고통까지도 우리로 하여금 인생의 허무를 느끼게 하고, 다 이루지 못한 삶을 새롭게 살아가고자 하는 영향을 준다. 여기에서 우리는 하나님의 구속적인 사건이 우리가 경험하는 고통 가운데서 일어나고 있음을 볼 수 있다. 인간의 고통 가운데서의 하나님의 구속사업이란 우리가 현재 처해 있는 존재의 자각과 새로운 가능성을 향한 우리의 성장을 의미한다.

두 번째로, 고통은 자기 중심적이고 교만한 인간의 마음을 겸허하고 겸손한 마음으로 변화시킨다. 고통을 경험하지 않은 사람들에게서는 교만한 모습을 자주 볼 수 있으며, 고통을 모르는 사람은 자기 자신을 모를 뿐만 아니라 다른 사람도 모르는 이기적인 인간이 되기가 쉽다. 그래서 그는 어디에서나 왕으로 군림하려 든다. 고통은 이런 사람에게 큰 영향을 줄 수 있다.

이기적인 사람에게는 자기가 이 세상의 주인이 아니라는 걸 일깨워 주고 교만한 사람에게는 세상 것의 부질없음을 보여준다. 고통을 경험하지 못하면 위선적인 사람이 되기 쉽다. 왜냐하면 그는 사실을 사실대로 파악할 수 있는 능력이 없기 때문이다. 또 아무 고통 없이 소득을 얻을 수 있는 것으로 생각하여 범죄하기 쉽다. 고통은 인간에게 겸손과 함께 인내심도 가져다준다.

세 번째로, 고통은 우리의 대인관계, 즉 사귐을 증진시킨다. 고통을 통해서 다른 사람들의 곤경을 훨씬 더 예민하게 느낄 수 있고 도울 수 있게 된다.

도로티 쥘레(Dorothy Solle)는 고통을 경험하지 않은 사람은, 즉 고통을 모르는 사람은 고통하는 사람을 위해 일할 수도, 도와줄 수도 없다고 강경하게 말했다.[12] 왜냐하면 고통을 모르는 사람은 다른 사람의 고통을 고통으로 인식하지 못하기 때문이다. 고통하는 자는 자기를 알고 이웃의 아픔의 현실을 느낄 수 있는 마음을 소유하게 된다. 그래서 그는 이웃의 아픔과 가까워지고 자기의 고통도 이웃과 서로 나누게 된다. 그러는 가운데 그의 주변에서 사랑의 공동체가 형성된다.

마지막으로 고통은 인간의 유한성을 깨닫게 하고, 궁극적인 의미를 추구하게 하며 하나님의 깊은 사랑에 접할 수 있게 한다.

고난과 치유

예수 그리스도가 복음서에서 행하신 세 가지의 커다란 구원사업은 말씀의 선포(Preaching), 교육(Teaching), 치유(Healing)였다. 이 가운데 치유의 기사는 복음서마다 조금씩 다르기는 하지만, 예수님의 행적의 절반 이상을 차지하고 있다. 예수는 육신이 병들어 고난을 받는 자들도 치유하셨지만, 죄로 말미암아 마음이 병들어서 불구가 된 사람들도 그 죄를 용서함으로 치유해 주셨다. 또 사랑하는 가족을 잃고 비탄에 젖어 있는 사람들을 찾아가서는 용기를 주셨다.

그리고 물질은 풍부하나 사람 대접을 받지 못해 마음의 병을 얻은 삭개오에게 자신을 던져 주심으로 외로움의 응어리를 풀어 주셨다. 남편이 다섯이나 있었지만 영혼의 갈증이 심해 위기를 겪고 있던 수가 성의 여인에게는 새 생명의 삶을 주셨다.

예수님의 생애는 남녀노유를 막론하고 몸과 마음에 고난을 겪는 모든 사람을 치유하고, 하나님의 백성으로서 건강한 삶을 살아가도록 돕는 데 바쳐졌다. 누가 복음에 이런 예수님의 생애가 잘 나타나 있다.

"주의 영이 내게 임하셨도다.
주께서 내게 기름을 부으심은
가난한 자들에게 기쁜 소식을 전하게 하심이라.
주께서 나를 보내심은
포로 된 자들에게 눈 뜨임을 선포하며
눌린 자들을 놓아주고
주의 은혜의 해를 선포하게 하심이라"(눅 4:18-19).

하나님은 예수를 통해서 백성들의 고난에 함께 동참하시고 마음과 몸이 병든자들의 아픔을 치유해 주셨다. 예수는 고난에 처한 사람의 요구가 무엇인지를 구체적으로 이해하고, 그 요구에 따라서 그들을 위로하셨다. 예수님은 고난을 당하는 자의 아픔에 깊이 동참하고 공감하는 사랑의 태도를 보이셨다.

위기의 원인과 구분

1. 위기 원인
2. 위기 구분

위기 원인

위기는 어떤 경우에 발생하는가? 이미 제1장 위기 속의 현대인에서 외적인 요인을 다루었기 때문에 여기에서는 개인적으로 느끼는 위기에 대해서 설명하고자 한다.

우리는 이 땅에서 살아가는 동안 다음과 같은 여러 가지 요인들과 연관을 맺으면서 살아간다.

1) 음식, 공기 그 외의 생활 필수품
2) 자아 정체성
3) 친밀하게 도움을 주고받는 가까운 이웃
4) 내가 소속되어 있는 집단
5) 내가 존경과 인정을 받고 있는 나의 역할
6) 경제적 안정
7) 나로 하여금 목표를 세우게 하고 주위 세계를 이해할 수 있게 해 주는 가치와 의미를 지닌 체제

위기란 자신의 삶에 중대한 위협을 느낄 때 일어나는 공포의 감정이

다. 삶의 기둥 같은 어떤 대상을 상실했을 때 사람들은 눈앞이 캄캄해지는 절망을 맛본다.

그것이 사랑일 수도 있고, 권력이나 재물일 수도 있으며, 또는 명예나 그밖에 자신의 중요한 삶의 원동력일 수도 있다. 여하튼 바로 그것을 상실했을 때 사람들은 소망을 잃고 허둥대게 된다.

인간은 감정의 존재이다. 그래서 감정이 통하는 사람이나 어떤 대상에 애착을 느끼게 되어 있다. 그 중에서도 부모와 자식은 깊은 애정으로 뭉쳐진 관계이다. 이러한 관계에서는 서로간에 일체감을 느끼게 된다. 어떤 사람과 일체감을 느끼는 경우 그의 삶은 이미 내 삶의 일부가 된다. 뿐만 아니라 그에게 일어나는 희로애락의 감정까지도 나의 경험이 된다. 일체감을 느끼는 대상에게 즐거운 일이 일어나면 나도 즐겁고 그가 상처를 입으면 나도 고통스럽다.

인간은 누구나 이와 같은 관계 속에서 살아간다.

그러므로 사회적으로나 개인적으로 그리고 심리적으로 자신을 지탱시켜 주었던 대상을 상실하면서 이러한 관계가 소멸되면 큰 충격과 고통을 받는다. 인간은 누구나 위기의 가능성 가운데 살게 되는데 이는 언제든지 자신과 밀접한 대상을 잃어버릴 수 있는 가능성 속에 있기 때문이다.

위기에 대처할 수 있는 준비를 미처 갖추지도 못했는데 위기의 태풍이 매섭게 몰아칠 수 있다. 예를 들어 교통사고나 심장마비 같은 돌발사태로 뜻밖에 사랑하는 사람을 잃어버린 위기 당사자는 더욱 심한 충격을 받게 된다. 충격이 심하면 방황이 길어져 고난의 수렁에서 헤어나오지 못하는 경우도 있다.

이러한 충격과 위기는 생활 가운데서 우리의 역할이 변화할 때에도 나타날 수 있다.

예를 들면, 23세의 김 여인은 삶의 모든 면에서 어머니의 도움에 의존하며 살아왔다. 결혼 후, 남편과 아파트로 이사한 김 여인은 한 달쯤 후에 우울증 증세를 보였다. 우울증의 원인은 아직도 어머니에게서 심리적인 독립을 하지 못한 김 여인의 정서상태에 있었다. 김 여인은 결혼을 하고 직장생활을 하면서도 독자적으로 독립하지 못하는 심리적 지진아였던 것이다.

감정적으로 밀착된 관계일수록 오해나 갈등이 생길 때 크게 상처를 받는다. 그래서 일체감을 느끼는 대상과의 관계가 위협을 받게 되면 위기의식을 느끼며 심리적 공황상태에 빠져든다.

일체감의 위기는 다음의 세 가지 경우로부터 일어난다.

첫째, 자신의 삶에 중요한 위치를 차지하던 사람을 상실하거나 상실의 위험에 부딪쳤을 때 일체감의 위기가 발생한다.[1] 이런 위기는 일상생활에서 자주 경험할 수 있다.

아이가 처음으로 학교에 가기 위해 집을 나설 때, 아이를 태우고 떠나는 버스를 쳐다보며 어머니는 허탈감을 느낀다. 수년 동안 보살펴오던 아이로부터 갑자기 떨어져 나온 느낌 때문이다. 동시에 아이는 아이대로 창 밖에 보이는 엄마의 얼굴을 쳐다보며 불안과 혼란을 경험하게 된다. 아이는 익숙한 가정 환경으로부터 낯선 이방세계로 던져지는 아픔을 겪어야만 한다. 아이들은 삶에 변화가 올 때마다 이와 같은 불안을 느낀다.

다른 학교로 전학을 갈 때에도 똑같은 상실감과 이별의 감정을 겪을 수 있다.

고등학교를 졸업하고 대학으로 진학하면서 정든 가정을 떠나는 청소년들이 상당히 많다. 이들은 낯익은 환경과 익숙한 생활로부터 오는 안정감을 더 이상 기대하기 어려운 낯선 세계로 던져진다는 공포감과 낯선 세계에서 만나게 될 새로운 환경에 대한 막연한 불안감에 떨게 된다. 이러한 불안과 공포감이 위기를 몰고 온다. 또한 사랑하는 사람이 병에 걸려 죽음을 눈앞에 두고 있을 때나 세상을 떠나고 없을 때 위기를 경험하게 된다.

박모씨 부부는 저명인사로 나이가 들어서도 유별나게 금슬이 좋은 부부였다. 그는 칠십 가까운 나이에 아내가 암으로 사망하자 이 세상 모두를 잃어버린 것 같은 허무를 느끼고 슬퍼하다가 결국 아내가 세상을 떠난 지 20일 만에 아내의 묘 앞에서 숨지고 말았다. 박씨의 마음에 아내의 자리가 너무나 컸기 때문에 아내가 떠나자 지탱할 힘을 잃고 죽고 말았던 것이다.

우리의 안전 체계는 우리를 사랑하고 지켜주는 사람들과 밀접한 연관을 가지고 있다. 그들 없이 살아가는 삶을 상상조차 할 수 없다가 막상 그들이 떠나가 버리면 막막해져 버리는 위기 상태에 빠져들게 된다.

요즈음엔 우리 주위에서 다반사가 되어 버린 이혼 역시 안전 체계에 심각한 위협을 줄 수 있는 상실감을 불러일으킨다. 비록 지금까지의 부부생활이 무척 고통스러웠다고 할지라도, 이혼으로 배우자가 떠나고 나면 텅 비어 버린 것 같은 공허감을 감당하지 못해 상실의 위기를 겪게 된다.

위와 같이 지금까지 정서적으로 일체감을 느끼며 살아온 사람이 우리를 떠나려 한다든가, 실제로 영원히 떠나 버릴 때 인간은 심각한 위기에 직면한다.

위기의 두 번째 원인은 새로운 상황과 대면하게 될 때, 즉 우리의 존재에 위협적인 인물, 또는 위협적 사건에 직면하게 될 때 위기를 경험하게 된다.[2]

새로운 교회에 부임해 가는 목회자의 대부분은 불안과 공포를 느낀다. 자기들끼리는 서로가 익숙해 있는 한 공동체에 낯선 이방인으로 던져지는 때문이다. 목회자와 그의 가족은 새로운 환경에 적응하기 위해서 수많은 일들을 배워야 한다. 모든 교인들은 새로 부임한 목회자와 그의 가족이 자기네 교회에 적합한 인물인지 아닌지를 알아보기 위해서 손짓 하나 몸짓 하나에 주목한다. 이와 같은 환경에서 자신감과 긍지심이 부족한 목회자는 훨씬 심각한 위기를 겪을 수 있다.

아이들의 전학도 마찬가지로 위기를 몰고 온다. 지금까지 정들었던 친구들과 선생님들을 떠나 새로운 학교에서 낯선 아이들과 낯선 선생님을 대면해야 한다는 심리적 중압감이 아이를 불안하게 하기 때문이다. 유명한 실존 심리학자인 롤로 메이는 어린 시절에 YMCA 이동간사였던 아버지의 잦은 전근으로 매년 전학을 다녀야 했다. 내성적인 메이가 겨우 아이들과 정이 들만 하면 다른 학교로 전학을 가야 했기 때문에 '전학'이라는 낱말은 메이에게 강한 공포감을 느끼게 했다. 그리고 이것은 후일 메이의 성격과 신체에 심각한 상처를 입히는 원인이 되었다.

또한 결혼 자체도 위기를 불러 올 수 있다. 서로 전혀 다른 생활을 해오면서 나름대로 자신만의 삶의 방식과 사고방식을 고수해 오던 두 사람이 결혼이라는 공동체를 형성하면서 갑자기 낯선 환경에 내던져지기 때문이다. 이제껏 혼자서 결정하던 사소한 일들까지도 함께 의논해야 하고 통제해야 하기 때문이다. 그래서 우리는 이런 위기를 극복하지 못하고 이혼으로 결혼생활을 끝내 버리고 마는 불행한 경우를 주위에서 종종 볼 수 있다.

결혼은 두 사람의 관계에만 영향을 미치는 것이 아니라 시부모나 가까운 혈친 사이에서도 위기적 영향을 미친다. 아직도 시부모와 함께 사는 가정이 많은 우리 나라에선 시부모와의 갈등에서 오는 위기도 심각하다. 며느리 편에서는 자기 마음 내키는 대로 편안하게 대했던 친정부모와는 너무 다른 시부모가 부담스럽고 시부모 쪽에서는 모든 행동 양식이 기존의 가족과는 판이하게 다른 며느리가 마음에 차지 않기 쉽다. 그럴 때 이들 사이에 위기 상황이 발생한다.

우리 나라에서는 고부간의 위기가 아직도 상당한 사회문제로 등장하고 있는데, 특히 남자 쪽의 어머니가 아들과 정서적으로 독립하지 못했을 때 고부간의 문제는 심각한 위기로 발전된다. 특히 청춘에 과부가 된 홀어머니가 아들 하나를 키운 경우에는 어머니는 아들과 정서적으로 지나치게 밀착되어 있을 수 있다. 이때 새로 들어온 며느리는 시어머니에게 심리적인 위기의 대상이 된다.

한 사례를 보자.

이 여사는 신앙적으로 존경받는 교회 권사님이다. 일찍이 젊은 나이에 남편을 여의고 위로는 딸, 아래로는 아들 하나를 잘 길러 왔다. 딸을 시집 보낼 때까지만 해도 문제가 그렇게 심각하지 않았는데, 믿고 의지하던 아들을 결혼시키면서 이 여사에게 이상이 나타나기 시작했다. 결혼식장에서부터 시작된 비정상적인 행동이 날이 갈수록 심각해져서 정신과 의사의 치료를 받을 정도로 악화되었다. 이 여사가 며느리와 적응하게 된 것은 2년 동안의 병적인 위기를 겪은 후였다.

이처럼 위기는 위협적인 인물이 자신의 삶 안으로 밀고 들어 올 때에도 발생하지만 아주 작은 일에서도 발생한다. 작은 위기가 쌓이면 결국 큰 위기로 폭발하게 된다.

위기 발생의 세 번째 원인은 지위와 역할의 상실, 변화에서 온다.[3] 거의 모든 사람들에게는 심혈을 기울여 할 일이 있고, 거기에 따른 지위와 역할도 갖고 있다. 오랫동안 한 방면의 일에 종사하다 보면 자신도 모르는 사이에 일과 일체감을 느끼게 되는 경우도 있다.

이때, 사람에 따라서는 무의식 가운데 자신의 일과 역할을 자기 생명의 일부처럼 여기게 되는 일 중독자가 될 수 있다.

우리는 흔히 자신을 다른 사람에게 소개할 때 자기가 현재 무엇을 하고 있는가를 이야기한다. "당신을 누구라고 생각합니까?"라는 질문에 거의 대부분의 응답자들이 목사, 선생, 의사 등 자신의 직업을 댄다. 이는 바로 자기의 일과 역할을 자신의 삶과 동일시하고 있다는 것을 의미한다.

그러므로 이런 것들이 위협을 당할 때 위기감을 느끼게 된다.

정 교수는 30세 때부터 65세인 현재까지 모 공대의 교수로 봉직하였다. 지금까지 정 교수는 학교에서 강의하는 일과 교수라는 지위에 긍지를 느끼며 살아왔다. 그러던 그가 64세가 되면서 자기의 역할이 앞으로 1년밖에 남지 않았다는 사실을 생각하고 위기감을 느끼기 시작했다.

시간이 흘러 은퇴가 두 달 앞으로 다가왔을 때 그는 자신의 생명이 끝날 것 같은 두려움 때문에 교문을 들어서다가 졸도하여 세상을 뜨고 말았다. 그는 직장에서의 은퇴에 집착하기 전까지는 자기가 하는 일에서 삶의 가치와 의미를 찾을 수 있었다. 그러나 그가 은퇴를 염려하면서부터는 공포가 그를 삼켜 버렸다.

오늘날 많은 사람들이 퇴직 후에는 자기의 모든 삶이 끝나버릴 것이라고 생각한다. 지위와 역할에 지나치게 자기 삶의 존재 의미를 두는 때문이다.

필자가 65명의 은퇴자들을 조사한 바에 의하면, 24명이 은퇴 전후인 1년 동안에 사망했고, 나머지 41명 가운데 18명은 중병을 앓고 있었다. 그 중 15명은 심하게 앓다가 회복했고, 8명만이 은퇴 후에도 이전의 삶과 크게 다름없이 건강하게 지내고 있었다. 은퇴 후에도 건강하게 지낼 수 있는 8명은 대부분 은퇴 전의 지위와 역할에서 느낄 수 있었던 삶의 의미를 은퇴 후 다른 데서 새롭게 찾아 즐기고 있었다.

지위와 역할의 상실에서도 위기가 오지만, 지위나 역할의 갑작스런 변화에서도 올 수 있다. 우리는 누구나 성공적인 삶을 추구한다. 회사

직원이면 과장이 되고 부장이 되고 사장이 되는 꿈을 꾼다. 그럼에도 충분한 훈련과 마음의 준비 없이 갑자기 승진의 기회가 주어진다면 오히려 위기의 요인이 될 수도 있다.

최 모씨는 모 재벌 회사의 판매담당 부장이었다. 부장으로 일하면서 그는 상무이사로 승진하는 꿈을 꾸었다. 그러던 중 얼마 전에 그 회사의 모든 판매를 관장하는 판매이사로 승진 발령을 받았다. 그런데 갑자기 심한 불안과 초조와 불면으로 시달리면서 엄청난 스트레스를 받기 시작하였다.

그 회사에서의 승진은 상사가 죽거나 퇴직할 때만 가능했기에 평상시 판매부 부장들이 모이면 뼈있는 농담들을 자주 하곤 했었다. 최씨 자신도 승진하기 전에 상사의 건강이나 조기 퇴직에 신경을 썼던 경험이 있었다. 그가 처음 판매부 간부요원들을 소집했을 때 그는 자기를 쳐다보는 간부요원들의 눈빛을 보면서 식은땀을 흘렸다. 그들은 자기들보다 먼저 승진한 그의 행운을 저주하면서 질투와 분통으로 가슴이 꽉 차 있을 것이라고 생각되었다. 그들의 이글거리는 눈이 자기가 어서 병들어 죽기를 바라거나 조기 퇴직을 바라는 것 같아서 견딜 수가 없었다.

경쟁의식은 이따금 적개심이나 분노 또는 시기심을 수반한다.

격렬한 경쟁으로 인한 위기를 대처하는 방법은 사람에 따라 다르다. 최씨의 경우는 억척스럽지 못해서 유난히 힘이 들었다. 최씨는 치열한 승진 경쟁으로 인한 암투를 견디어 낼 자신이 없었다. 최씨의 불안은 점점 강도가 높아져서 한밤중에도 깨어나 부하 직원들의 눈초리들을 생각하며 몸서리를 치곤 했다. 오래지 않아 쓰러질 것 같은 생각도 들었다.

부인을 통해서 상당한 위로를 받았지만 그의 공포는 조금도 수그러들지 않았다. 그는 판매담당 상무이사 임무를 1년 이상 수행하다가 어느 날 출근 도중에 심장마비를 일으켜 사망하고 말았다. 승진을 원했으면서도 막상 승진이 되고 새로운 역할이 주어지자 그것을 거부하는 내적 갈등으로 스트레스를 견디지 못하고 삶의 에너지를 모두 소모하고 만 것이었다.

위기 구분

위기의 원인에서 이미 상술한 내용들을 위기의 요인별로 구분하기 위해 맥스웨인(McSwain)과 트리드웰(Treadwell)의 다섯 가지 분류 방식을 따르고자 한다.

신체적으로 부상, 고통, 죽음을 당하고 있거나 그런 위험에 처했을 때 느껴지는 신체적 위기, 심리적 자아에 고통을 받고 있거나 앞으로 그런 일이 일어날 가능성을 예감하고 있을 때 오는 자아 위기, 대인관계의 단절이 예상될 때 느끼는 인간관계의 위기, 자연환경의 파괴나 빈약함에서 오는 환경 위기, 마지막으로 자신의 삶 속에 내재하는 하나님의 임재를 강화시켜 주는 활동들이 차단되거나 그 위험을 예상할 때 오는 영적 위기 등이다.[4] 필자는 이 위기들을 상황적 위기, 발달적 위기, 사회 문화적 위기의 세 가지 차원으로 구분하고자 한다.

(1) 상황적 위기

상황적 위기는 우발적 위기라고도 일컫는데 전혀 예측하지 못했던 충격의 사건이 발생할 때 느껴지는 위기이다. 이 상황 위기는 대개 세 가지 차원에서 발생하는데, 먼저 불이 난다든가 또는 지진 같은 자연재해로 인해서 오는 물질과 환경의 변화의 차원이다. 다음은 심장마비, 치명적인 병, 큰 사고 또는 각종 질병으로 인해 오는 신체 기능의 장애 같은 개인의 신체적인 차원이다. 마지막으로는 사랑하는 사람이 죽는다든지, 부부간의 이혼 같은 인간관계적인 차원이다.[5]

김 여인은 아침에 출근했던 남편이 저녁 퇴근길에 교통사고로 사망해서 병원에 안치되어 있다는 소식을 들었다. 소식을 듣는 순간 이 사실을 받아들일 수 없었던 김 여인은 병원으로 달려가 남편의 시신을 냉동실에 넣지 못하도록 이 사람 저 사람에게 부탁했다. 남편이 죽지 않고 곧 깨어날 것이라는 것이 김 여인의 주장이었다. 김 여인은 남편의 사망을 믿을 수가 없었다. 다른 사람들에게 보여지는 김 여인의 행동은 정상이 아니었다. 김 여인이 제정신을 회복해서 남편의 죽음을 받아들인 것은 장례식이 끝나고 한달 후였다.

사건은 대부분 전혀 뜻밖에 일어나기 때문에 위기 당사자들은 대체로 사건에 대한 대처가 불가능하다. 이러한 상황 위기에 대한 최선의 대처방법은 간접적으로 준비하는 삶을 사는 것이다. 예를 들면 교통사고의 가능성을 예방하기 위한 안전운전과, 심장마비를 예방하기 위한 금연, 식이요법, 적당한 운동을 들 수 있다. 또한 이혼을 방지하기 위한 부부 사이의 신뢰와 진지한 대화를 들 수 있다.

상황적 위기는 예측 불허의 상황에서 일어나기도 하지만, 위기 당사자의 선택에서 오는 간접적 요인에 의해 일어나는 수도 있다. 예를 들어, 암이라는 진단을 받고 충격을 느끼는 당사자는 이미 오래 전부터 정신적으로나 영적으로 흐트러져 암이 발생할 수밖에 없는 병적인 삶을 살아왔을 가능성이 있는 것이다.

알코올 중독자의 경우를 생각해 보자. 누군가가 알코올 중독자가 되기까지에는 그에게 미친 사회적이고 문화적인 영향도 컸겠지만, 심리적인 측면에서 볼 때 자신을 학대하고 파괴시키는 삶을 그가 스스로 선택했을 수도 있는 것이다.

우리가 일상생활 가운데서 영적이고 정신적이며 신체적인 건강을 유지하기 위해 한꺼번에 많은 변화를 일으키는 생활을 피해야 하는 것은 우발적으로 일어나는 사고를 간접적으로 대비하기 위함도 있는 것이다.

(2) 발달 위기

발달 위기는 일생을 살아가면서 누구나 겪고 넘어가야 하는 삶의 단계에서 일어나는 위기를 말하며, 생의 단계에서 발생하는 위기가 아니더라도 사건의 발전과정을 예측할 수 있는 위기를 말한다. 예를 들어, 군에 입대하는 청년은 군대생활에서 예견되는 긴장된 생활을 어느 정도 예측하고 군대생활을 시작한다.[6] 영성수련을 쌓는 수도자도 자기의 영성이 새로운 단계로 도약할 때마다 위기가 온다는 것을 어느 정도는 이해하고 수도에 들어간다.

에릭슨을 비롯해서 다른 여러 발달 심리학자들은 인간의 변화 과정을 다음과 같이 분류한다.[7]

1) 태아기에서 유아기
2) 유아기에서 아동기
3) 아동기에서 사춘기나 청소년기
4) 청소년기에서 성인기
5) 성인기에서 중년기

6) 중년기에서 노년기
7) 노년기에서 사망

대부분의 사람들은 위의 각 단계에서 새롭게 자기에게 부딪쳐 오는 생의 변화에 적응하고 도전하느라 상당한 스트레스를 겪는다. 삶의 각 단계에서 자신이 싸우며 헤쳐나가야 할 과업을 만나는데, 이 주어진 과업에 성공적으로 대처하지 못하면 성장에 장애를 가져온다. 인간의 인격과 정서적 성장은 자연적으로 일어나는 결과가 아니라, 자신의 삶에서 주기적으로 오는 과정에 적극적으로 대처할 때 얻어지는 열매인 것이다.[8]

대부분의 인간은 삶의 발달변화 과정에서 다른 때는 경험하기 어려운 불안을 느끼는 경향이 있다. 자기의 역할 변화, 신체의 변화 등은 내적인 혼란과 격동을 일으킨다.

초등학교 때까지는 부모를 잘 따르던 아이들이 청소년이 되면서 아무런 이유도 없이 짜증을 내며 부모와 긴장관계를 조성하기 시작한다. 그럴 때 그 이유를 몰라 안타까워하는 부모가 많다.

우리는 흔히 이 청소년기의 반항적인 행동을 이유 없는 반항이라고 부르는데 이유 없는 반항을 하는 청소년이나 그들의 고민을 지켜보는 부모의 마음은 고난의 연속이다. 그러나 인생의 폭풍은 청소년기로 끝나 버리는 것이 아니다. 40대에는 상당히 많은 사람들이 제2의 사춘기 증세로 고민을 한다. 명예욕이나 권력욕에 사로잡히거나, 가족들을 위해 일에 파묻혀 지금까지 잊고 살아왔던 자기 자신의 가치를 새롭게 묻기 시작하고, 자기를 다시 찾아보기 위해 방황하는 중년들도 있다.

그런가 하면 신체적으로나 심리적으로 황혼인 노년기 역시 현재의 유지와 미래의 걱정으로 위기의식에서 벗어날 길이 없다.

발달과정에서 일어나는 광풍을 성공적으로 헤쳐 나가기 위해서는 상당한 노력과 에너지를 필요로 한다. 이런 격동기를 잘 통과하기 위해서 주위 사람들로부터의 인정과 사랑의 지원이 필요하다. 이때 적당한 지원을 받으면 그는 생의 한 단계에서 다음 단계로 도전해 갈 수 있는 힘을 얻는다.

이런 발달과정에서 연유되는 삶의 위기는 예측될 수 있는 위기이기에 준비할 수 있다는 이점이 있다. 그래서 발달과정에서 오는 삶의 변화는 두려움의 대상이 아니라 오히려 흥미로운 순간일 수 있다. 우리는 이런 변화과정에서 자기 성취의 즐거움을 얻을 수도 있고, 행복감을 경험할 수도 있다.

그러나 이런 발달과정의 전환점에서 많은 사람들이 혼란과 긴장을 느낀다. 이런 사람들은 대개 주위로부터 사랑의 지원을 받지 못한 경우가 많다. 주위 사람들로부터 충분한 사랑의 지지를 받지 못한 사람은 삶의 변화과정에서 위기를 겪게 될 확률이 높다.

그런데 삶의 발달단계는 이전 단계의 변화과정에서 영향을 받는데, 이전 단계에서 적응이 원만하지 못하면 그 다음 과정에서는 훨씬 더 심한 위기를 겪는 경향이 있다. 이런 사람들이 새로운 발전을 위해 변화에 도전하기는 어렵다.

이들에게 있어서 인생의 전환기는 새로운 삶이 전개되는 시작과 희망의 순간이 아니라 혼란과 상처로 얼룩진 위기의 순간이 될 것이다.

때문에 청년기, 중년기, 노년기에 접어드는 전환기에 자살을 하거나 우울증, 고립감, 폐쇄적인 자기만의 세계에 빠져드는 사람들이 있다. 이런 사람들은 대부분 자신을 거부할 뿐만 아니라 주위의 세계를 신뢰하지 못하며 부정적인 성향을 갖게 된다.

긍정적인 성향의 사람들은 자신의 삶에 어떤 도전을 받으면 적극적으로 대처하는 경향이 있다. 이것이 성장을 향한 발걸음이다. 그러나 부정적인 성향의 사람들은 어려운 일이 닥치면 오히려 성장을 멈춰 버린다.
또 다른 형태의 발달 위기는 예측이 가능한 변화에서 오는 위기이다. 이 위기는 누구에게나 오는 것이 아니라 특별한 상황에 처한 사람들에게서만 일어난다. 예를 들면, 낯선 타향으로의 이사나, 평생 해 오던 일에서 은퇴한 경우 등이 이 범주에 속한다.
그러므로 이 위기는 위기 당사자가 예측하고 적응해 갈 수 있다. 그런 때문에 이런 경우의 위기는 상황적 위기와는 구별된다.
이 경우에도 위기 당사자의 대처 태도에 따라서 긍정적인 삶을 지향하는 기회가 될 수도 있고 부정적인 삶의 과정으로 전락해 버릴 수도 있다.
여기 이혼의 위기를 통해서 서로 다른 반응을 보인 두 여인의 사례를 보기로 하자.

사례 1

조 여인은 불행한 어린 시절을 보낸 40대의 이혼녀이다.
그녀는 어린 시절을 폭력적인 아버지 밑에서 공포와 불안의 나날을 보냈다. 나이가 들면서 여러 남자들과 사귀어 보았지만 어떤 남자에게도 깊은 정을 느낄 수가 없었다. 사귀면 사귈수록 불안감만 가중될 뿐이었다.
그러다가 지금의 남편과 애정도 없이 결혼하게 되었다. 결혼만 하면 어떻게든 살아지겠지 하는 마음으로 결혼을 하긴 했는데 결혼한 지 11년이 되었는데도(그 사이에 아들이 하나 태어났다.) 남편에 대한 애정은 살아나지 않았다.
조 여인은 항상 여자로서의 패배감을 지닌 채로 살아왔다. 지금까지 그녀가 결혼을 유지해 올 수 있었던 이유는, 이혼한 여자를 바라보는 사회의 냉담한 시선과 여자로서의 존재 가치가 상실될 것 같은 두려움 때문이었다. 그러다가 40대의 문턱에 들어서면서 거울에 비치는 자신의 주름진 얼굴에서 세월의 덧없음을 발견하고 자신의 삶에 깊은 회의를 느끼기 시작했다. 자신의 삶을 바치고 있던 어떤 힘이 한순간에 빠져나가 버리는 것 같았다. 그녀는 인생의 허무감에 몸을 떨었다.

이러한 상황에서 갑자기 남편으로부터 이혼을 강요 받게 되었다. 처음엔 완강히 거부했지만 결국 끈질긴 남편의 설득을 받아들여 아들과 집 그리고 상당한 재산을 위자료로 받는 조건으로 이혼을 승낙했다.

그런데 위기는 남편이 집을 떠나고 난 다음에 왔다. 깊은 패배의식과 허무감이 그녀에게 엄습해 왔던 것이다. 더 이상 자기의 삶을 지탱할 수 없을 것 같은 열패감이 그녀를 괴롭혔다. 그녀는 마침내 병원에 입원해야만 했다.

사례 2

정 여인은 명문가 출신에 훌륭한 가정교육을 받은 여성이었다. 정 여인은 중매로 역시 좋은 가문의 남자와 결혼했다. 그런데 결혼한 지 10년이 지나도록 아이를 낳지 못해서 남편으로부터 소박을 맞아 내쫓김을 당했다.

그 시절 법도가 엄중한 가정에서 여자의 소박은 사형선고나 다름없는 것이었다. 이것은 한 여성으로서 뿐만 아니라 집안의 수치였기 때문에 정 여인은 삶이 끝나는 것과 같은 고통을 느꼈다. 그러나 정 여인은 자신의 상황을 받아들이고 신앙을 통해서 이 위기를 위대한 성장의 기회로 만들었다. 정 여인은 이혼한 뒤 예수 그리스도와 함께 살면서 네 곳의 교회를 개척했고, 수많은 사람을 하나님 앞으로 인도하였다. 그녀의 전도로 목회자가 된 수십 명의 목회자들이 지금도 이곳저곳에서 큰 역사를 이루어 가고 있다.

위의 두 여인의 예에서 볼 수 있듯이 같은 위기에서도 그 위기를 어떻게 받아들이고 대처하느냐에 따라서 전혀 다른 삶의 양식을 가질 수 있는 것이다. 조 여인은 이혼이라는 위기상황에서 삶의 의미를 상실한 채 절망에 빠져 있지만, 정 여인은 자신에게 닥쳐온 엄청난 위기를 오히려 자아 실현의 기회로 삼았던 것이다.

위의 두 사례에서 발견되는 또 하나의 사실은 위기상황이 전개되는 배후에는 직·간접적인 여러 요인이 작용하며 발달 위기와 상황 위기가 서로 연관을 가지고 작용한다는 점이다.

조 여인의 위기는 40대에 찾아오는 중년기 위기와 이혼 위기가 중첩한 경우이다. 따라서 그녀가 느끼는 고통도 그만큼 더 심각하다. 그뿐만 아니라 조 여인의 어린 시절 발달단계에서 얻은 상처도 그녀의 위기에 큰 몫을 하고 있다.

조 여인은 어린 시절 아버지와의 관계에서 얻은 상처 때문에 부정적인 남성 상을 갖게 되었고, 이것은 불행한 결혼생활을 초래하였다.

반대로 정 여인의 어린 시절은 무척 행복했다. 어린 시절 발달 위기에 성공적으로 대처하면서 성장했던 경험이 그녀를 이혼의 위기에서도 적극적으로 대처하게 만들었을 가능성이 있다.

(3) 사회 문화적 위기

사회 문화적 위기란 우리가 살고 있는 사회가 오랜 세월 동안 형성해 온 전통 문화에 의해서 초래되는 위기이다. 즉, 사회가 아노미(Anomy) 상태에 빠질 때 일어나는 여러 가지 사회적 불안 요인으로 말미암아 발생하는 위기이다.[9]

이런 위기를 일으키는 사회문화는 나라마다 지방마다 서로 다르다. 더 좁게는 가정의 사회문화도 서로 다를 수 있다. 살아온 문화 전통이 서로 다른 사람들끼리 어울릴 때 위기가 일어날 수 있는 가능성은 매우 높다.

28세인 주씨는 남쪽 지방의 산골마을 태생이다. 그는 철저하게 남성 우위의 전통을 고수하는 환경에서 자랐다.

그 지방 사람들 대부분은 한집 식구끼리도 남성과 여성이 같은 밥상에서 밥을 먹을 수 없었다. 여자는 부엌이나 다른 자리에서 식사를 해야 했다. 모든 결정권이나 우선권은 남성에게만 주어졌다. 그런 관습적 환경에서 자란 주씨에게 그런 생활이 자연스럽게 느껴지는 것은 당연했다.

주씨는 서울에서 대학을 졸업한 뒤 공무원으로 근무하다가 서울 태생인 진 여인과 결혼했다. 주씨의 처가는 평양 태생으로 독실한 크리스천 집안이었다. 남녀의 차별은 물론 집안 대소사의 결정권이 어머니에게도 똑같이 주어지는 민주적인 현대가정이었다.

요즘은 상당히 변화되어 가고 있지만 얼마 전까지만 해도 북쪽으로 올라갈수록 여자의 위치가 더 존중되고, 남쪽으로 내려갈수록 여자의 위치가 비하되는 경향이 있었다.

그렇기 때문에 주씨와 진씨의 결혼은 처음부터 위기를 내포하고 있었다.

결혼 초부터 주씨는 아내를 무시한 채 모든 결정권을 혼자서 행사하려 했고, 아내를 존중하는 태도도 거의 보이지 않았다. 이런 남편의 태도에 대하여 3년 이상 투쟁하다가 진씨는 남편의 구타를 견디지 못하고 친정으로 돌아와 결혼생활을 끝내려 하고 있다.

이들의 결혼이 이런 위기에 이르게 된 데에는 여러 복합적인 요인이 작용했겠지만 우선 두드러지게 나타나는 요인으로는 남녀의 지위가 서로 다른 가족문화권에서 각각 성장했다는 점이다. 이런 측면에서 볼 때, 문화가 비슷한 같은 지방 남녀끼리 결혼한다면 이러한 문제는 줄어들 것 같다.

　다음으로 이민이나 유학 또는 주재요원 등으로 다른 나라 문화 속에 들어갈 때 거의 모두가 심각한 문화적 충격(Cultural Shock)을 경험하게 된다. 이 문화적인 충격에서 벗어나기까지에는 평균 3년 정도가 소요된다고 한다.[10]

위기 발전 과정

1. 위기 단계
2. 고난과 아픔의 언어
3. 고난과 한국인의 심성

위기란 어떤 충격적인 사건이 만들어내는 것이 아니라 사건을 겪고 있는 사람이 그 사건을 어떻게 이해하고 느끼느냐에 따라서 초래되는 것이다.[1] 즉, 성폭행이나 교통사고, 파산 선고나 생명이 위험하다는 진단 등과 같은 사건들이 위기를 불러일으키는 것이 아니라, 사건 당사자들이 그 사건을 어떻게 생각하고 느끼느냐에 따라서 위기가 될 수도 있고, 안 될 수도 있다는 것이다.

61세의 서씨는 3개월 전부터 몸에 이상을 느꼈지만 시간이 지나면 회복될 수 있을 것으로 생각하고 가벼운 약을 복용하면서 참아 왔다. 그러나 날이 갈수록 더욱 심해지자 불안을 느낀 그가 큰 대학병원에 가서 정밀 검진을 받은 결과 암이 상당히 진전되었다는 진단을 받았다. 앞으로 7-8개월밖에 살 수 없다는 것이었다. 서씨는 암이라는 말에 충격을 받고 깊은 절망에 빠져들었다. 서씨는 결국 좌절감을 극복하지 못하고 40일 만에 세상을 하직하고 말았다.

67세의 조씨는 서씨와 똑같이 암이라는 진단을 받았다. 그는 의사로서 슈바이처 박사의 박애정신을 따라 가난한 농촌 지역을 돌면서 봉사해 온 욕심 없는 크리스천이었다. 그런 그가 몸에 이상을 느끼고 서울의 큰 대학병원에 가서 검진을 받고 시한부 생명이라는 사실을 알게 되었다. 그 사실을 알았을 때 그가 보여준 태도는 감동적인 데가 있다. 동료 의사로부터 검진 결과를 전해 듣는 순간 조씨는 얼굴에 조용한 미소를 띠우면서 자신의 심정을 토로했다고 한다.
"이제 죽어도 아무 여한은 없어."

위의 사례들에서 살펴본 대로 인간은 죽음 앞에서 대체로 두 가지의 반응을 보인다.

서씨는 자신의 죽음을 결코 받아들일 수 없는 위협적인 사건으로 느꼈다. 그래서 그는 죽는 순간까지도 긴장과 불안 속에서 고민하다가 세상을 떠났다.

그러나 조씨의 경우는 자신의 죽음을 누구나 한 번은 부딪쳐야 하는 삶의 한 과정으로 인식하고 자연스럽게 받아들였다. 사고의 차이가 자신의 죽음을 충격적인 위기로 여기게도 하고, 완성으로 여기게도 하는 것이다.

위의 예를 통해서 이야기하고 싶은 것은 죽음이 위기적 사건이 아니라는 점이다. 죽음을 맞는 당사자가 자신의 죽음을 어떻게 이해하고 느끼느냐에 따라서 준비된 죽음을 맞을 수도 있고 위기가 될 수도 있다. 이런 점에서 위기를 객관적으로 정의하는 일이 쉽지 않다. 해고를 당하거나 은퇴를 한다고 해서 모두 다 위기에 빠지는 것은 아니다. 그래서 어떤 사건은 위기의 가능이 있고, 또 어떤 사건은 위기의 가능성이 없다고 이야기할 수 없다.

위기는 하나의 진행과정이다. 먼저 위기를 유발하는 사건이 있고, 이 사건을 보고 이해하는 위기 당사자의 지각이 있으며, 위기를 해결하고자 하는 위기 당사자의 의지(능력)가 있다. 한 사람의 발달단계에서 일어나는 변화과정, 즉 위기상황은 위기 당사자에게 성장의 기회도 되는 반면, 퇴보의 원인이 되기도 한다. 다시 말하면 위기상황에 대응하는 태도에 따라서 자긍심으로 발전할 수도 있고 실패한 자아상을 갖게 될 수도 있는 것이다.[2]

위기상황에는 여러 가지 형태가 있다. 먼저 전혀 뜻밖일 뿐만 아니라 본인의 의도와는 상관없이 일어나는 위기상황이 있다. 예를 들어 강도, 강간, 교통사고, 가족의 사망 또는 중병 등이 그에 속한다. 이때의 위기 당사자는 너무 갑작스럽게 충격적인 상황에 놓이게 되므로 어찌할 바를 모르는 반응을 보인다.

다음으로 전혀 뜻밖이긴 하지만 본인의 의지가 담겨 있는 위기상황이 있다. 결혼생활의 파경이 그 적당한 예가 될 수 있겠다. 이혼은 부부 한쪽의 의사만으로는 성립되지 않는다. 그렇지만 그들이 결혼할 때에는 이혼이란 단어는 생각지도 않았을 것이다.

세 번째로 마음속으로 예견한 위기상황도 있다. 예로써 월남전에 자원해서 참전했던 군인들을 들 수 있겠다. 그곳이 사지인 줄 알면서도 파병을 자원한 군인들은 이미 생명을 거는 전투에 참여해야 한다는 것을 알고 있었던 것이다.

이처럼 위기는 여러 상황에서 올 수 있다. 각 상황에서 위기가 되는 조건은, 첫째 위기상황에 대한 당사자의 이해이고, 둘째 위기 당사자의 마음속에서 일어나는 위기의식이다. 셋째 위기를 성공적으로 대처하려는 위기 당사자의 의지이고, 네 번째는 위기 당사자가 취하는 행동과 생각이다.

위기 단계

위기를 하나의 진행과정으로 본다면, 그 과정을 성공적으로 극복할 수 있는 방법이 무엇인가를 생각하지 않을 수 없다.

위기는 위기 당사자에게 자극을 주어서 그에게 잠재되어 있는 위기 대처기능을 일깨우고 더 유능한 자아를 발견하게 하며, 정신건강을 촉진하는 방향으로 이끌어갈 수 있다.

어떻게 하면 위기 대처기능을 일깨울 수 있는가? 지금까지 우리에게 잘 알려져 있는 방법은 균형이론이다.[3] 균형이론이란 인간의 행동이나 심리상태는 안정상태를 유지하려는 특성을 지니고 있다는 이론이다. 예를 들어서 굶주린 사람은 음식을 먹어서 배고픈 상태에서 벗어나려고 하고, 외로운 사람은 사람을 만나 사귐을 가져 외로움을 피하려 한다는 것이다.

다시 말해서, 자기를 위기로 몰아가는 불편한 상황을 회피하고자 하는 욕망으로 인해서 긴장과 불안상태를 안정 수준으로 유지하려는 욕망이 발동하게 된다는 것이다.

이 견해에 따르면, 우리에게 혼란을 주는 위기는 새로운 차원의 균형 상태를 추구하도록 촉구하는 계기가 될 수 있다. 여기에서 새롭게 나타나는 균형상태는 이전 상태와 똑같은 상태가 아니고 다른 차원의 성장을 촉발하는 안정상태이다.

위기 이론의 권위자 카플란은, '위기는 안정된 상태 속의 혼란이며 어려운 입장에 처한 사람이 어떤 방법으로든지 빠져나가 보려는 상태'라고 규정했다. 여기에서는 위험의 사건과 위기에 처한 당사자, 그리고 위기감과 행동하려는 마음이 중요한 요소로 등장한다. 카플란의 이론에는 두 가지 생각이 내포되어 있다.

첫째, 인간은 자기의 삶에서 균형상태를 유지하고자 한다는 것이다. 양극단을 왔다갔다하기보다는 자신이 처해 있는 상황에서 어느 정도의 조화를 이루기를 바란다. 균형을 유지하려는 이러한 특성 때문에 사람들은 자신이 처한 상황에 반응하고 긍정적인 기대를 한다는 것이다.

카플란 뿐만 아니라 다른 많은 심리학자들도 인간은 안정을 유지하고자 하는 욕구에 의해 움직인다고 주장한다. 위기는 이런 욕구가 심하게 저지되는 상황에서 일어난다.

둘째, 위기 당사자가 자기에게 주어지는 각성을 처리하는 방법이다. 위기과정의 특성 가운데 하나는 위기 당사자가 지금까지의 삶에서 점증되어 온 각성에 대처하려고 한다는 것이다. 위기상황이 진전되면서 괴로움은 더 심해지는데, 이 괴로움에 대한 느낌이 위기 당사자를 일깨우는 것이다. 자각이 크면 불안도 그만큼 커진다. 기대하는 자각과 실제로 느껴지는 자각 사이가 크면 클수록 긴장감 또한 증가한다.

카플란은 인간이 위기를 느끼는 과정을 4단계의 점진적인 과정으로 설명한다.[4]

• **1단계** : 어떤 비극적인 사건이 일어나면 위기에 처한 사람은 불안을 느끼기 시작한다. 불안이 심해지면서 스트레스에서 벗어나기 위해

위기 당사자는 지금까지 그가 살아오면서 이와 유사한 위기상황에 직면했을 때 사용했던 문제해결방법을 사용하여 위기에서 벗어나려고 애쓴다. 그가 사용하는 모든 해결방법에는 균형상태를 다시 회복하려는 경향과, 현재 그가 느끼고 있는 두려움을 감소시키려는 경향이 있다.

38세의 신씨는 회사의 중역이 되기 위해 열심히 일해 오던 중 중증의 당뇨병이라는 진단을 받았다. 이런 예기치 못했던 사건에 직면해서도 그는 실망하지 않고 열심히 일을 계속하면서 치료도 병행하고 있다. 다행스럽게도 그는 그의 위기심리를 충분히 이해하고 극복하도록 도와주는 좋은 의사를 만났다.

신씨는 비극적인 사건을 만났지만 그것이 그에게 위기감을 불러오지는 못했다.

• **2단계** : 일상적인 문제해결방법으로는 해결되지 않고, 위협을 느끼게 하는 상황이 지속되면 긴장감도 지속적으로 증가한다. 무력감이 느껴지고, 문제를 해결해 보려고 시도하다가도 시행착오를 거듭하는 동안 상황은 악화되어 간다. 즉, 긴장을 일으키는 자극이 계속되면서 문제해결능력이 감퇴되는 단계이다.

신씨의 경우를 계속해서 보면 계속적인 치료에도 불구하고 그의 당뇨증세는 조금씩 악화되었다. 이때 남편을 이해하고 감싸주는 아내가 신씨에게 많은 힘이 되어 주었다. 신씨의 비싼 치료비는 가정 경제에 큰 부담이 되고 있었다.

여기에다 엎친 데 덮친 격으로 신씨의 아내는 중학생 아들의 행동에 문제가 있다는 연락을 학교로부터 받게 되었다. 그 사실이 신씨 부부에게 새로운 스트레스를 보태 주었지만 아직은 잘 견디고 있다.

• **3단계** : 문제를 해결하기 위한 시도가 아무런 성과도 얻지 못하면

두려움과 긴장감이 더욱 증가한다. 상승된 긴장감은 위기 당사자로 하여금 지금까지 알고 있던 모든 방법을 다 동원하여 위기를 해결하려는 노력을 하게 만든다. 이런 경우 위기 당사자는 비상수단을 생각하고 문제해결을 위해 이전보다 더 위험한 모험을 시도하게 된다. 비상수단에 대한 생각은 다음과 같은 자각에서 올 수 있다.

첫째, 자신의 목표나 야망을 바꿀 경우에 위기가 해결될 수 있다.

둘째, 새로운 각도에서 위기를 통찰할 경우에 위기가 해결될 수 있다.

셋째, 위기상황의 일부를 포기하고 해결이 가능한 상황에 총력을 집중할 때 위기가 해결될 수 있다.

신씨의 경우엔 다행스럽게도 살아오면서 부딪친 여러 위기상황에서 축적된 위기 처리능력과 자신감이 있었다. 그는 자신이 아내와 자식에게 미치고 있는 영향을 잘 이해하고 있었으므로 계속 상승하는 스트레스를 극복하기 위해 새로운 방법을 모색하였다. 어떤 때는 이 병에서 회복되지 못할 거라는 생각을 하기도 했으나 의사로부터 많은 위로와 대처방법을 듣고 용기를 얻었다. 신씨는 의사의 자상한 도움으로 자신의 병을 용납할 수 있게 되었고, 중증의 당뇨병이 자신의 삶을 의미 없는 것으로 만들지 못할 거라는 강한 신념을 갖게 되었다.

그러나 결국 신씨는 병이 악화되어 회사를 사직하고 아내가 일자리를 구하러 나섰다. 신씨의 아내는 남편을 위해 자신이 할 수 있는 일이라면 무엇이나 할 각오가 되어 있었다. 아내의 이런 생각이 신씨에게 큰 위로와 힘이 되었다.

아들 문제는 학교 선생님을 만나고 교회 목사님을 통해 큰 도움을 받았다. 다행히 신씨의 아들은 잘 순종해 주었다. 한 주에 두 번씩 아들을 만나 상담하고 기도해 주는 목회자의 노력이 신씨의 아들에게 놀라운 영향을 미쳤다.

• **4단계** : 3단계에서 시도한 모든 비상수단이 실패로 끝나 무력감에 빠지게 될 경우 위기 당사자는 자신의 위기대처 한계를 넘어서는 긴장 상태에 빠질 우려가 있다. 이때의 위기감은 너무 강력해서 위기 당사자의 심리에 큰 타격을 주어 우울증에 빠지게 할 수 있다. 이 단계에서는 위기 당사자에게 고도의 기술적인 도움이 필요하다.
4단계의 상황은 다음과 같은 상태에서 초래된다.
1) 당사자의 위기 처리능력 부족과 주위 사람들의 도움이 없을 때
2) 위기상황이 계속 해결되지 않고 남아 있을 때
3) 긴장과 불안이 견딜 수 없는 정도까지 심화되었을 때

신씨에게서는 4단계의 위기는 발생하지 않았다. 그 이유는 신씨가 자신의 당뇨병의 진전과정을 예측하고서 긍정적으로 반응했기 때문이다. 신씨는 담당 의사와 아내로부터 사랑이 넘치는 지원을 받고 있었으므로 4단계의 위기로 빠져들지 않고 극복하고자 하는 의지를 보여 주었다.
신씨는 위기를 통해서 성장의 열매를 맺은 좋은 예이다. 신씨는 당뇨로 인해 육체적 힘을 상실한 상태에서도 자신의 생의 의미를 새롭게 발견했던 것이다. 그는 위기를 통해서 아내에 대한 깊은 사랑을 확인했고, 아버지로서의 큰 임무를 자각하여 아들과 관계를 개선했을 뿐만 아니라, 신앙적으로도 새로운 차원에서 하나님의 사랑을 경험했다. 이런 모든 일이 위기 이전에는 느낄 수 없었던 또 다른 행복이고 성숙해진 삶의 결과이기 때문이다.
지금까지 설명한 위기의 4단계 과정을 통해서 우리는 두 가지 사실을 발견할 수 있다. 즉, 위기의 각 단계에서 나타나는 위기 차원을 알 수

있으며, 위기는 그 단계에서 머무르기보다는 다음 단계로 발전 가능성이 있다는 점이다.

각 단계를 살펴보면, 첫째 단계는 일상적인 위기 처리방법으로 위기를 처리할 수 있음을 설명하고, 두 번째 단계는 위기 해결을 위해 어떤 시도를 끊임없이 해보는 시행착오의 방법과 이를 통해서 발생하는 새로운 위기를 설명하고 있으며, 세 번째 단계는 위기상황을 변화시키든가 아니면 자신의 욕구를 바꾸든가 하는 상황과 욕구 모두를 재정리함으로써 해결될 수 있는 위기를 설명하고 있고, 네 번째 단계는 위기 당사자의 능력으로는 처리 불가능한 극심한 위기를 설명해 주고 있다.

지금까지 설명한 위기 발전과정은 개인의 위기에 해당하는 것이다. 이런 경우, 위기 당사자가 각 단계의 과정에서 적극적으로 대처하지 못한다면 심각한 위기상황으로 발전할 수 있다.

위의 4단계 위기 발전과정의 사례가 된 신씨의 경우는 자신에게 닥쳐온 위기에 성공적으로 대처한 예이다. 같은 상황에서 신씨와는 전혀 다른 반응을 보인 안씨의 예를 들어보겠다.

안씨는 48세로 큰 건설회사의 기술부장이다. 치열한 경쟁을 뚫고 부장에 승진한 그는 이사로 승진하기 위하여 전력을 다해 회사에 헌신했다. 거의 매일같이 회사 일로 밤을 새우는 것도 마다하지 않았다.

그런데 아내를 시켜 증권에 투자한 것이 잘못되어 거의 모든 재산을 날려 버렸다. 그 때문에 아내로부터 괴롭힘을 당하다가 어느 날 심장마비로 쓰러져 병원 신세를 져야만 했다. 그의 위기 단계를 다음과 같이 나눠볼 수 있다.

• 1단계 : 안씨는 의사로부터 시간외 근무를 그만두고 가족이나 친구들과 여유 있는 시간을 가지라는 권유를 받았다. 의사는 심장마비의

원인이 안씨의 생활방식에서 연유되었음을 지적하고 이를 개선할 것을 권유했다. 안씨는 자기가 하는 일과 자기 부서의 일이 제대로 되어가고 있는데도 다른 부서보다 두드러지지 않는 것을 언제나 짜증스럽게 생각하였고 경제적으로 여유가 없는 자신의 현재 상태에 대해서도 늘 불만이었다.

안씨는 자기의 생활방식과 심장마비가 밀접한 관계를 갖고 있다는 의사의 충고를 착잡한 심정으로 받아들였다. 그러면서도 심장마비의 재발 위험성을 줄이기 위한 행동들을 취하지 않았다. 그리고 그의 건강 악화와 넉넉하지 못한 경제생활이 그를 더욱 불안하게 만들고 있었다. 안씨는 그의 고민을 아내에게 이야기해 보았지만 아내는 들으려고 하지 않았고, 안씨 자신도 아내가 자신을 이해해 주리라는 기대를 하지 않았다. 이들의 결혼생활은 상당히 오랫동안 금이 간 상태였다.

안씨의 실망과 분노는 아내의 돈에 대한 불평으로 더욱 악화되었다. 회사에서는 과중한 업무가 계속되어 심한 스트레스와 불안을 느끼고 있다. 때문에 안씨에게서 심장마비의 위험성은 점점 더 커져 가고 있다.

• **2단계** : 안씨는 이런 위기 심리를 아내에게도 의사에게도 이야기하기 싫어한다. 안씨는 심장마비 예방을 위해 정상 근무(8시간)만 할 경우, 자신의 미래는 없다고 판단하여 과중한 업무처리에 계속 매달린다. 승진이 아니면 자신의 삶은 존재할 필요가 없다고 생각하기 때문이다. 그럴수록 심장마비의 가능성은 증가하고 안씨의 갈등과 긴장도 점점 심화되어 간다. 안씨는 이런 경우에 다른 사람에게 자신의 걱정을 털어놓고 도움을 요청하는 것은 실패자들이나 하는 거라고 생각하여 아무에게도 그의 고민을 털어놓지 않는다.

• 3단계 : 불안이 심화되면서 안씨는 부인에게 다시 한 번 그의 고민을 이야기해 보았지만 짜증스런 반응만 들었을 뿐이었다. 설상가상으로 안씨 부부는 고등학교 1학년생인 아들이 다른 아이들과 본드를 흡입하다가 경찰서에 붙잡혀 갔다는 소식을 듣게 된다. 이 사실은 안씨로 하여금 처절한 실패자의 느낌을 갖게 했다. 안씨는 자기가 아들과 한 번도 대화를 나눠주지 못해 이런 결과를 초래했다고 생각하고 자책감에 시달린다. 아내는 아내대로 안씨에게 이 사실을 타박하고 나섰다.

안씨의 불안은 점점 심화되어 갔다. 하지만 자신의 강한 남성적인 이미지를 의식한 그는 여전히 누구에게도 자신의 고민을 털어놓지 못한다. 그는 주위에 자신의 고민을 나눌 만한 사람이나 이해해 줄만한 사람을 갖고 있지 못했으며 직장일도 여유를 가질 수 없는 상황이었다. 안씨 자신의 정신상태와 주위의 모든 상황이 안씨의 변화를 허용하지 않았던 것이다. 결국 안씨는 궁지에 빠지게 되었다.

• 4단계 : 안씨는 자신이 일을 계속할 경우에 올 수 있는 생명의 위협과, 일을 그만둘 경우 무의미해질 자신의 삶에 대하여 생각해 보았다. 아내와의 대화 실패와 부모로서의 역할 실패에 대한 죄책감이 안씨로 하여금 깜깜한 터널 속에 있는 것 같은 불안감을 가져다주었다. 이 불안감이 극도에 다다르자 안씨는 깊은 절망을 느꼈다. 그는 이 세상에서 아무도 자기를 이해하고 도와줄 사람은 없다는 외로움에 극심한 위기상태로 빠져들었다. 이런 극심한 위기의식이 안씨에게 다시 심장마비를 일으키게 했다. 그 때문에 병원에 입원하게 된 그는 삶의 의욕을 완전히 상실하고 자살을 기도하게까지 되었다.

안씨의 경우를 분석해 보면, 증권으로 인한 재산 상실이 그에게 예상밖의 충격을 주었고, 심장에 이상이 생겼다는 사실도 그를 압박하는 요인이 되었다. 더욱이 아들의 탈선행위는 안씨의 위기를 더욱 가중시켰다. 만일 이러한 위기가 그의 결혼 초기에 일어났더라면 아내의 도움을 상당히 받았을 것이고, 안씨가 위기상황에 대처하는 데에 큰 힘이 되었을 것이다.

고난과 아픔의 언어

아픔의 언어 또는 고난의 언어란 고통스런 상황에 처한 사람들이 뱉어 내는 괴로움의 표현을 말한다.

위기에 직면하게 될 때 인간에게는 고난의 상황에 적응하는 심리적 과정과 직접 또는 간접적으로 아픔을 나타내는 발전과정의 언어가 있다. 도로티 죌래(Dorothy Solle)는 인간이 위기에 처할 때, 또는 사회나 나라가 위기에 처할 때 고난의 언어가 표현되는 상태를 세 가지로 나누었다.[5]

인간이 위기를 만났을 때 나타나는 심리적 현상을 보면, 먼저 충격이 오고, 어느 정도 시간이 경과한 뒤에는 아픔의 과정이 따라오며 그 다음에 회복의 과정으로 들어간다.

위기심리는 변화 과정마다에서 독특한 언어를 보여주는데, 충격 시에는 무감각 적인 언어 형태를 보이고, 아픔의 현실을 실감하는 과정에서는 고통이 감정을 타고 표현되는 언어형태를 보이며, 회복기에 접어들면 안정의 언어가 나타난다.

(1) 충격의 언어

아픔의 언어들을 더 깊이 분석해 보면, 충격과정에서 표현되는 언어는 무감각, 무반응의 언어형태를 보인다. 이 단계에서 인간은 정상적인 반응을 보이지 못한다.[6] 예를 들면, 당신이 저녁에 집에 들어서는데 당신의 아내 또는 남편이 교통사고로 지금 병원 영안실에 안치되어 있다는 소식이 기다리고 있다고 상상해 보자.

이런 경우, 사람들은 대체로 두 가지의 반응을 보인다.

첫째 반응은 믿지 않는 것이다. '무언가 잘못되었겠지', '사실일 리가 없어', '아마 부상당한 걸 거야', '믿을 수가 없어.' 등등의 감정상태를 보인다.

충격적 사건을 부인하는 반응이다. 이러한 부인 반응이 아니면 아우성의 반응이 첫 반응으로 나타날 수 있다.

아우성의 반응은 누군가를 비난하면서 비정상적인 행동을 수반한다. 위기사실의 부인과 아우성은 순서에 따라 나타나는 현상이 아니다. 어떤 경우에는 사실 부인의 행동이 먼저 오고, 아우성의 반응이 뒤따르는가 하면, 어떤 경우에는 아우성의 반응 후에 사실의 부인이 뒤따라오기도 한다. 또 다른 경우에서는 사실의 부인과 아우성의 반응이 교대로 반복되는 수도 있다.

사실을 부인하거나 아우성의 행동 반응은 아주 거칠게 나타난다. 좀 더 구체적으로 설명해 보자면, 사실을 부인하는 사람들은 그 위기사건을 설명할 수 있는 여러 가지 정보 가운데서 자기가 듣고 싶은 것만을 들으려고 하고, 위기상황에서 벗어날 수 있는 조그마한 희망이라도 붙잡으려 한다.

이러한 태도는 위기 현실을 편파적으로 이해하게 되기 쉽기 때문에 위기상황을 정확하게 파악할 수가 없게 된다. 그래서 충격단계의 사람들이 중요한 시점에서 사실을 정확하게 보지 못하는 경향이 두드러지는 것이다.

심각한 위기에 처해 있는 사람은 현실감각을 상실할 뿐만 아니라, 시간의 개념까지도 상실하는 경향을 보인다.[7] 그래서 충격단계에는 비정상적이고 활기를 잃어버린 행동양식이 두드러지게 나타나는데, 이처럼 위기 당사자가 사실을 부인하는 동안 문제처리에 적합한 시간을 놓쳐 버리는 수가 많다.

충격단계에서 보여지는 반응들은 대체로 무감각, 무반응 또는 주위에서 무슨 일이 일어나고 있는지 모르는 '멍' 한 반응이 나타난다. 아픔이 너무 커서 현실로 받아 들이기에 불가능할 때 사실을 판단할 수 있는 정신기능을 자동적으로 상실해 버리는 것이다.

남편과 27세의 아들을 교통사고로 한꺼번에 잃어버린 여인이 있었다. 그 여인은 아픔의 현실을 전혀 깨닫지 못한 채로 8개월 동안을 무감각상태에서 멍하게 지냈다.

그 여인을 지켜보면서 필자는, '엄청난 사건에 직면하게 되면 우리의 정신기능이 둔화되어 아픔을 느끼지 못하도록 하나님께서 우리 인간을 창조하신 것은 아닐까' 라는 생각을 했었다.

우리는 위기를 만나 정신기능이 약화된 사람을 '혼이 나갔다', 또는 '넋이 나갔다' 는 말로 표현한다. 어쩌면 그 말이 맞는지도 모르겠다. 큰 위기에 부딪치게 되면 위기 당사자의 혼이 잠깐 외출을 하도록 되어 있는 것은 아닐까? 만약 위기의 아픔 앞에서 혼이나 넋이 제자리에서 정상기능을 한다면 충격 때문에 심장이나 다른 몸의 기능이 견뎌낼 수가 없게 될 것이다. 그래서 하나님은 위기의 충격으로부터 인간을 보호하기 위해서 위기의 정도에 따라서 혼이 조금씩 아니면 거의 전부가 빠져나가도록 인간을 창조하셨다고 생각된다.

위기 충격단계에서는 사람으로서 보일 수 있는 정상적인 반응을 하지 못한다. 어떤 외부의 도움도 소용이 없으며, 깊은 암흑의 침묵 속으로 빠져들어 가고 만다.

이렇게 심한 고통에 부딪친 사람은 위기에 대해 어떤 결단도 내릴 수 없고, 자기가 겪고 있는 위기로부터 아무것도 배울 수가 없다. 이런 사람들은 자기에게 무슨 일이 일어나든 전혀 신경을 쓰지 못하고 일이 진행되어 가는 대로 자기를 내맡겨 버리는 경향이 있다. 그 뿐만 아니라 어디서도 소망을 찾지 못하고 외부의 조언에도 이성적인 반응을 보이지 못한다.

충격단계에 있는 사람들은 이성의 기능이 약화되어 사고를 논리적으로 하기가 어려울 뿐만 아니라, 반대로 충동적인 경향이 강해지면서 반사적이 아니면 폭발적인 행동양식을 보인다.

만일 이런 충격이 자신의 생명에 위협을 느낄 수 있을 만큼 극도로 강화된다면 침묵의 형태로 바뀌면서 인간으로서 보일 수 있는 반응을 보이지 못하고, 자신이 엄청난 고통에 처해 있음을 알면서도 표현이 불가능해진다. 이런 극단의 상황은 독일의 나치 수용소에서 굶주림과 죽음의 공포를 겪었던 유태인들에게서 얼마든지 볼 수 있었다고 한다.[8]

이들은 엄청난 고통 때문에 말도 못하고 보지도 못하고 듣지도 못하는 무감각한 사람이 되어 버린다고 한다. 이런 극한 상황에 처하게 된 사람은 다른 사람들에 대한 감정이 점점 사라지면서 이웃들로부터 멀어지게 되고 자기 외에는 아무에게도 관심을 갖지 못하는 사람이 되어 버린다.

그 결과 다른 사람들과 대화가 어려워지고 인간관계도 불가능해진다. 이런 상황에서 죽음에 대한 매력에 점차 끌리게 되는데 이는 어디에도 소망의 틈은 보이지 않고 모든 것이 끝나가는 듯한 느낌에 휩싸이기 때문이다. 이런 사람은 자신의 생각과 말과 행동에서 주체가 되지 못하고 무기력하게 상황의 지배를 받게 된다.

충격의 영향은 신체에도 미치게 되는데, 먼저 호흡이 가빠지고 짧아진다. 호흡이 짧아진다는 것은 몸에 충분한 산소를 공급받지 못한다는 것을 의미한다. 이런 상태가 오래 지속되면 산소의 부족으로 뇌의 기능이 약화되기 쉽고, 산소를 필요로 하는 신체의 모든 부위에서 문제가 발생하며, 식욕이 떨어지고 수면에 곤란을 받는다.

지금까지 위기로 인해 충격을 경험하는 사람들은 정상적인 사고와 행동이 어렵다는 것을 설명했다. 위기의 정도에 따라서 반응도 다르게 나타나는데, 충격이 심하면 사고와 행동도 비정상적으로 나타날 수 있다. 흔히 위기 때문에 비정상적인 사고와 행동을 보이는 사람들이 정신장애자로 보이는 경우가 있는데, 이들은 실제적인 정신장애자는 아니다. 위기가 지나가면 곧 다시 정상으로 회복할 수 있기 때문이다.[9]

지금까지 우리는 개인이 경험하는 충격상태만을 이야기해 왔다. 공포의 위기로 인해서 충격을 받고 정신기능과 논리적인 판단기능이 약화되는 경우는 개인뿐만 아니라 사회나 국가에서도 나타날 수 있다. 예를 들어 독재정치를 하는 정권이 국민의 판단과 비판기능을 마비시키는 수단으로 국민을 위협하는 충격수단을 사용하는 것을 말할 수 있다. 모든 국민이 충격을 받을 만한 위협적인 사건을 터뜨리면 국민은 당연히 어느 정도의 충격을 받게 된다. 이 충격의 상태가 채 정리되기도 전에 또 다른 충격을 연속적으로 가하면 그 사회와 국민들은 마침내 판단과 비판기능을 상실하게 된다.

이렇게 정신기능의 약화는 충격이 가져다주는 증상이기도 하지만, 한편으로는 위험을 싫어하고 회피하려는 인간의 심리에서도 연유된다. 인간은 심리적으로 긴장으로부터 벗어나려는 욕구, 즉 평온을 유지하려는 욕망을 가지고 있다.

충격으로 약화된 정신기능이 평온을 유지하고 싶은 인간의 욕구와 결합하여 국민들의 마음에 자리잡을 때, 국민들은 자신들의 고난을 자각하지 못할 뿐만 아니라 다른 사람의 고통에도 무감각해지는 증상을 나타낸다. 왜냐하면 고난 속에서 아파하면서도 마음속으로 억누르고 참아 버리기 때문에 고난의 자극을 받고서도 아무런 변화를 일으키지 못하는 것이다. 이런 사회 및 정치적인 위협에 이미 멍들어 버린 백성은 극심한 고난의 불길이 사회에 몰아닥쳐도 자기 발등에 떨어지지 않는 한 방관자가 되어 버린다.

고난을 느끼지 못하거나 느끼지 않으려고 하는 사회는 죽어 가고 있는 사회라고 에리히 프롬은 주장하였다.[10] 이런 사회에는 진부한 낙관주의가 만연하고, 아픔의 현실을 제대로 보지 못하는 장님의 사회가 되고 만다. 고난을 실감하지 못하는 사회는 곧 침체의 늪에 빠지고 새로운 단계로 도약하려는 의욕을 상실한 채 권태가 만연된다. 이런 사회에서는 참 기쁨과 행복의 의미를 발견하기가 어렵다. 고난을 고난으로 아파할 줄 모르는 사회나 국민은 살아서 움직이는 생명 공동체가 아니라, 에스겔 골짜기의 해골들과 다를 바 없다. 이런 사회, 이런 백성에게서는 창의적인 것을 기대하기가 어렵다. 뿐만 아니라 언젠가는 역사에서 사라져 버릴 것이다.

고통을 겪지 않으려는 사람은 고통을 못 느끼는 무감각한 사람이 되기 마련이고 다른 사람들과의 관계마저 두려워하게 된다. 이런 사람들은 다른 사람들과의 관계도 원치 않고, 다른 사람이 접근해 오는 것도 싫어하며, 최대한의 방어망을 만들어 놓고 자신의 문제에만 관심을 집중하면서 살아간다.

(2) 애통의 언어

충격단계에서 고통을 나타내는 대표적인 언어가 무언, 무감각이라면 애통의 단계에서 고통을 표현하는 대표적인 언어는 울부짖음일 것이다. 애통의 단계에 이르면 외출했던 혼이 조금씩 돌아오기 시작한다. 정신기능이 회복되면서 아픔의 사건을 하나 둘씩 제대로 직시하기 시작한다. 이때 나타나는 언어는 자신의 아픔을 쏟아놓는 울부짖음, 아우성, 하소연, 통곡, 불평 불만, 분노 등등, 사람에 따라 성격에 따라 여러 가지로 나타나게 된다.[11]

시편 13편은 이러한 애통의 언어를 잘 표현해 주고 있다. "하나님 언제까지 나를 잊으시렵니까? 영영 잊으시렵니까? 언제까지 나를 외면하시렵니까? 밤낮 없이 쓰라린 이 마음, 이 아픔을 언제까지 견뎌야 합니까?" 여기에서의 시편 기자의 말은 정상적인 상태의 언어가 아니다. 아픔 가운데서 견디다 못해 쏟아 붓는 원망이 홍수처럼 흘러나오는 고통의 언어이다.

애통의 단계에 들어서면 아픔을 자각하고, 이 아픔을 말로 표현할 수 있다. 다만 이성과 감성이 뒤섞인 언어인 것이 다를 뿐이다. 어느 정도 이성을 되찾은 상태이므로 사리를 판단할 수 있는 능력도 회복되어 대화가 가능하다. 자신이 처한 아픔의 사건이 자신에게 미치는 영향이 어느 정도인가도 감지할 수 있기 때문에, 아픔의 사건에 끌려 다니는 피동자의 위치에서 아픔의 상황을 조절하는 주동자의 위치로 바뀐다.[12]

이것은 위기 당사자가 고통의 사건을 객관적인 입장에서 바라보고 분석할 수 있는 정신기능이 어느 정도 회복되었다는 것을 의미한다. 그래서 그는 변화 가능한 사건과 변화 불가능한 사건을 구분하여, 변화 가능한 것은 변화시키도록 노력하고 변화 불가능한 사건은 있는 그대로를 용납하는 마음을 갖게 된다. 그러나 애통단계의 이런 변화는 자연적으로, 또는 저절로 되어지는 것은 아니다. 아픔의 현장을 직시하면서 수없이 고통의 언어를 말하는 과정에서 또는 다 말하고 난 후에 위기 당사자에게 주어지는 상급인 것이다.

애통의 단계가 건전하게 처리되고 성숙의 열매를 맺기 위해서는 무엇보다도 고통의 언어를 마음껏 토로할 수 있어야 한다. 이 말은 자기에게 주어진 아픔을 충분히 아파할 수 있어야 한다는 것을 의미한다. 충격의 단계에서 아픔을 아파할 수 없는 사람이나 사회는 죽음으로 빠져들어 간다는 것은 이미 이야기했다.[13]

그런데 이런 아픔의 언어가 자신의 성격적 결함이나 외부의 강압에 의해 차단되어 버릴 때는 어떤 결과가 오는가? 울분, 아우성, 하소연, 불평 불만, 통곡 등의 언어가 그때그때 밖으로 분출되지 못하고 어떤 압력에 의해 억누름을 당할 경우, 건강과 정신에 상처를 받고 충격단계의 무감각상태로 후퇴하게 되기 쉽다.

쉬운 예를 하나 들어보자.

화가 난 어린아이가 울려고 할 때 부모가 너무 엄격하게 이를 제지하는 일이 반복되면 그 아이는 훗날 정신 질환을 앓게 될 확률이 높다. 그런 아이들에게서 창의적인 것을 기대하기는 어렵다. 우는 것을 좋게 보지 않는 서구 사회에서는 아이들이 울어야 할 때 울지 못하고 참는 경우가 많다. 그 결과, 오늘날 서구의 목회자들은 울지 못한 데서 파생된 여러 가지 정신 장애를 앓고 있는 교인들을 치유하느라 온갖 노력을 기울이고 있다. 그러므로 애통의 단계에서 어떤 종류의 언어가 되었든 자신의 아픔을 표현할 수 있을 때 소망이 있다.

아픔의 언어란 자신의 아픔을 울음으로, 노래로, 통성기도로, 대화로 털어내는 하나의 방법이다. 다른 사람에게 상처를 주지 않고 자신의 상처를 치유할 수 있는 방법인 것이다. 그러나 상당수의 사람들은 애통의 언어를 다른 사람에게 상처를 주는 식으로 표현한다. 인간은 위기를 만나면 그 원인을 다른 사람에게서 찾으려 하는 속성을 갖고 있다. 그래서 전가할 이유가 전혀 없는데도 주위 사람들을 못살게 구는 경향이 있다.

위기에 처한 사람은 불안과 긴장을 보통사람들보다 더 심하게 느끼며, 이러한 감정은 시간이 지나면서 분노와 짜증으로 변화된다. 이런 사람들은 평상시엔 전혀 문제가 되지 않는 사소한 문제에도 쉽게 울분을 터뜨리는 경향이 있다. 이럴 때 만일 이 위기의 원인 제공자가 존재한다면 그가 분노의 표출 대상이 된다. 위기 당사자는 이런 식으로 자신의 감정이 모두 사그라들 때까지 주위 사람들에게 상처를 줄 수 있는 가능성이 높다.

위기를 만난 남편이 애통의 단계에 들어섰다고 가정해 보자. 이때 남편이 성숙한 사람이라면 자기의 고통상황을 정확히 이해하고 아프지만 건전한 방법으로 처리하려 할 것이다. 그러나 불행하게도 그렇지 않다면 가장 먼저 상처를 입게 되는 사람은 아내이다. 물론 반대의 경우도 마찬가지이다. 만일 자신의 울분을 아내 앞에서 터뜨리지 못하는 사람이라면 제3의 사람이 그 대상이 될 것이다. 이런 사람들은 자신의 아픈 감정을 다른 사람에게 발산할 때 반드시 명분을 찾는다. 그러니까 이때 발산되는 그의 분노의 원인은 엉뚱한 데 있다는 사실을 알아야 한다. 엉뚱한 데 원인이 있는 울분의 폭발은 그를 위기 상황으로 몰고 간 사건과는 전혀 상관이 없는 사람에게 일어나는 경우가 많다. 그래서 위기 당사자가 마음의 평온을 되찾으면서 자신의 과오를 사과하는 사실을 흔히 볼 수 있다. 이것은 누군가에게 자신의 애통한 감정을 털어놓을 때 치유가 일어날 수 있다는 사실을 보여준다. 다시 말해서 애통의 단계에서 복잡하게 얽혀 있던 아픔의 감정들이 쏟아져 나오게 되면 병적인 상태가 건전한 상태로 회복되는 것이다. 이런 때를 상담에서는 '감정의 정화'(Catharsis)라고 이야기한다.[14]

수년 전, 필자는 3년 동안이나 남편으로부터 심하게 구타를 당해 온 한 여인으로부터 전화를 받은 적이 있다. 너무 지친 나머지 무슨 말부터 해야 할지 모르던 여인이 시간이 지나면서 남편에 대한 극도의 증오심을 보이기 시작했다. 그토록 깊은 분노의 감정으로 가득 차 있었기 때문에 그 여인에게서는 다른 사람을 생각할 수 있는 마음의 여유가 조금도 없는 것처럼 느껴졌다. 거의 두 시간 이상을 남편에 대한 분노를 쏟아 놓던 여인이 서서히 누그러지면서 의미심장한 말로 이야기를 끝냈다. 여인은 자기가 지금까지 남편의 나쁜 점만을 이야기했지만 남편에게도 좋은 점이 없지는 않다고 말했던 것이다. "과거에 남편이 그런 좋은 점을 가지고 있다고 지금처럼 실감해 본 적이 있었는가?"라는 나의 질문에 그녀는 그런 적이 전혀 없었다고 대답했다. 이것은 그 여인이 마음속에 쌓인 울분을 다 발산해 버리자 창의적인 생각을 할 수 있는 여유가 생겼다는 것을 의미한다. 분노의 감정이 애통의 언어로 발산되면 치유와 성숙이 뒤따른다는 것은 분명한 사실이다.

위기에 처한 사람들이 아픔의 감정을 발산하는 대상 중에 목회자들도 포함된다는 사실은 많은 것을 시사해 준다.

목회자는 교회의 모든 회중에게 관심을 가져야 하고, 책임이 너무 광범위해서 자칫 교인들의 감정처리의 표적이 되기 쉽다. 그리고 목회자에게 응어리진 분노의 감정을 발산하는 사람들이 반드시 위기를 겪는 사람들뿐만은 아니다.

위기를 만난 후 이런 감정이 형성된 사람들도 있지만 애당초 마음속에 이글거리는 울분 덩어리를 품고 살아온 사람들도 많다. 프로이트의 정신분석이론에 의하면, 성장과정에서 부모나 다른 어떤 대상에게서 상처를 받고, 그 상처의 감정을 무의식 속으로 억압해 버린 사람들이 많다고 한다. 억압된 감정은 그것이 죄책의 감정이든 분노의 감정이든 성장과정에서 없어지는 것이 아니라 오랜 동안 무의식 속에서 독버섯처럼 성장한다. 이 독버섯은 성장한 성인의 정신, 신체, 행동, 태도에 영향을 미친다.

예를 들어, 어린 시절 아버지의 억압적인 태도 밑에서 화가 나도 참고 살아온 사람이 있다면 마음속에 분노가 응어리져서 언제든 분출할 곳을 찾는다는 것이다. 이 분노의 응어리가 건전하게 발산(치료)되지 않으면 병적인 상태가 되어 시시때때로 무분별하게 표출되기 쉽다. 그것도 주변의 만만한 사람에게 쉽게 표출되며, 위기를 만났을 때에는 정도가 심각해진다.

이런 사람들의 병적인 분노가 목회자를 타겟으로 삼게 되면 그 사람의 마음속에 분노의 응어리가 존재하는 한 계속해서 목회자를 괴롭히게 될 것이다.

김 목사는 상당히 큰 도시교회의 담임목사였다. 그런데 그 교회에 처음 부임했을 때부터 이유 없이 그를 싫어하는 남자 신도 한 사람이 있었다. 그 사람은 김 목사의 일이라면 무조건 이유를 달며 저항하고 나섰다. 주일이면 맨 앞자리에 앉아서 목사의 설교를 듣지 않고 있다는 태도로 일관했다. 결국 부임 4년만에 김 목사는 교회를 옮길 수밖에 없었다.

여기서 그 남신도의 과거를 살펴볼 필요가 있다. 그 남신도는 목사의 아들로 태어나서 어린 시절에 큰 소리 한 번 못 지르고 살았다. 그는 교회 일에만 충성하고 가정에는 관심이 없는 것처럼 보이는 아버지에 대해 강한 불만을 품고 자랐다. 이러한 성장과정에서 그의 마음속에 자리 잡게 된 분노의 응어리가 자신도 모르는 사이에 목사에게 표출되었던 것이다. 만일 김 목사가 이 남신도를 계속적으로 만나 마음속의 울분을 풀어주는 상담을 했더라면 아마도 김 목사에게 충성을 다하게 되었을 것이다. 목사에 대한 반항은 아버지의 사랑을 받고 싶다는 또 다른 욕구의 표현이기 때문이다. 그러나 불행히도 김 목사는 한 번도 그 남신도를 대면하지 않았다.

지금까지도 우리 한국인의 가정교육은 상당 부분 자식들을 억압하는 편이다. 숨쉴 틈을 주지 않는 무조건적인 억압은 아이들의 무의식 속에 분노의 응어리를 만들고, 이 응어리는 이상 성격을 조성한다. 그리고 이런 성격을 가진 사람은 작은 위기에도 병적인 분노를 폭발해 버린다. 그런데 현대의 교회 안에는 이런 응어리를 지닌 사람들이 상상외로 많다.

치유 상담이란 이런 사람들의 응어리를 풀어주는 일이다. 이 작업은 인내와 깊은 사랑을 필요로 한다. 이 시점에서 목회자는 여러 사람들로부터 여러 종류의 공격의 대상이 되고 있다는 것을 알고 있어야 한다. 뜻밖의 공격을 당한 목회자 역시 충격과 애통의 단계를 똑같이 경험하게 될 것이다. 그렇지만 목회자가 이런 공격을 지혜롭게 잘 받아줄 수 있다면 공격자는 애통단계에서 쌓여진 아픔의 감정을 풀고 본래의 자기 모습으로 돌아갈 것이다. 이때 목회자가 맞는 매는 보통의 매가 아니라 구속, 구원, 치유의 매이다.

목회란 크고 작은 여러 위기로 상처 입은 사람들이 목회자를 향해 때리는 매를 맞아주는 일이다. 이 매가 무서워 맞지 않겠다는 사람은 목회자의 자격을 상실한 사람이다. 목회의 길로 들어선 이상 우리는 예수님이 가신 길을 따라가야만 한다. 예수님이 가신 길은 매맞고 창에 찔리는 십자가의 길이었다. 예수님은 매맞는 길을 회피하지 않으셨다. 그러므로 큰 목회자는 예수를 닮아 가는 목회자요, 예수를 닮아 가는 목회자는 맷집이 좋은 목회자이다.

(3) 변화 성장의 언어

충격단계의 무감각의 언어가 애통의 단계에서 아픔의 언어로 변화해서 아픈 감정을 마음껏 발산하고 나면 변화 성장의 언어가 나타난다. 변화 성장의 언어는 시편 13편의 후반부에 잘 나타나 있다. 시편 13편의 전반부에서 시편 기자는 아픔의 응어리를 쏟아놓는다. 원망과 분노와 하소연이 함께 응집되어서 쏟아져 나오는 애통의 언어들이다. 그러나 후반부(3-6)에서 나타나는 언어는 고통의 응어리가 풀리고 정리된 마음으로 야훼 하나님께 아뢰는 언어들이다.

> **야훼 나의 하느님, 굽어살피시고 대답해 주소서.**
> **죽음의 잠자지 않도록 이 눈에 빛을 주소서.**
> **원수들이 "이겼노라" 뽐낼 것입니다.**
> **이 몸은 주의 사람임을 믿사옵니다.**
> **이 몸 건져 주실 줄 믿고 기뻐합니다.**
> **온갖 은혜 베푸셨으니 야훼께 찬미 드리리이다.**

변화 성장의 언어는 이성의 기능이 회복된 안정된 상태에서 나타나는 언어이다. 그는 이제 다른 사람들과 긴밀한 관계를 유지하면서 일을 처리하고 고난이 심하면 심할수록 고난에 대처하는 능력도 그만큼 강화된다.

이제는 상황 변화에 이끌려 가는 사람이 아니라, 변화를 일으키는 사람으로 성장하고 고난의 상황을 객관적으로 보고 적극적으로 대처하며 변화 상황에 차질 없이 건전하게 대처하는 성숙한 사람으로서 사고하고 행동한다.

고난과 한국인의 심성

우리 한국의 역사는 고난의 역사이다. 고난의 역사 속에서 살아온 우리 백성들도 고난과 함께 살아야 했다. 우리 민족은 지리적으로나 문화적으로 고난을 받고 살 수밖에 없었다. 지리적으로는 일본과 중국의 강대국 사이에 끼어서 수없이 많은 침략을 받아 지금까지도 남북 분단이라는 그 잔재가 남아 있다. 그 때문에 얼마나 많은 동포들이 이산가족의 아픔을 겪고 있는가! 외적의 침입이 아니더라도, 우리의 역사 속에서 아픔의 응어리를 찾아보기는 어렵지 않다.

웃어른이나 직장 상사로부터 부당한 고통이 주어질 때 참고 견디는 것이 미덕인 문화적 풍토를 갖고 있었기 때문이며, 또한 자원이 부족하고 인구밀도가 높은 나라에서 살 수 있는 생존수단이었기 때문이었다. 이런 응어리들이 쌓이고 쌓여 백성들의 마음속에 한으로 맺혔다.

사실 가정에서는 부모에게, 며느리는 시어머니에게, 소작인은 지주에게, 백성은 관리에게 아무리 억울한 일이 있어도 절대 복종해야 했다. 그래서 백성들 가운데 한이 쌓이기 시작했다.

유교의 효(孝)사상이 우리 민족의 정서에 끼친 영향은 대단하다. 그럼에도 유교의 효는 웃어른을 중심으로 사회나 가정이 통제되도록 함으로써 한국 사회의 도덕 및 정서생활을 왜곡시켜 온 측면이 많다. 즉 효사상이 과거 지향적 생활 태도를 벗어나지 못하게 하는 하나의 요인으로 작용하기도 한 것이다.

즉, 발전적 가치관의 설정을 방해하는 요인이 되었다고 할 수 있는 것이다. 그뿐만 아니라 자학을 강요하고 피학적인 굴종관계를 조장하는 요인이 되기도 했다. 그리고 권위주의와 정실주의(Nepotism)를 초래하여 능력이 발휘되지 못하고 평등이 이루어지지 못하는 사회를 지향케 했다.[15]

기를 펴보지 못하고 살아온 세상
항시 파르르 떨고 살아야 했고
남의 이목 속에 예절 속에 법도를 지키고 살아야 했던 세상
예절로 들볶는 세상
어른 하나를 받들기 위해 숨을 죽여야 하는 세상
웃음도 울음도 없는 소리 없는 살림이었다.
보고도 못 본 체 눈을 피해야 하고
듣는 것만으로 강물에 몰래 띄워야 했다.
조용하기가 오경 산사(山寺)와 같았다.
입술은 꼭 잠긴 함이고 자물쇠이었다.
안 인심이 좋으면 사나운 선머슴도 고분고분한 준마이었고
당하(堂下)배도 젊은 아씨 비단 같은 마음씨엔 물불을 가리지 않드란다.
어머니의 종교는 신령이었다. 추운 날 얼음을 깨고 머리를 감았다.

엎드려 손을 비볐다. 흰옷 입고 육신을 태우듯,
신앙이란 고되어야 한다는 터득에서인가? 피학(被虐)에서인가?
은쟁반에 물그릇 받들듯 떨리는 조심뿐이었다.

기댈 곳도 안길 곳도 없었고 법에 묶인 오솔길을 받들고만 살으렸다.[16]
- 이동주-

    강대국의 노략질을 당하고도 하소연할 길이 없었고, 상관, 어른, 관리들 앞에서 자기의 고통을 표현할 수 없었으며, 천부적인 권리를 빼앗기고도 되찾을 길이 없었던 우리 민족은 아픔의 응어리들을 그대로 마음속에 지니고 살아야 했다. 이 백성의 마음속에 오랫동안 쌓여온 아픔의 응어리가 바로 한(恨)이다. 그래서 무슨 일을 당하면 그것 때문에 한이 맺혔다고들 말하는 것이다. 한이란 마음의 응어리를 언어로 발산해 풀어 버리지 못하고, 그대로 의식 속에 잠재되어 버린 감정이다.
    가슴에 맺힌 아픔을 고통의 언어로 발산할 수 없었던 우리 백성들은 어려운 고통의 위기에서 그 아픔을 극복하고 변화와 창조의 단계로 발전해 가는 힘을 기를 수 없었다. 또한 고통의 현실을 정확하게 파악하고 대처할 만한 능력을 개발할 수 없었다. 고통을 느끼고 처리할 만한 능력이 결여되어 있을 때 위기가 연달아 닥쳐오면 이러지도 저러지도 못하는 상태에 빠지게 된다. 이 때 나온 것이 운명이나 팔자론이다.
    그래서 우리 백성은 생존을 위한 심리적 방어기제로서 자기부인, 억압, 퇴행, 도피, 체념 등을 갖게 되었다. 앞으로 발전하려는 적극적인 인간상이 아니고 안으로 파고드는 소극적 인간상을 갖게 된 것이다.
    능동적이 아니라 수동적으로 대처하고, 가학적 상황 앞에서 자학하는 민족이 되었다. 창조하는 인간이 되기보다는 모방하는 인간형을 권장해 왔던 것이다. 그리하여 오랜 역사 속에서 역경에 처하면 정면으로 맞서서 대응하려 하지 않고 쉽게 운명으로 체념해 버렸다.
    생활 속에서도 이겨내기 어려운 아픔에 부딪히면 그것과 맞서서 싸우지도 않고 '이것이 우리의 팔자야'라며 팔자소관으로 돌려버린다. 가난도 병도 모두 팔자 소관이 되어 버리는 것이다.

이규태 씨의 말을 빌리면, "팔자, 곧 운명은 우리 한국인에 있어서 아픔을 회피하고 고통을 넘기는 가장 보편적이고 유효한 하나의 수단"이다.[17] 한국인은 흔히, '타고 난 팔자' 라는 말을 쓰는데, 특히 의지의 힘으로 자신의 생애를 개척해 나가려는 노력이 어떤 요인 때문에 수포로 돌아갈 때 잘 사용한다.

다시 말해서, 조건이 자신의 기대에 미치지 못하거나 그 이상은 용납되지 않을 때 느끼는 한계의식의 표현으로, 자신의 존재에 대한 체념과 원망과 원한과 자학이 함께 어울려서 나타나는 탄식인 것이다.

위와 같이 아픔을 직면하지 않고 회피하며 운명이나 팔자소관으로 돌려버릴 때 전개되는 심리상태는 무감각, 무감동, 무관심으로 나타난다. 아픔을 아픔의 언어로 표현하지 못하여 응어리 상태로 있을 때 나타나는 심리상태도 병적인 무감각, 무감동, 냉담의 양태를 띤다.

그렇지 않더라도 몸과 마음을 좀먹어 결국엔 가슴앓이, 위궤양, 암 등 여러 가지 병으로 발전될 가능성이 있다.

다음으로 아픔을 표현할 수 없는 사람들이나, 아픔을 쉽게 운명이나 팔자 소관으로 돌려버리는 사람들에게서 나타나는 심리적인 상태도 무감각, 무감동, 무관심의 증상으로 나타나는데, 이 상태는 그대로 머물러 있지 않고 또 다른 병적인 심리를 유발한다. 가학증(Sadism)을 내포한 자학증(自虐症)이 그것이다.

자학증이란 일방적으로 상대방으로부터 오랫동안 상처만 받아 온 사람에게서 생기는 심리적인 특징으로, 자기에게 고통을 가함으로써 마음의 안정을 찾으려는 증상이다. 이런 사람들은 자기를 할 수 있으면 약하게 보이고 낮춤으로써 마음의 안정을 얻는다.

"나는 부족합니다. 아무것도 모릅니다. 죄인이로소이다. 나 같은 불초소생이…"라는 말들은 자학증에 그 원인을 두고 있다. 겸손으로 오해되기도 하지만 사실은 겸손이 아닌 자학증인 것이다. 이런 자학증은 가학증을 동반하는데, 다른 사람을 학대하려는 심리를 내포하고 있다. 자학증을 가진 사람들은 자기보다 더 힘이 있는 사람 앞에서는 자기를 낮추어서 마음의 안정을 얻지만, 자기보다 힘이 약한 자에게는 무자비하게 행동한다. 그래서 지나치게 굽실거리며 아부하는 자들은 형세가 바뀌면 무자비하게 행동할 수 있는 가능성을 갖고 있는 것이다.

위와 같은 한국인의 심성이 하루아침에 크게 변하기를 기대하는 것은 무리라고 생각한다. 그러나 다행스럽게도 우리에게 소망을 주는 생명의 불빛이 역사를 통해서 계속 이어져 왔었다.

애통의 단계에서 기억하고 넘어가야 할 것은, 위기에 처한 사람이 울부짖고 통곡하며 분노의 감정을 나타내는 것은 다음의 변화와 성장의 단계로 도약할 수 있는 힘이 있음을 보여 준다는 사실이다.[18]

아픔의 상황에서 울지 못하는 백성이나 민족은, 다시 말해서 고난의 환경 속에서도 분노할 수 없는 사람이나 국민은 살아있다기보다는 죽어 가고 있는 것이다.

대부분의 한국인들이 고난 앞에서 아픔의 언어로 표현하기보다는 마음속으로 삼켜 버리는 심성을 갖고 있다. 그런가 하면 고통의 현장에서 아픔을 아프다고 외치고 저항하는 사람들도 있다.

3·1만세를 외치던 사람들, 광주학생운동 때의 젊은이들, 4·19의 건각들, 5·18 광주민주항쟁을 비롯해서 지금까지 이 나라 이곳저곳에서 외치는 아픔의 소리들이 있다. 이런 사실에서 우리는 우리 민족이 수그러들다가도 애통의 단계에서 아픔의 언어를 토할 줄 아는 자랑스러운 백성이라는 사실을 알 수 있다.

위기상담 방법

1. 위기 특성과 상담
2. 위기 예방 상담
3. 위기 개입 방법

위기 특성과 상담

(1) 사람이 위기에 처하면 여러 가지 부정적인 감정이 외부로 발산되게 되는데, 이때 발산의 대상이 위기 당사자와 가장 밀접한 관계에 있는 사람들일 확률이 높다.[1] 당사자가 가족들과 가장 밀접한 관계를 맺고 있다면 가족들이 가장 먼저 피해를 입을 것이고, 교회와 가장 밀접했었다면 목회자를 중심으로 한 여러 교우들이 피해를 입을 가능성이 많다.

위기에 처한 사람이 분노의 감정을 느낄 경우, 이전 같으면 쉽게 처리할 수 있었던 일도 충동적이 되면서 자제능력을 상실하거나 약화되기 때문에 비이성적으로 표출되기 쉽다. 이들이 느끼는 분노의 감정은 적당한 명분과 대상을 만나기만 하면 폭발해 버리기 때문이다. 이러한 사실을 목회자가 미리 알고 대처하는 것이 현명하다. 그리하면 위기 당사자의 가족이나 교회가 큰 상처를 받지 않고도 이를 해결할 수 있다.

남편이 위기에 처했을 때 아내와 다른 식구들이 언제 어디서 터져나올지 모르는 분노의 감정을 미리 대비할 수만 있다면 보다 쉽게 위기를 탈출할 수 있을 것이다.

얼마나 많은 부부들이 상대방의 위기 감정을 이해하지 못하고 부정적으로 대처하는 바람에 어려움을 겪고 있는가! 심지어는 이혼에 이르는 경우까지도 비일비재하다.

K여인은 49세의 중년으로 충실한 교인이자 명망있는 사업가였다. 그런데 갑자기 무역로가 막히면서 사업이 실패로 돌아갔다. 거기에다 친구들과의 관계마저 단절되는 위기를 맞았다.

K여인은 정신적으로 심각한 상태에 접어들면서 전에 볼 수 없었던 신경질적인 태도를 보이기 시작했다. 처음에는 그녀의 상태를 수용하는 듯 보이던 남편과 다른 가족들이 몇 달이 지나자 더 이상 견디지 못하고 K여인을 공격하기 시작했다. 그러자 K여인은 더욱 심각한 증세를 보였고 정신과 치료를 받게 되었다.

K여인의 충동적인 행동은 가정에서만 끝나지 않고 교회에까지 파급되었다. 결국 그녀의 가족은 교회를 옮기고 말았다.

K여인은 49세라는 중년의 발달적 위기와, 자신의 명예의 상징인 사업의 실패로 인한 위기와, 친구관계 단절이라는 3중의 위기를 맞고 있다. 그래서 그녀는 언제든 부정적 감정이 촉발될 수 있는 상태에 있었다.

그러나 이런 감정의 표출은 회복되어 가는 과정에서 나타나는 자연스러운 현상이다. 물론 조용히 기도하는 가운데 이런 감정을 처리하는 사람도 있긴 하지만, 상당수의 사람들에게서 우리는 K여인 같은 태도의 변화를 볼 수 있다.

이런 위기 감정은 어느 기간 표출되고 나면 정상으로 회복되는 것이 보통이다. 이때 가장 가까운 사람들이 이 상태를 수용해 주지 않으면 위기가 장기화될 가능성이 높다.

만일 K여인의 위기 감정을 가족이나 교인들이 조금만 인내하고 받아

주었더라면 오래지 않아 정상으로 회복되었을 것이고 교회를 떠나지 않아도 되었을 것이다.

(2) 과거에 위기를 성공적으로 처리해 본 경험이 많으면 많을 수록 다음에 오는 위기도 성공적으로 대처할 수 있는 가능성이 많다.[2]
똑같은 위기에 직면해서도 사람에 따라 대처하는 반응이 모두 다르다. 예를 들어 병원에서 암이라는 치명적인 진단을 받았을 경우, 어떤 사람은 충격이 너무 커서 정신장애를 일으키는가 하면 어떤 사람은 아무렇지도 않게 자기의 죽음을 받아들인다. 이런 상이한 차이는 지나온 삶에 그 원인이 있다.
과거에 위기를 실패로 대처해 온 사람이나 큰 위기의 경험이 없이 살아온 사람은 죽음이라는 충격 앞에서 정신착란을 일으킬 수 있는 반면, 많은 위기를 잘 대처해온 사람은 죽음이라는 선고 앞에서도 대범할 수 있는 것이다. 또 과거에 위기를 실패로 대처한 사람은 다음에 오는 위기 앞에서 과거의 실패 경험이 가중되어 작용할 수 있다. 이런 점에서 목회자는 위기에 처한 사람을 대할 때 그의 지나온 삶을 파악해야만 한다. 그리고 그가 지금까지 얼마나 많은 위기를 어떻게 대처하면서 살아 왔는가를 알고 그를 도와야 한다.

(3) 일정 기간 여러 가지의 위기가 거듭될 때도 위기의식이 가중되어 그만큼 대처하기가 힘들어진다. 위기 상담을 하다 보면 어느 한 가지 위기로 인해서 오는 사람은 드물고, 대체로 여러 위기가 겹친 경우가 많다.[3]

(4) 위기는 하나님을 만날 수 있는 통로가 될 수 있다.[4] 위대한 신앙과 위대한 역사는 대부분 하나님을 체험한 사람들에 의해 이루어졌는

데, 이들은 거의가 위기 가운데서 하나님을 만났었다. 이런 점에서 위기에 처한 사람은 하나님을 만날 수 있고 위대한 역사의 주인공으로 변화될 수 있는 가능성을 지니고 있다고 말할 수 있다. 위기가 어떻게 이런 기능을 하게 되는 것일까? 위기에 부딪칠 때 대부분의 사람들은 마음속에서 신을 만나고자 하는 심리가 생긴다. 목회자는 이 때를 놓치지 않는 일이 무엇보다도 중요하다.

사람은 위기에 처하면 방어심리가 약화된다.[5] 인간은 누구나 자기를 다른 사람에게 내어주지 않으려는 자기 보호심리가 있다.

자기 방어심리는 가정집의 대문과 같아서 대문이 굳게 닫혀 있는 집에는 들어갈 수가 없다. 그런데도 많은 사람들이 마음의 문을 닫고 산다. 그러나 일단 마음의 문(방어심리)이 열린 사람은 무엇이나 받아들일 수 있고, 받아들인 것이 놀라운 생명의 씨앗이라면 새로운 역사를 만들어 낼 수 있다. 복음을 받아들여 기적의 역사를 이룬 사람들은 거의가 복음을 향해 마음의 문을 열었던 사람들이다.

그런데 마음의 문이 위기에 처하게 되면 자기 의지와는 상관없이 자동적으로 열리는 기적이 일어난다. 정상적인 상태에서는 아무리 좋은 말을 해도 열리지 않던 문이 위기 상태에서는 자동적으로 열리게 되므로, 복음의 씨앗을 심기에는 하늘이 내린 절호의 기회가 될 수 있는 것이다.

마음의 문이 열린다는 것은 자기가 신뢰하는 사람의 도움을 전적으로 받아들이겠다는 것을 의미한다. 그러므로 위기 당사자가 변화를 일으킬 만한 도움을 줄 수만 있다면 그의 인생을 바꾸어 버릴 수도 있는 것이다.

그렇지만 마음의 문이 활짝 열린 상태가 얼마나 지속되느냐가 문제이다. 사람에 따라 다르기는 하나 그렇게 오랫동안 지속되지는 않는다.[6] 어떤 사람에겐 몇 시간일 수도 있고, 어떤 사람에겐 며칠 동안일 수 있으며, 또 어떤 사람에겐 몇 달 동안 계속 될 수도 있다.

할펀(Halpern)은 위기 상태의 순간을 다음의 그림에서 잘 설명해 주고 있다.[7]

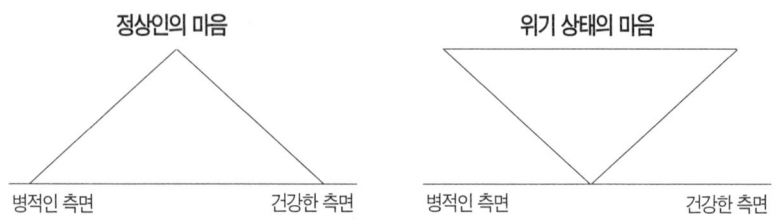

위의 그림을 보면 정상적인 상태의 사람은 밑변이 넓은 정삼각형의 심리구조를 갖고 있어서 외부의 어떤 영향에도 안전하다.

누군가가 상당한 노력을 기울여 이 상태를 변화시키려 해도 노력에 비해서 효과는 미미할 뿐이다. 그러나 위기 상태에 있는 사람은 역삼각형의 심리구조를 보이고 있다.

이런 사람은 어느 쪽으로든 넘어질 수밖에 없는 찰나에 있는데, 문제는 어느 쪽에서 영향이 주어지느냐이다.

위기의 사람은 판단기능의 상실 또는 약화로 어느 쪽의 유혹에도 쉽게 넘어갈 수 있다. 이때 부정적인 유혹이 주어지면 위기 당사자는 자신도 모르게 파멸의 수렁으로 빠져들 수 있다. 하지만 다행히도 건전한 영향력이 주어진다면 그는 이전의 삶과는 다른 더 높은 차원의 삶으로 성장할 수가 있다.

교회는 위기에 처해서 하나님을 만날 수 있는 사람들이 가장 많이 모이는 곳이다. 성서적인 표현으로는 고기가 가장 많이 모이는 디베랴 바다의 깊은 곳이다. 깊은 곳에 그물만 던지면 많은 고기가 잡히도록 되어 있는데도, 이것을 알지 못하고 새벽이 가깝도록 여기저기에 그물을 던지고 있는 사람들이 많다. 오늘 우리는 정치, 경제, 교육, 문화, 도덕 등 다방면에서 위기의 소용돌이에 휘말려 있다. 이런 위기의 사회에서는 그만큼 위기를 겪고 있는 사람도 많다.

그런데 우리는 그물을 어디에 던지고 있는가.

위기 예방 상담

어떤 사람이 위기에 처해 있다는 것은 그가 위기의 사건으로부터 스트레스를 겪고 있음을 의미한다. 충격이나 스트레스가 크면 클수록 그 자신의 내부와 다른 사람들과의 관계에서 긍정적이든 부정적이든 심리적이고 영적인 파동이 일어난다는 사실을 부인할 수 없다. 위기 상담이란 이런 파동을 진정시켜 영적으로나 정신적으로 성장하도록 돕는 것이다.

이런 파동이 일어나기까지는 어느 정도의 시간을 필요로 한다. 그리고 일단 일어난 파동은 위기 당사자나 주위 사람들에게 상처를 주는 경향이 있다. 그러므로 이 파동이 부정적인 면으로 터져 나오기 전에 진정시킬 수만 있다면 정신적, 영적 성장을 가져올 수 있고 주위에도 상처를 주지 않아 아주 효과적이다.

위기가 시작되어 파동이 일기까지는 어느 정도의 여유가 있기 때문에, 목회자가 위기사건을 파악할 수 있는 통찰력만 지니고 있다면 이 파동에서 나오는 힘을 건전한 성장의 힘으로 전환시킬 수 있다. 위기의 감정이 극도에 달해서 폭발하고 난 다음 일 처리에 분주한 목회자들의 모습을 볼 수 있는데, 시간과 정력을 많이 허비하지 않고도 파동을 잠재우는 비결은 위기 예방 상담에 달려 있다.

효과적인 위기예방 상담을 위해서는 우리의 일상생활에서 어떤 사건들이 위기의 파동을 일으키는가를 아는 것이 중요하다.

미국의 홈즈와 레어(Holmes and Rahe)는 우리의 일상생활 가운데서 일어날 수 있는 여러 가지 위기사건을 긴장과 충격의 정도에 따라 다음과 같이 열거했다.

그들은 배우자의 사망을 가장 큰 충격으로 가정해서 100점으로 설정하고, 다른 사건들을 이것과 비교했다. 이 방법은 서양 사람들의 경우이지만 우리에게도 위기의 종류와 충격의 정도를 생각하는 데 도움을 줄 수 있다.

홈즈와 레어는 1년 동안에 겪은 여러 위기들로부터 받은 충격을 종합해 총 충격점수를 분류하기도 했다.

그의 표를 살펴보면, 1년 동안에 300점 이상의 충격이 가해질 때 90퍼센트 정도의 사람들에게서 2년 내에 건강의 이상이 발생했고, 150-299점의 충격을 받은 사람들 가운데 50퍼센트가 건강의 이상을 경험했으며, 150점 이하의 사람들 중 30퍼센트가 건강의 이상을 느꼈다고 한다.[8]

위기 충격 평가 척도

생의 사건	스트레스 수치
1. 배우자 사망	100
2. 이혼	73
3. 부부 별거	65
4. 투옥	63
5. 가족 사망	63

6. 중대한 부상이나 병 ·· 53
7. 결혼 ·· 50
8. 해고 ·· 47
9. 결혼 파탄 후 다시 화해 ··· 45
10. 은퇴 ·· 45
11. 가족의 건강 및 행동의 중요 변화 ···························· 44
12. 임 신 ·· 40
13. 성적인 곤란 ··· 39
14. 식구의 증가(출생, 양자, 노인, 입주 등) ···················· 39
15. 중요 사업의 재정비(합자, 파산, 재정리) ··················· 39
16. 재정 수지 변화 ··· 38
17. 친한 친구의 죽음 ··· 37
18. 이직 및 직업의 변경 ··· 36
19. 부부싸움의 변화 (부부의 다툼 횟수가 너무 많거나 너무 적을 경우) ············ 35
20. 저당이나 융자 ·· 31
21. 저당권 상실 ··· 30
22. 직장 책임의 중요 변화(승진, 좌천 및 전임) ·············· 29
23. 자녀의 출가(결혼, 대학) ·· 29
24. 배우자 가족과의 문제 ··· 29
25. 갑작스런 성공 ·· 28
26. 부인의 취업 또는 이직 ·· 26
27. 학업 시작 또는 중단 ··· 26
28. 생활 조건의 중요 변화(새 집 짓기, 실내장식, 가정과 이웃의 퇴보) ············ 25
29. 개인 습관의 수정 ·· 24
30. 상사와의 갈등 ·· 23
31. 직장 시간 및 조건의 중요 변화 ······························ 20
32. 주거의 변화 ··· 20
33. 학교 전학 ·· 20

34. 일상적 오락의 중요 변화 …………………………………………………19
35. 교회활동의 중요 변화(평상시보다 더 많아지거나 줄어드는 경우) …………19
36. 사회활동의 중요 변화(클럽, 댄스, 영화, 친지 방문) ……………………… 18
37. 차, TV, 냉장고 매입을 위한 저당이나 융자……………………………… 17
38. 수면 습관의 중요 변화(너무 많이 자거나 적게 자는 경우, 또는 주야간의 바뀜) ………16
39. 가까운 가족들과의 잦은 접촉 ………………………………………………15
40. 식사 습관의 중요 변화(너무 많이 먹거나 너무 적게 먹는 것, 또는 전혀 다른 시간에 먹는 것) ………15
41. 휴 가 ………………………………………………………………………13
42. 성 탄 ………………………………………………………………………12
43. 사소한 법률위반(운전위반 등) ………………………………………………11

고려해야 할 사실은, 위의 도표에서는 배우자 사망이 제일 높은 충격 점수로 나와 있지만 모든 사람이 다 그렇지는 않다는 것이다. 어떤 사람의 경우는 자식 사망이 배우자 사망보다 더 큰 충격을 가져다 줄 수 있다는 것을 염두에 두어야 한다. 또 위의 도표는 참고사항일 뿐 실제 충격 점수는 아니므로 위기당사자를 잘 알고 있는 주위 사람이나 목회자가 그의 상황을 고려해서 책정해야 할 것이다. 이를테면, 집에 화재가 발생했을 때에도 화재보험에 들어 있는 사람과 아무 대책 없이 일을 당한 사람이 느끼는 충격도는 다를 것이다. 똑같이 재산을 잃었을 때에도, 재산에 큰 가치를 두지 않고 정신적이나 영적인 데에다 가치를 두는 사람과 물질에 최대한의 가치를 두는 사람이 받는 충격에는 차이가 있을 것이며 그 대처방법도 크게 다를 것이다.

예를 들어 은퇴의 경우를 보아도, 어떤 사람은 은퇴 후에도 아무렇지 않게 살아가는가 하면 어떤 사람은 은퇴 전후에 죽어 버리는 사람도 있다. 이 경우, 전자에게는 은퇴사건이 그렇게 큰 충격을 가하지 않는 반면, 후자에게는 300점을 훨씬 능가하는 타격을 주어 사망을 일으키게까지 하는 것이다.

위의 두 사람은 무엇에서 차이가 나는 것일까? 그것은 두 사람의 정신자세와 은퇴 후를 준비하는 마음과 살아오면서 어려움을 극복해 온 방법 등에서 큰 차이가 날 것이다.

교인 수가 그렇게 많지 않은 교회의 목회자는 교인들 개개인의 상황을 파악할 수 있을 것이다. 위기에 처한 교인들의 도표를 작성하고, 어느 가정에 얼마만큼의 충격 점수가 1년 동안에 축적되고 있는가를 계산할 수만 있다면 훌륭한 위기목회상담이 이루어질 수 있을 것이다.

위기 충격 점수가 높은 가정에서는 한 사람 또는 전부가 폭발하기 쉬운 위기 감정을 지니고 있다는 것을 알아야 한다. 만일 내성적인 성격이라면 조용하고 은근하게 나타날 것이요, 외향적이라면 소리나게 나타날 것이다. 그러나 위기 감정의 풍선은 어느 정도 부풀어올라 터질 때까지는 아무런 증상이 없을 수 있다.

목회자는 위기 감정의 고무풍선이 부풀어서 터질 때까지 기다려서는 안 된다. 위기 도표를 통해서 위기의 고무풍선이 부풀어 오르기 시작한다고 판단되면 위기 상담을 시작해야 한다. 위기 감정의 고무풍선이 부풀어오를 기회를 주지 않는 것이 가장 효과적이기 때문이다. 그럴 때 위기당사자는 오히려 영적으로 더욱 성장하는 교인이 될 것이다.

은퇴를 앞둔 교인을 예로 들어보자. 그는 은퇴 2-3년 전부터 위기의식을 느끼기 시작한다. 이때 목회자가 시간 있을 때마다 개별적으로 은퇴를 위한 준비 상담을 해준다면 그는 은퇴를 하더라도 그렇게 심한 충격을 받지 않을 것이다. 그가 받은 충격이 작을수록 주위 사람들이나 교회도 그만큼 상처를 최소화할 수 있을 것이다.

목회자의 위기예방상담으로 영적인 성장이 이루어졌을 때는 오히려 주위 사람들이나 교회가 그로부터 큰 도움을 받을 수도 있을 것이다.

위기 개입방법

(1) 위기 파악

문제 해결을 위해서 상담자는 위기에 처한 사람이 어떤 상태에 있는지를 먼저 파악해야 한다. 위기상황에 대한 분명한 이해 없이 위기에 처한 사람을 돕는다는 것은 효과적인 방법이 못 된다.

다음은 위기상황을 파악하는 데 도움이 될 수 있는 내용들이다.

1) 위기가 그 사람의 일상생활에 어느 정도로 손상을 끼치고 있는가, 위기에 접어든 이후로 그의 생활양식이 그 전과 어떻게 달라졌는가를 비교해 본다.
2) 그는 현재 자기에게 주어진 일을 수행할 수 있는가, 학생이면 학업을, 직장인이면 직장일을 할 수 있는가?
3) 자기가 취한 행동에 대해서 책임을 질 수 있는가?
4) 그의 위기 상태가 주위 사람들의 삶에 장애를 주고 있는가, 그의 가족들이 그 사람의 위기로 인해서 어느 정도 스트레스나 상처를 입고 있는가?
5) 그는 과거에 치명적인 위기 경험을 가진 적이 있는가, 있다면 어떻게 그 위기에 대처했는가를 안다. 만일 그가 위기를 성공적으로 대처했었다면 그 경험

이 이번 위기도 성공적으로 대처하도록 촉진제의 기능을 할 것이고, 그렇지 않다면 과거의 실패의 기억 때문에 부정적으로 작용하게 될 것이다.
6) 현재 위기 당사자가 자살이나 타살의 위험성이 있는가? 위기가 극도에 달하면 쉽게 죽음에 대한 유혹에 빠지기 때문에 그 가능성을 신중하게 생각하고 대처해야 한다.
7) 위기 당사자가 현재 절망적으로 보이는가, 아니면 어느 정도의 소망을 보이고 있는가?
8) 그는 고도의 위기의식으로 인해서 현실감각을 완전히 상실했는가, 아니면 조금이라도 살아있는가?
9) 위기 당사자 주위에 그가 위기를 해결하는 데 도움을 받을 수 있는 인적 물적 자원은 어느 정도로 존재하는가?

위의 상황을 어느 정도 이해하고 도울 수 있다면 상당히 구체적인 위기 대처방법이 나올 수 있을 것이다.

(2) 위기 해결 가능성 진단

클라인벨(Howard Clinebell)에 의하면 위기에 부정적으로 대처하는 사람과 긍정적으로 대처하는 사람의 반응은 서로 다르다.[9]

보통의 경우, 위기 초기에는 부정적인 반응을 보이다가 상담이 진전됨에 따라 긍정적인 반응으로 전환된다. 위기 상담자는 이 두 가지 반응에 예리한 통찰력을 발휘해야 한다.

부정적인 반응
1) 문제가 있음을 거부한다.
2) 문제를 회피한다(예를 들면 술이나 마약).

3) 도움을 구하거나 받아들이기를 거부한다.
4) 부정적 감정을 표현하거나 참을 수가 없다.
5) 위기의 본질과 해결을 위한 대안을 탐색하지 못한다.
6) 위기를 유발하고 아물게 하는 책임을 다른 사람들에게 투사 한다.
7) 친구나 가족 또는 자기를 도울 능력을 가진 사람들로부터 멀어진다.

긍정적인 반응
1) 문제에 직면한다.
2) 문제에 대한 이해를 강화한다.
3) 원한이나 불안, 죄책감 같은 부정적 감정들을 작품으로 승화시킨다.
4) 문제처리 책임을 받아들인다.
5) 문제를 처리하기 위해 어떤 대안을 탐색한다.
6) 상황에서 변화가 가능한 것과 불가능한 것을 분리하고, 불가능한 것을 변화시키려고 귀한 에너지를 소비하지 않는다.
7) 자기의 기대 가운데 너무 웅대하고 부담이 되는 면이 있으면 포기한다.
8) 친척이나 친구, 또 전문인 가운데서 자기를 도울 수 있는 사람들과 대화의 길을 열어 놓는다.
9) 작은 문제일지라도 건설적으로 대처하기 위해서 단계를 밟는다.

(3) 관계 형성

위기를 겪고 있는 사람을 효과적으로 도와주기 위해서는 먼저 있어야 할 조건이 있다. 그것은 좋은 인간관계를 맺어야 한다는 것이다.

효과적인 인간관계 수립을 위해서는 위기 당사자와 도와주는 사람 사이에 신뢰감이 형성되어야 한다.

신뢰감 형성을 위해서 위기 개입자가 위기 당사자를 이해하는 태도를 보여야 한다. 위기 개입자의 말과 태도는 두 사람의 관계에 중요한 요인이 된다. 예를 들면, "얼마나 마음이 아프세요?"라든가, "얼마나 화가 나십니까?" 등의 표현은 위기 당사자의 신뢰감을 강화시켜 줄 수 있는 좋은 언어들이다. 다시 말해서 상대방의 가슴 속에서 일어나고 있는 기쁨, 슬픔, 분노, 공포의 감정을 이해해 주고 공감해 주어야 한다는 것이다.

이때, "나는 당신을 이해합니다."와 같은 표현을 쉽게 사용해서는 안 된다. 위기에 처한 사람은 자기의 아픔을 이해할 수 있는 사람은 없다고 생각하는 경향이 있기 때문이다. 그러나 아이를 잃은 어머니에게 그와 똑같이 아이를 잃어버린 아픔을 이미 경험한 또 다른 어머니가 찾아와, "나는 당신의 아픔을 이해합니다."라고 위로한다면 충분히 공감할 것이다.

무엇보다도 위기 개입자는 위기 당사자를 향해서 '입술의 대화'를 피해야 한다. '입술의 대화'란 마음에 없는 말을 의미한다.

마음에 없는 말을 무심코 내뱉을 경우, 곧 상대방에게 불신의 감정이 전달되고 만다. 사람은 영감을 통해서 상대방의 마음을 느끼도록 창조되었다.

상대방의 아픔에 대해서 별다른 느낌 없이 말로만 공감을 표현한다면 곧 상대방의 가슴에 불신의 느낌으로 전달될 것이다. 마음은 눈, 얼굴 표정, 몸짓을 통해서 상대방에게 전달되는데, 입에서 전혀 다른 분위기의 말이 나오면 신뢰감이 사라져 버릴 것이다. 신뢰감이 없는 대화나 인간관계로부터는 어떤 긍정적인 효과도 기대할 수 없다.

신뢰감을 형성하는 대화를 위해서 주의해야 할 점은 대화를 방해하는 소음을 피해야 한다는 것이다. 전화벨 소리나 사람들의 떠드는 소리 등은 주의를 산만하게 해서 대화의 소통을 차단하고 신뢰감 형성에 장애를 가져온다. 그리고 불필요한 전문 용어를 사용하지 않는 것이 좋다. 전문용어를 사용해야 할 경우 상대에게 그 뜻을 함께 설명해 주는 것이 좋다.

누구나 위기를 만나면 정상에서 벗어나 이상성격이 되는 경향이 있다. 즉, 충동적이고 비논리적인 사람으로 변화하는 것이다.

그래서 위기를 만난 사람을 대할 때 이전에 알고 있던 정상인으로서 그를 대하면 문제가 발생할 수 있다. 왜냐하면 그는 위기로 인해서 정상적인 반응을 할 수 있는 기능이 약화되었거나 상실해 버렸기 때문이다. 그러므로 위기 당사자를 대할 때는 새로운 사람을 대하는 것처럼 조심해야 한다.

필자도 한때 그때까지 살아온 삶을 포기해야 되겠다고 생각할 만큼 커다란 위기에 직면한 적이 있다. 그때 가까운 사람들의 말 한 마디가 얼마나 큰 힘이 되고, 큰 상처가 될 수 있는가를 뼈저리게 실감했다. 주위 사람들은 무심코 가볍게 내뱉는 말이지만 인생의 기로에 서 있는 사람에게는 천근 만근의 무게를 지니고 있다.

위기 개입자가 위기 당사자를 어떤 방법으로 상담할 것인가에 대해서 칼 로저스(Carl Rogers)는 좋은 아이디어를 제시해 준다. 민감한 반응을 보이는 위기 당사자에게 치유와 성장을 촉발하는 상담방법으로서 로저스는 세 가지 조건을 들었다.

그는 상담자와 내담자 관계에서, 내담자가 상담자로부터 세가지 조건만 경험할 수 있으면 내담자 자신에게서 치유와 성장이 일어날 수 있다고 주장한다. 세 가지 조건이란 첫째로, 상담자가 내담자에게 보여주는 일치성(Congruence)인데, 여기에서의 일치성이란 상담자의 정직하고 솔직하고 순수한 모습을 일관성 있게 보여 주는 것을 의미한다.

다음으로는 내담자에 대한 상담자의 무조건적인 존중(Unconditional Respect)이다. 내담자가 어떤 환경에 처해 있더라도 그를 한 인간으로 존경해 주는 것이다.

세 번째로, 내담자의 아픔을 상담자가 이해하고 공감해 주는 태도(Empathic Understanding)이다.

위의 세 가지 태도는 예수님이 마음에 상처 입은 사람들을 치유하실 때 보여 주셨던 치유방법이기도 하다.[10]

위기 상담자와의 관계형성을 클라인벨은 더 구체적으로 세분해서 제시한다.[11]

1) 사랑의 경청을 하라. 비판적이 아닌 태도와 상대방이 체험하고 있는 아픔을 보살피는 마음으로 들어주라. 만일 자신이 상대방과 꼭 같은 위기를 만났다면 어떤 심정이 될 것인가를 생각해 보라.
2) 상대의 아픔에 동참하고 공감해 주어서 상대로 하여금 상담자인 나 자신의 따뜻한 마음을 경험할 수 있도록 하라.
3) 상대가 위기상황을 대처하려고 애쓰는 동안 나도 그와 함께 동참해서 위기 해결을 위해 노력하고 싶다는 마음을 상대가 알도록 하라.
4) 가능하면 자주 상대방에게 확신감을 불어넣으라. 위기를 대처해 갈 수 있는 능력을 위기 당사자인 상대가 지니고 있음을 깨닫게 하라.
5) 필자가 클라인벨의 위기 상담을 위한 관계형성에 한 가지를 더 첨가한다면, 위기 당사자의 감정발산을 적극적으로 도와주라는 것이다.

위기 당사자에게서 복합감정이 발산되지 않으면 위기 대처 능력이 생성되지 않기 때문이다.

(4) 핵심 문제 규명

위기 개입자와 위기 당사자간에 신뢰 관계가 어느 정도 형성되고 위기 감정도 누그러지면 위기 당사자로 하여금 자신이 처해 있는 위기상황을 정확히 파악하도록 도와주어야 한다. 흔히 위기의식에 빠져 있는 사람은 왜곡된 사고와 복합적인 감정을 갖게 되기 때문에 위기상황 뿐만 아니라 자기 자신에 대해서도 혼란을 느끼는 경우가 많다.

위기 개입자는 이런 위기당사자에게 냉정을 되찾도록 도와주고 위기상황을 분명하게 바라볼 수 있도록 격려해 주어야 한다.[12]

1) 문제의 영역을 파악하게 한다.
2) 위기상황을 분석하면서 해결 가능한 문제와 해결 불가능한 문제를 구분하도록 돕는다. 흔히 위기에 빠진 사람은 해결 불가능한 문제를 가지고 시간을 낭비하는 경향이 있는데, 위기 개입자는 해결 불가능한 문제에서 해결 가능성이 있는 문제로 관심을 전환해 가도록 도와야 한다.
3) 우선적으로 대처해야 할 문제가 무엇인가를 파악하도록 돕는다.
4) 어떻게 문제를 대처해야 할 것인가를 돕는다.
5) 다른 해결 가능성들을 생각해 보도록 돕는다.
6) 문제를 해결하는데 자신의 재능이나 주위로부터 어떤 도움을 받을 수 있는가를 구체적으로 생각해 본다. 위기에 빠진 사람은 자기 자신에게만 온 정신이 집중되어 있기 때문에 자기 외적인 존재가 문제 해결에 도움을 주리라는 사실을 깨닫지 못하는 경향이 있다. 위기 개입자는 이러한 사실을 깨닫도록 자극함으로써 위기 처리과정에 큰 도움을 줄 수 있다.
7) 위기 해결을 아주 작은 단계에서부터 점차적으로 풀어가도록 돕

는다.

(5) 문제에 대한 적극적인 대처

위기 개입단계에서의 위기 개입자의 마지막 임무는 위기 당사자로 하여금 자기 문제를 스스로 해결해 가도록 돕는 것이다.

마지막 단계에서 위기 개입자는 아래와 같은 몇 가지 원칙을 가지고 위기당사자를 효과적으로 도울 수 있다.

1) 위기 당사자가 문제해결의 주인공으로 참여해야 한다. 위기 당사자의 활발한 참여 없이 제3자의 의견에 끌려 다니는 상황에서는 건전한 치유와 성장을 기대하기 어렵다.
2) 위기 당사자는 자기 능력과 수준에 맞게 위기에 대처해야 한다. 위기 당사자의 능력을 무시하고 지나치게 부담을 준다면 별로 도움이 되지 못한다. 위기 개입자는 이럴 때 현명한 판단을 해야 한다.
3) 위기 대처방법은 위기 당사자의 환경과 생활양식에 어울려야 한다. 그 사람의 살아온 문화적 배경과 삶의 스타일 및 신앙의 형태에 어울리는 대처방법이어야 한다.
4) 대처방법은 실제적이며 구체적이어야 한다.

위와 같은 위기 개입원칙을 생각하면서 클라인벨이 제시하는 위기 대처 행동방법을 들어본다.[13]

1) 자신이 생각해 온 문제에 대해 성취 가능한 목표를 세운다.
2) 자기 시간과 능력에 맞는 목표달성을 위한 행동계획을 세운다.
3) 어려울 때는 옆에서 지원하는 상담자가 있음을 확신시킨다.
4) 성취 가능한 희망을 제시하면서 돕는다. 위기 당사자의 책임과 능

력을 촉진시키기 위해 기도와 같은 신앙 지원을 이용한다.
5) 작은 부분일지라도 위기 당사자가 상황을 개선할 일이 있으면 적극적으로 인정해 주고 존중해 준다. 그럼으로써 그의 긍지심이 강화되어 간다.
6) 행동계획이 각 단계마다 어떻게 진행되고 있는가를 위기 당사자와 자주 의논한다.

(6) 위기 해결 후의 성장 지도

클라인벨은 위기는 해결로 끝나는 것이 아니라 위기를 성공적으로 대처하여, 그의 위기 경험을 다른 위기 당사자들의 회복을 돕는 데 사용하여 모두 함께 성장해 갈 수 있어야 한다고 주장한다.

그러려면 먼저 위기를 경험한 사람이 위기에 빠진 사람들을 돕는 그룹의 일원이 되어야 한다. 그때 그는 자신의 경험을 통해서 위기당사자를 영적으로 계속 성장하도록 돕게 될 것이다.

청소년 위기 상담

1. 위기의 청소년
2. 청소년 위기와 가정
3. 상처입은 자존심
4. 청소년과 성

위기의 청소년

　청소년기는 예로부터 정서적 위기와 격동의 시기로 알려져 왔다. 더욱이 현대의 청소년들은 급변하는 사회 속에 거의 무방비 상태로 내던져져 있다고 보아야 한다.
　청소년기는 왜, 어떤 특징 때문에 다른 시기보다 훨씬 소란스러운 변화를 경험하는가?
　청소년들은 이 기간 동안에 몇몇 중요한 과정을 겪는다. 첫째로 호르몬 계통에 급격한 변화가 찾아온다. 각종 호르몬이 폭포수처럼 체내로 쏟아져 들어오는 것이다. 이로 인해 소년들은 목소리가 굵어지고 체모가 생겨나며 근육이 발달하는 등 다양한 성적 특징들이 뚜렷해진다. 소녀들 역시 몸매에 굴곡이 생기고 가슴이 발달하는 등 다양한 신체적 변화를 경험한다.
　다시 말해서 소년과 소녀들이 솜털을 벗어 던지고 성숙한 남자와 여자로 탈바꿈하는 과정인 것이다.
　사회적 변화 또한 매우 극심하다. 또래 집단의 사회적, 도덕적 가치들이 가정에서 부모로부터 주입 받은 가치관을 우선한다. 이로 인해 부모와 자녀 사이에서 커다란 갈등이 빈번히 일어나는데 부모는 자녀들이 갑자기 독자적인 행동과 태도를 취할 때 당연한 변화라고 생각하면서도 다른 한편으로는 서운하고 두려운 생각을 갖게 된다. 뿐만 아니라 자녀들이 부모를 객관적인 눈으로 바라보기 시작하면서 혹독한 비판도 서슴지 않기 때문에 괘씸하게 여겨질 때도 적지 않다. 자녀들은 부모를 더 이상 전지 전능한 신으로 받들지 않고 자기들처럼 문제 투성이이며 유한한 존재로서 대우를 한다. 하지만 부모들은 아직 신의 권좌에서 물러나고 싶은 생각도 없고 마음의 준비도 되어 있지 않다.

심리적 변화도 눈에 뜨일 정도로 빠르고 크다. 몸만 갑작스럽게 변하는 것이 아니라 마음도 극심한 변화를 일으키기 때문이다. 감수성이 극도로 예민해지며 새로운 충동들이 그들을 사로잡는다. 전에는 그와 같은 감정들을 꿈에도 느껴본 적이 없기 때문에 그들 스스로도 자신들의 내부에서 일고 있는 변화에 어쩔 줄을 모른다.

그들은 또 자신들의 감정을 인류 역사상 그 유래가 없는 독특한 것으로 생각하기 때문에, 이 세상 아무도 자기들을 이해해 줄 수 없을 거라고 단정하기 쉽다. 그래서 그들은 이따금씩 방문을 걸어 잠그고 자신들의 마음속에서 일고 있는 감정과 욕구들을 파헤쳐 보느라 시간 가는 줄도 모른다.

그들은 내부의 급격한 변화와 혼란과 씨름해야 할 뿐 아니라 자기들의 욕구에 냉담하면서도 이것저것 요구하는 것이 많은 외부 세계와도 싸워야 한다. 그들의 신체가 완전히 성장한 것처럼 보이기 때문에 그에 걸맞는 기대를 그들에게 하기 쉬우나 사실은 급격한 성장에다 거의 모든 에너지를 다 소모해 버리므로 생산적인 일에 사용할 힘은 남아 있지 않다. 그래서 그들은 자기 몫을 다하려고 하지 않는 게으름뱅이처럼 보일 경우가 많다. 그리고 그들은 자신들도 이해할 수 없는 격렬한 감정이 내부에서 들끓고 있기 때문에 자신들의 행동을 합리적으로 설명하기보다는 화부터 내려고 든다.[1]

이 모든 변화가 한꺼번에 그리고 빠르게 일어나기 때문에 청소년들은 더욱 극심한 혼란을 겪는다. 그러므로 이와 같은 격동기를 잘 통과하기 위해서는 주위 사람들의 세밀한 관심과 도움을 필요로 한다.

학자들은 청소년기를 인생의 전환기, 인생의 격동기, 제2의 탄생기라고 부른다. 맞는 말이라고 생각된다. 청소년기는 실제적으로 인생의 첫발을 내딛는 시기이다. 새로운 인생을 시작하는 단계이며 아동기에서 성년기로 넘어가는 전환기인 것이다.[2]

청소년기는 사춘기에서부터 시작되는데, 정도의 차이는 있으나 대개 소녀들의 경우는 만 열두 살에서 열 일곱 살 사이에 시작되고, 소년들의 경우는 열 서너 살에서 열 여덟 살 사이에 시작된다. 이 기간의 청소년은 아이도 아니고 어른도 아닌 중간적 존재이다. 이때 이들에 심한 정신적 변화가 일어나는데, 이 변화에 잘 적응하는 아이는 성숙한 성인으로 성장하지만 잘 적응하지 못한 아이는 미숙한 성인이 될 가능성이 높다.

세계 역사 속에서 인격적으로나 사회적으로 성공적인 삶을 살았던 사람들은 대부분 청소년기의 갈등에 잘 적응했던 사람들이다.

청소년들에게 위기의식을 초래하는 구체적인 갈등 원인으로는, 먼저 '내가 누구인가?' 라는 자아에 대한 질문이 찾아온다는 점을 들 수 있다. 신체적으로는 어른과 비슷해 보여도 마음은 아직 먼 것 같고 자신이 어떤 사람인지를 도대체 가늠할 수 없다. 어떤 때는 무슨 일이든 해낼 것 같다가도 어떤 때는 아무 일도 못할 것 같은 무력감에 좌절하기도 한다. 그들은 자기가 자신을 생각하는 모습과 다른 사람들이 보는 자기의 모습이 차이가 날 때 불안과 긴장을 느낀다. 겉으로는 허세를 부려 보지만 실제로는 자기 자신에 대한 확신이 없다. 그리고 전력을 다해 현실에 도전하고 싶어하지만 위험이 많다는 사실을 깨닫고는 불안해 한다.[3]

또한 청소년기에는 동성이나 이성과 새로운 친구관계를 형성하기 시작하는데, 어떻게 이런 관계를 맺고 유지할 것인지에 대해 갈등한다. 날이 갈수록 이성에 대한 욕구는 증가하는데 그 해결은 그리 시원치가 않다.

그리고 부모나 다른 어른들로부터 정서적으로 독립하고 싶어진다. 즉, 부모의 감독으로부터 이탈하고 싶어한다. 그러나 완전히 독립할 능력도 없고, 그렇게 할 수도 없다.

청소년은 아이의 상태에서 벗어나 성인이 되는 변화의 과정을 살고 있는 존재이다. 이때 이들에게 밀어닥치는 신체적인 변화와 이성간의 욕구, 그리고 친구관계와 부모에의 의존과 독립 사이의 갈등, 입시에 대한 중압감이 닥쳐온다.

여기에다 혹 가정의 복잡한 문제라도 겹치게 되면 청소년들은 급격한 혼란 속으로 빠져들게 된다.

가정에서 심리적인 부담을 전혀 주지 않을 경우에도 청소년들은 위기심리 상태에 접어들기 쉽다. 위기심리 상태란 한 개인이 어떤 요인에 의해 불안과 긴장을 느끼고, 이것이 해결되지 않은 채로 일정 기간 지속되었을 때 찾아오는 심리 상태이다.

일단 이러한 위기심리에 빠지게 되면 정상적인 정서상태에서 이상 상태로 접어든다. 어떤 사람이든 위기에 처하면 마음이 변하기 마련이다. 위기의 정도에 따라 평소 때와는 조금, 또는 전혀 다른 심리구조를 갖게 되고, 행동이나 생각, 말이 달라지게 된다. 신경질적이고 충동적이며 반사적인 경향을 보이고, 자기와 가장 가까운 사람들에게 짜증과 분노를 폭발하기 쉽다. 그러므로 집안 식구 가운데 누군가가 위기에 처하게 되면 온 집안 사람들이 그의 분노의 희생양이 될 수 있다.

어느 가정에 고3병을 앓고 있는 자녀가 있다고 하자. 이때 그 자녀의 모든 식구들, 그 중에서도 특히 그의 어머니는 그의 분노의 표적이 된다.

또, 직장에서 위기에 처한 남편에게 있어서 분노의 표적은 그의 아내가 될 가능성이 높다. 가장 쉽게 분노를 폭발할 수 있는 상대이기 때문이다. 이때 아내가 억울하다며 받아주지 않고 대항하면 가정 불화가 발생하게 된다. 시어머니와의 관계에 심각한 긴장을 겪고 있는 여성은 남편을 분노 발산의 대상으로 삼는 경향이 있다.

이러한 과정은 의식적으로 되어지는 것이 아니라 무의식 가운데서 이루어지는데, 이때 남편이 아내의 분노를 이해해 주지 못하는 경우에는 아내가 병이 들거나 또 다른 제3자를 향해 분노를 폭발하게 된다. 이때, 어린 자녀들이 애꿎게 그 표적이 될 수 있다.

우리 청소년들은 감당하기 어려운 부담감으로 위기의 심리 상태에서 아우성치고 있다. 그래서 감수성이 예민하고, 쉽게 동요하며 흥분하는 것이다. 자기 내부에서 일어나는 갈등이 그들로 하여금 주위 사람들에게 지나친 반항과 난폭한 행위를 나타내게 하는 것이다. 이들은 자신들 스스로도 반항적인 그들의 행동이 쓸모 없음을 잘 알고 있다. 그러면서도 그들은 반항하지 않을 수 없는 것이다. 그들은 동시에 사람들과의 관계에서 심리적으로 거리를 두고 자신들을 고립시키는 경향을 보인다. 그리고 바로 그 이유 때문에 타인에 대한 반항심을 갖게 되는 것이다.

(1) 청소년들의 위기 반응

우리의 청소년들이 이렇게 엄청난 위기 부담을 안고 살면서도 쓰러지지 않고 적응해 가는 것을 보면 장한 생각마저 든다.

이와 같은 갈등의 위기를 겪고 있는 청소년들에게서 주로 나타나는 몇 가지의 반응들을 살펴보기로 한다.

첫째는 위기에 적응하기가 너무 힘들 때 나타나는 반응으로, 정신질환이나 노이로제, 히스테리 같은 신경증적 반응이다.[4] 새벽 6시에 일어나서 학교에 갔다가 밤 11시나 새벽 2시경에야 돌아오는 우리 나라의 교육 환경에 적응해야 하는 청소년들의 현실은 지나치게 가혹하다. 이렇게 노력을 한다 해도 바라는 바의 대가가 모두에게 주어지는 것이 아니라는 점에서 더욱 그렇다. 최선을 다해도 확실한 보장을 받지 못하는 데서 오는 긴장과 불안감이 청소년들을 고통의 용광로 속으로 몰아넣는다. 그래서 아이들은, "이러다가는 미쳐 버릴 것 같다", "무슨 일이 일어날 것만 같다."라고 절규하는 것이다.

요즈음엔 고등학교 여학생들은 부인병을 제외하고는 모든 병을 다 앓는다고 한다. 신경증이나 그로 인한 소화장애 등 성인병이라 불리는 질병을 앓기도 하고, 심한 경우엔 현실에서 완전하게 도피할 수 있는 정신질환을 앓기도 한다는 것이다.

두 번째로 나타나는 반응은 비행집단에 가입하여 범행을 저지르는 행위이다. 그들은 이런 방식으로라도 자기들의 정체를 확인해 보고 싶어하는 것이다. 이런 반응을 보이는 청소년들은 자기가 져야 하는 짐이 너무나 무거워서 견디기 어렵게 된 경우가 많다. 그래서, "에라 모르겠다. 될 대로 되어 버려라." 하는 자포자기의 반응을 보이는 것이다. 이들은 마약을 복용하기도 하고, 일시적인 쾌락을 쫓기도 하며, 조직에 가담해 우두머리에게 충성을 보이는 등의 행동을 통해 자기를 찾아보려고 한다.[5]

세 번째 반응은 신앙, 예술, 학문, 정치 이념 같은 것에 관심을 보이는 경우이다. 이들은 어떤 의미 있는 운동에 참여하여 자신의 정체를 확인하고자 한다. 이런 반응을 보이는 그룹이 가장 보편적이고 건전하다고 볼 수 있다.

여기에서 생각해야 할 것은, 비슷한 청소년이 거의 같은 위기에 직면한다는 점이다. 그런데 이때 나타내는 반응은 각자 다르다. 어떤 청소년들에게서는 첫 번째 반응이 더 강하게 나타나고, 어떤 청소년들에게서는 두 번째나 세 번째의 반응이 더 두드러진다는 점이다. 이것은 가정에서 청소년 자녀들에게 미치는 영향과 밀접한 관계가 있다.

(2) 청소년의 성장과 위기

어려움에 처하게 될 때 부정적인 면도 있지만, 사람을 변화시키고 성장하게 만드는 긍정적인 면도 있다.

위기는 인간에게 고통을 안겨다 준다. 그러나 고통을 통하지 않고 인간은 성장할 수 없다. 그런 때문에 고난 없이 인생을 빛나게 산 사람은 찾아보기 힘든 것이다. 왜 어떤 사람은 위기를 만나 쓰러지는데, 어떤 사람은 오히려 성숙해지는가? 위기에 성공적으로 적응하는 사람은 성숙한 인간이 되지만, 위기 앞에서 무릎을 꿇는 사람에겐 위기에 더한 고통이 따를 뿐이다.

놀랍게도, 사람은 위기에 처했을 때 성숙에 대한 가능성이 어느 때보다도 높아진다고 한다. 인간은 위기에 처할 때 마음이 단순해지고, 다른 사람을 향해 쌓아 온 방어 벽을 허물고 개방적인 마음이 된다. 그래서 어떤 사람이나 사상을 받아들일 수 있는 가능성이 평소보다 증대되는 것이다.

위기에 처한 사람은 자기가 신뢰할 수 있는 사람의 사상을 전적으로 수용하고 의지하면서 생의 방향을 결단하게 된다. 청소년들은 거의가 위기심리를 가지고 살아가는데 이 시기에 자기가 신뢰하는 사람을 만나고, 자기의 아픔을 의논할 수만 있다면 밝은 미래가 약속된다고 할 수 있다.[6]

먼저 청소년 자녀들의 문제를 긍정적으로 이해하는 것이 중요하다. 특이한 탈선의 경우 외에 청소년의 갈등과, 그 갈등에서 파생되는 행위는 이상한 것이 아니라 정상적인 것이다. 인생의 격동기에 있는 그들에게서 여러 가지 심리적 부담과 긴장으로 인해 나타나는 분노나 반응들은 그들이 죽지 않고 살아 있다는 표현이고, 건전한 성인으로 성장할 수 있다는 증거이기도 하다. 인생 전환기의 청소년 자녀에게 아무 정서적 문제가 없다면 그것은 오히려 심각한 문제가 될 수 없다. 왜냐하면 심리적으로 부모에게 지나치게 의존하여 어린아이 상태로 머물러 있다는 반증일 수도 있기 때문이다. 우리는 주위에서 나이가 들었어도 정서적으로 미숙한 성인들을 자주 볼 수가 있다. 많은 부모들이 부모의 말씀을 그대로 순종하고, 말썽 피우지 않으며, 문제가 전혀 없는 자식을 원한다. 그러나 이것은 다시 생각해 볼 문제이다.

(3) 청소년 자녀에 대한 긍정적 이해

청소년 자녀들에게 문제가 있다면 그것은 하나의 과정이다. 그러므로 그것이 영원히 그들에게 존재할 것처럼 생각해서 불안해 하지 말고 여유를 가지고 상대하는 것이 좋다. 특별한 문제가 있다고 해도 4, 5년 후에는 다시 정상으로 돌아올 것이다. 만일 이때 너무 조급하게 대처하면 그 자녀와 다시는 정상적인 관계로 회복되지 못할 위험에 빠지기 쉽고, 앞으로의 생활에도 심각한 영향을 받게 될 것이다.

청소년들은 변덕스럽기 때문에, 어떤 때는 이렇게 생각했던 것을 어떤 때에는 저렇게 뒤집을 수 있으며, 부모들이 기대하는 것과는 정반대방향으로 행동하고 사고하는 것을 경험하게 될 것이다. 그렇더라도 분개할 필요는 없다. 이러한 태도는 사고와 감정의 독립을 하고자 하는 욕구가 강한 젊은 청소년들에게서 자주 나타나는 정상적인 현상에 불과한 것이다.[7]

청소년 자녀의 반항적인 행동이, "나도 나대로 한 번 선택하며 살고 싶다."는 마음의 표시일 수 있다. 이럴 때 부모가 서투르게 개입해서 그들의 행동방향을 방해하지만 않는다면, 점점 부모에 대한 적대감을 해소하고 긍정적인 자아를 찾아가게 될 것이다.

다음으로, 청소년 자녀의 심리는 위기심리 구조를 가지고 있다.

위기심리는 긴장과 불안을 낳고, 긴장과 불안은 짜증과 분노를 발산하도록 되어 있다. 다른 사람의 눈으로 보면, 이러한 짜증과 분노는 이해가 가지 않는다. 문자 그대로, '이유 없는 반항'인 때문이다. 젊은이들이 이러한 짜증과 분노를 건전하게 승화시켜 발산할 줄 안다면 더 없이 좋은 일일 것이다. 그러나 아직도 미숙한 청소년들에게 그것을 기대한다는 것은 무리이다.

청소년들은 기회만 있으면 짜증과 분노를 내뱉는다. 이 때 가장 만만한 대상이 자신의 가족들인데, 가족 가운데서도 제일 만만하게 여겨지는 어머니가 될 수 있다. 이 때 어머니를 비롯하여 이들의 대상이 되는 모든 사람들이 명심해야 할 것은 청소년들이 짜증과 분노라는 매를 가지고 누구인가를 두들겨 패면서 성장한다는 것이다.

짜증과 분노에 찬 이들로부터 아무도 매를 맞으려 하지 않는다면, 그들은 분노를 삼켜 버리거나 다른 탈선의 방법으로 분노를 해소하려 들 것이다. 이들이 분노를 승화시키거나 발산하지 못하고 삼켜 버릴 때, 그들의 성격에 멍이 들게 된다. 이것이 다른 탈선의 방법으로 나타난다면 본인에게나 사회에 치명적이 될 것이다.

필자가 분명히 말하고 싶은 것은, 요즈음 가정이나 사회에서 갈등 속의 젊은이들로부터 매를 맞아 줄 사람이 꼭 필요하다는 것이다. 한 대 맞고 그냥 쓰러지는 사람이 아니라, 거듭거듭 맞고도 잘 참아 내는 맷집 좋은 어머니, 아버지가 필요하다는 것이다.

젊은이들의 매가 분노를 과격하게 나타내는 것만을 의미하는 것은 아니다. 성격에 따라서 자기의 분노를 나타내는 방식이 다 다르다. 그들의 모든 아픔의 표현이 다 매가 될 수 있다. 그들은 그들이 갖고 있는 아픔이나 고민을 말이나 행동으로 표현한다. 그럴 때 그것을 참고 수용해 주는 사람이 있다면 청소년들의 아픔이 치유될 것이다. 그리고 아픔이 치유될 때 올바르게 성장할 수 있는 것이다.

(4) 갈등을 치유하는 대화

많은 청소년들이 자기들의 문제를 부모에게 이야기하지 못한다. 왜 그런 것일까? 어느 쪽의 잘못 때문일까? 누가 이 벽을 무너뜨리는 역할을 해야 할 것인가? 두말 할 것도 없이 그것은 부모에게 책임이 있다

젊은 청소년들이 부모에게 말하지 않는 이유는 자명하다. 말을 해 보아야 오히려 꾸중만 듣거나 경계만 더 심해질 뿐, 아무런 도움을 받을 수 없기 때문이다. 물론 모든 부모가 다 그렇다는 것이 아니다. 부모에게 말할 필요를 느끼지 않는 그 순간부터 청소년 자녀들은 문제가 있으면서도 없는 것처럼 가면을 쓰게 된다. 이런 관계가 지속되면 부모와 자식 사이는 한 집안에서 살면서도 구만리 밖에 떨어져 있는 것처럼 느껴질 것이다. 그리고 서로가 마음속 깊이 쓰라린 고독의 병을 앓게 된다. 이 지경에 이르면 부모는 자녀들을 도울 수 있는 기회를 잃어버리고 만다.

그러면 부모는 어떻게 해야 하는가? 자녀들이 부모와의 관계에서 벽을 쌓는 것은 부모가 무심코 던지는 말 때문이다. 부모가 자녀들을 상

대로 하는 말은 입으로 하는 말과 몸으로 하는 말, 이렇게 두 가지가 있다. 이 두 가지 언어 가운데서 입으로 하는 말도 중요한 영향을 미치지만 몸으로, 즉 눈이나 얼굴 표정, 손짓, 발짓 등 온몸으로 표현하는 말은 더 큰 영향을 미친다.

"말이 씨가 된다."는 우리의 속담은 진리이다. 이 말은, 무심코 한 말이라도 허공으로 사라지는 것이 아니라 사람의 마음속에 씨를 뿌리고 열매를 맺는다는 의미를 갖고 있다.

"천냥 빚도 말 한 마디로 갚는다."는 속담도 말이 사람의 뿌리 깊은 아픔을 치유해 줄 수 있다는 의미를 갖고 있다.

한 마디로 말해서, 부모의 말에는 굉장한 힘이 있다. 그것의 힘은 갈등 속에 있는 자녀들에게 생명력을 불어넣어 줄 수도 있고, 빼앗아 가버릴 수도 있다. 즉, 인간을 파괴시키는 말이 있는가 하면, 생명력을 불러일으키는 말도 있다는 뜻이다.

청소년들과 부모와의 관계를 연구하고 있는 토마스 고든(Thomas Gordon)은 부모 자식간의 대화를 권력주의 형태의 대화와 수용적인 대화로 구분했다. 만일 부모가 권력주의 형태에 속하는 대화를 일상적으로 사용하게 된다면 자녀들은 부모로부터 아무 도움도 얻을 수 없을 뿐만 아니라 오히려 생명력을 잃고 창조적인 능력을 발휘할 수 없게 된다. 그러나 수용적인 대화로 자녀들과 관계를 유지한다면 자녀들은 가정에서 얻어진 치유의 힘으로 어떤 어려움도 헤쳐 나갈 수 있는 힘을 얻게 된다.

1) 권력주의 형태의 대화

① 명령이나 지시 : 이 대화는 무엇을 하거나 하지 않도록 명령한다.

② 주의나 협박 : 이 대화는 어떤 행동을 하면 어떤 결과가 될 것이라는 위협

조이다.
③ 훈계나 설교 : 자녀에게 해야 할 것과 해서는 안 될 것을 일러주는 대화이다.
④ 비판이나 비난 : 자녀에게 부정적인 판단이나 평가를 하는 대화이다.
⑤ 욕설이나 조롱 : 자녀의 잘못된 행위를 비웃는 듯한 언어이다.
⑥ 주의 전환 : 문제로부터 자녀를 회피하게 하는 언어이다.

위와 같은 권력주의 형태의 대화를 사용하는 부모 밑에서 자란 아이들의 성격은 저항적이고 부정적이며 분노와 공격적인 특성을 나타낼 뿐만 아니라, 진실을 드러내지 않고 감정을 은폐하기도 한다. 또한 현실 도피적이며 환상적이고, 힘을 갖게 될 때는 권력 행사를 한다. 약자를 학대하며 새로운 일에 두려움을 나타내는 특징이 있다.[8]

2) 수용적인 대화

수용적인 대화란 자녀들이 부모로부터 사랑을 받고 있다는 것을 일깨워주는 대화이다. 자기를 깊이 이해해 주는 사람이 한 명만 있어도 자살하는 사람이 하나도 없을 것이라는 말이 있다. 모든 부모는 자녀를 깊이 이해하려 하고 사랑하려고 한다. 그러나 그들의 입과 행동에서 표현되는 말은 그렇지가 못하다.

그렇다면 자녀를 깊이 사랑하고 이해하는 말이란 어떤 것인가? 먼저 청소년 자녀들을 있는 그대로 놓아두는 것이다. 그들이 조금 불안해 보이더라도 간섭하지 말고 지켜보아 주라. 그러면서 자녀들에게, '나는 너를 믿는다.'는 사인만 보내주면 된다. 간섭하지 않는 것 자체가 '나는 너를 존중한다.'는 말을 소리 없이 하고 있는 것이다

다음으로, 자녀들의 말을 진실된 마음으로 깊이 들어주어야 한다. 여기에서 부모가 할 수 있는 말은 "응", "음", "그래." 정도이면 족하다.

중요한 것은, 자녀들이 말하는 동안 눈으로 듣고 얼굴과 머리 전체로 들어야 한다는 것이다. 귀로 듣고, 눈으로 들으며, 고개를 끄덕거려 주는 것이 입으로, "나는 너의 이야기를 듣는다."라고 강조하는 것보다 훨씬 더 강한 의미를 전달해 주는 것이다.

(5) 자녀의 마음속에 숨어 있는 소리

자녀들의 이야기를 들을 때 입으로 나오는 사실만 듣는 것이 아니라, 자녀들의 마음속에 숨어 있는 소리를 들을 수 있어야 한다. 숨어 있는 소리란 자녀들의 느낌이다. 학교에서 좋은 성적을 받았을 때의 느낌은 기쁨이다. 좋은 일을 만났을 때 아이들은 기쁘면서도 자기의 느낌을 이야기하지 않는 경우가 있다. 그때 부모는, "너 얼마나 기쁘니?" 하고 자녀가 가진 느낌을 반영해 주어야 한다. 저녁에 책가방을 들고 들어오면서, "엄마, 밥 다 됐어요?" 하고 소리치는 아들의 느낌은 배고픔이다. 이 때 엄마는 "너 배고프구나!"라고 말해 주면 된다.

자녀들이 직접 말로 표현하지 못하고 마음속에서만 생생하게 느끼고 있는 감정을 부모가 대신 표현해 주어야 한다. 그럴 때 자녀들은 마음속으로, '나의 속마음을 알아주는 엄마가 최고야.' 라고 생각하며 흡족해 할 것이다. 또 아이들이 아픔을 가지고 있을 때에도 마찬가지다. 부모의 인정과 신뢰를 받고 있을 때 자녀들은 쉽게 빗나가지 않는다.

그리고 자녀들의 행동에 대해 이야기할 때에도, 이야기의 초점을 자녀에게 돌리지 말고 부모 자신에게 돌리는 것이 좋다. 즉, '너는 이래서 나쁘다.(혹은) 좋다.' 고 하지 말고, '네가 그렇다니 내 마음도 기쁘다.', '네가 그렇게 하니까 내 마음이 아프다.' 라고 이야기해야 한다. 그럴 때 자녀들은 부모에게서 인정받고 있다는 느낌을 더욱 강하게 받게 될 것이다.

마지막으로 자녀들에게 가장 효과적인 말은, 엄마와 아빠가 보여주는 행복한 부부관계이다. 아이들은 엄마와 아빠가 서로 사랑하며 살아가는 데서 안정감을 느낀다. 그러므로 부부의 사랑이 흔들리게 되면 아이들의 삶 전체가 흔들리게 된다. 그럴 때 자녀들은 무슨 일에든 집중할 수 없고 창의력이 떨어지며 부정적인 자아상을 갖기 쉽다. 어머니와 아버지 사이에 놓여 있는 사랑의 사다리가 흔들림이 없이 굳건할 때, 청소년을 포함한 모든 자녀들이 그 사랑의 사다리를 타고 놀며 성장해 간다. 그러므로 자녀들을 사랑한다고 말하기 전에 먼저 자녀들 앞에서 따뜻하고 정겨운 부부의 모습을 보여주어야 한다. 이 사랑에 힘입어 자녀들은 이 세상에서 몰아닥치는 모든 어려움을 극복해 나가는 능력을 키워 나가는 것이다.

청소년 위기와 가정

 5월은 가정의 달이며, 또한 청소년의 달이다. 누가 5월을 가정과 청소년의 달로 정했는지 알 수 없지만, 필자는 그들에게 의미 있는 찬사를 보낸다. 왜냐하면 청소년들은 그들이 자라고 있는 가정과 분리해서 생각할 수 없기 때문이다. 건강한 청소년에겐 건강한 부모와 건전한 가정이 있고, 건전하지 못한 청소년에게는 상처 입은 부모와 가정이 있다는 사실은 이제 상식에 속하는 이야기다.
 인간은 환경의 지배를 받는 동물인데, 말할 것도 없이 가장 기본적인 환경은 가정이다. 가장 기본적인 환경인 가정이 건전할 때 거기에서 자라나는 아이들도 건전할 수 있는 것이다.[9]

 필자도 알고 있는 어느 가정의 이야기이다. 그들이 살고 있는 집 주변 환경은 아무리 생각해 봐도 아이들이 올바르게 자랄 수 없는 곳이다. 그러나 정신이 건전하고 삶의 태도가 올바른 부모 밑에서 아이들이 안정된 마음으로 부모의 건전한 정신을 이어 받으며 성장하고 있다. 이제는 다 자라서 청년이 된 그 집의 세 아들을 보고 있노라면, 가정이 얼마나 중요한 영향을 아이들에게 끼치는가를 실감하게 된다. 그러나 이와는 반대로, 아무리 좋은 주위 환경을 가지고 있어도 상처투성이의 가정 분위기에서는 아이들이 얼마든지 탈선할 수 있는 것이다.

그래서 어느 철학자는 가정을 하나의 집(건물)으로 설명하였다. 어머니 아버지는 집을 떠받치고 있는 두 기둥이요, 부부의 사랑은 두 기둥을 함께 연결시켜 주는 사다리이며, 아이들은 어머니와 아버지 사이의 사다리를 오르내리면서 성장한다는 것이다. 즉, 부모는 가정이라는 기본 환경을 유지하고 있는 중요한 기둥이고, 부부간의 애정은 아이들이 마음껏 뛰놀며 성장할 수 있는 놀이터라는 것이다.

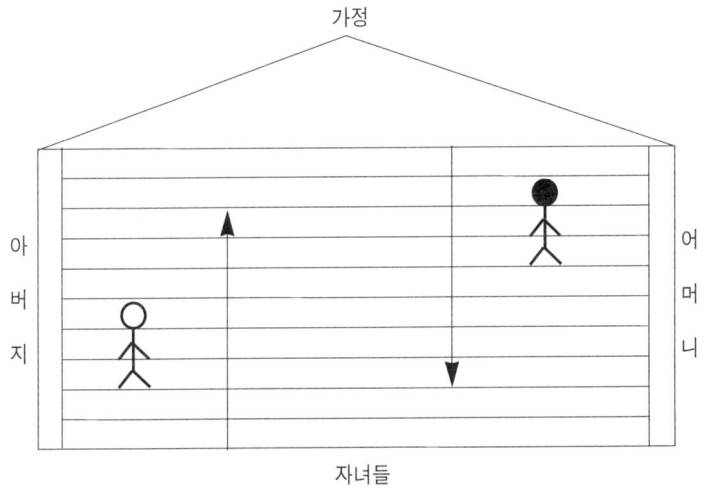

그런데 만일 이 두 기둥이 흔들리게 된다면 아이들의 놀이터가 불안정해져서 더 이상 아이들이 뛰어 놀지 못하고 불안한 마음으로 사다리를 붙잡으려 들 것이다. 어떤 부부나 살다 보면 부부싸움을 하게 된다. 이때 다투고 있는 당사자들도 고통스럽지만, 가장 심한 상처를 받게 되는 사람은 자녀들이다. 부부간의 갈등이 심하고, 그 갈등이 오래 지속될 경우에 아이들은 흔들리는 사다리에 고착되어서 성장이 멈춰 버릴 수도 있다. 우리는 주변에서 가정의 두 기둥인 부부의 갈등 때문에 탈선하는 청소년들을 많이 볼 수 있다.

필자가 여러 부부들을 만나 대화를 나눠 보면, 남편이나 아내보다 자녀가 더 소중하다고 말하는 사람도 있고, 부부 사이야 어떻든 자식만 사랑하며 산다고 말하는 사람들을 만나게 된다. 그럴 때마다 필자는 그들에게 이렇게 말한다.

"자식은 사랑하지 않아도 됩니다…"

부부가 깊은 애정을 가지고 있으면 자연스레 자녀들은 그 애정의 사다리를 타고 놀면서 안정된 마음으로 건강하게 자라게 되어 있다. 다시 말해서, 자식 사랑의 뿌리는 부부사랑이라는 것이다.

말했듯이 5월은 청소년의 달이며, 가정의 달이다. 건전한 청소년은 건전한 가정에서 나오고 건전한 가정은 부부간의 건전한 애정 위에 세워진다. 그러나 이렇게 완벽한 가정이나 부모를 찾아보기는 어렵다. 자녀들이 자라면서 여러 가지 아픔을 겪게 될 때, 부모는 자신들이 자녀들에게 어떤 상처를 주고 있는가를 생각해 보아야 한다.

(1) 가정에서 비롯되는 심리적 압박감

부모가 이혼하거나 별거하게 될 경우, 그리고 경제적인 속박을 느끼거나 부모와 다툴 때, 가족 중 누군가가 사망했거나 실직 당했을 때 자녀들은 심리적으로 압박감을 느낀다. 이런 압박감이 누적되면 성장 중에 있는 자녀들은 물론 온 가족이 고통을 당하게 된다.

청소년들이 생각하고 행동하며 생활할 때 부모의 정서적인 도움이 필요한데, 가정에 이러한 어려움이 닥치면 그들의 성격발달에 영향을 미친다.

그 중에서도 특히 부모의 이혼이나 별거는 민감한 시기의 청소년들에게 아주 치명적인 타격을 준다. 따라서 학교 공부를 하는 데에도 상당한 어려움을 겪게 된다.

그리고 부모가 실직을 했거나 오랫동안 투병생활을 하는 경우에도 청소년 자녀들의 자존심을 약화시키는 결과를 가져온다. 또한 청소년 자녀들이 아버지와의 사이에서 갈등을 느낄 때 많은 상처를 입게 된다. 그런데도 이런 상처를 가진 청소년들이 상상 외로 많은 것은 안타까운 일이다. 이런 경우, 청소년들은 자존감에 손상을 입고 자신을 비난하는 경향을 나타낸다. 아버지와 자녀간에 갈등이 발생했을 때 누군가 아버지 대신 자녀들의 상처를 감싸주는 사람이 있으면 비교적 상처를 덜 받게 된다. 청소년 자녀들이 어머니와의 갈등을 빚는 주요 원인은 어머니가 자녀들에게 관심을 주지 않거나, 자녀들의 이야기를 주의깊게 들어주지 않는 데에 비롯된다. 어머니와의 갈등은 아버지와는 달리 자녀들의 의사 교환 능력을 저하시킨다. 부모와 자녀 사이의 갈등을 야기시키는 주요 원인으로는 부모의 심한 잔소리와 자녀들의 사생활을 꼬치꼬치 파고들어 알려는 태도를 들 수 있다.

(2) 단절된 부모 자식 관계

청소년들과 부모와의 관계가 단절되는 이유는 의사 교환이 되지 않고 서로간에 이해가 부족한 때문이다. 성장한 자녀들을 아직 어린애로만 취급할 때 자녀들은 부모를 신뢰하지 못하고 실망을 느낀다. 이때 부모와의 관계가 단절되는 경향이 있다.

청소년 자녀들을 심하게 간섭하고 그들의 친구들을 비난하거나 자녀들의 행동에 의구심을 나타내는 태도, 강압적으로 명령하고 일방적으로 지시하는 태도 등은 자녀들에게 저항감을 불러일으켜서 대화를 기피하게 만든다.

특히 부모가 자녀들의 긍정적인 면보다 부정적인 면만을 꼬집어서 비판하게 될 때, 아직 성인이 되지 못한 청소년 자녀는 반항적인 성격을 갖게 되기가 쉽다. 그러므로 부모의 권위와 힘을 앞세워 비판하는 부모 밑에서는 자기를 솔직하게 나타내지 못하고 숨어서 행동하는 위선적인 성격의 아이가 나오기 쉽다. 무엇보다도, 부모의 엄격성이 도에 넘칠 때 자녀들이 받는 영향이 심각하다. 부모가 너무 엄격하면 자녀와 의사 소통이 거의 이루어지지 않는다. 단지 부모가 자녀에게 일방적으로 말하는 것이다. 그래서 너무 엄격한 부모 밑에서 자라난 자녀들의 성격은 자존심이 약하고, 자책감이 강하며, 부모의 테두리에서 벗어나려는 욕망이 강한 경향이 있다. 또 하나의 성장을 저해하는 요인은, 청소년 자녀를 믿지 못하는 부모의 태도이다. 이러한 자녀 불신의 태도는 부모와 청소년 갈등의 중요한 요인이다. 분명한 사실은 부모의 불신 태도 때문에 자녀들이 성격을 변화시키거나 부모와의 관계를 결코 개선하려 들지 않는다는 것이다. 자녀의 인격이 성장하는 것을 돕고, 관계를 개선하며, 그들의 탈선을 예방하기를 원한다면 부모로서 그들을 깊이 신뢰하는 태도를 보여 주어야 한다. 부모의 전폭적인 신뢰를 받고 자란 어느 대학 1년생의 일기를 보자.

"아침 일찍 집을 나설 때 엄마 아빠는 현관에 나와 나의 인사를 받으신다. 내가 인사할 때 아빠는 말없이 눈으로 웃으시며 나를 쳐다보신다. 나를 보시는 아빠의 눈을 쳐다보고 있으면, '내 딸 현이야! 나는 너를 믿어.' 하시는 아빠의 이야기를 들을 수 있다. 나는 학교에서나 밖에서 이따금 어떤 유혹에 부딪칠 때가 있다. 그럴 때마다 내 마음속에 나를 신뢰해 주시는 부모님의 눈이 떠올라 나대로의 현명한 결단을 내릴 수가 있게 된다."

자녀를 믿지 못할 때 그들은 부모에 대해 반항심리를 갖게 된다. 그리고 이런 불신관계가 지속될 때 자녀들은 미래에 대한 확신을 갖지 못하게 된다. 인간은 희망이 없으면 의욕을 잃게 되고, 그 결과, 우울증을 갖게 되며, 심하면 자살을 하기도 한다. 청소년들의 자살율은 사회가 발달할수록 급증하고 있는 형편이다. 특히 입시에 대한 과중한 부담이 청소년의 자살을 더 부채질하고 있다. 그러면 어떤 아이들이 자살을 택하는 것일까? 자살이란 절망과 좌절을 더 이상 감당할 수 없을 때 일어날 수 있는 사건이다. 자기에 대한 확신과 누군가로부터 사랑 받을 수 있다는 확신이 흔들릴 때 행해지는 자기 생명포기의 사건이다. 또 세상에서 나 혼자 뿐이라는 극도의 소외감에서 일어나기도 한다. 한 연구조사보고서에 의하면, 청소년들의 자살은 가정이 분열되고 부모와의 관계에서 상처를 입었을 때 가장 높은 비율로 나타난다고 한다. 그것은 가정에서의 불화가 청소년들의 소외감을 더 가중시켜 주기 때문일 것이다. 자살할 가능성이 있는 청소년 자녀에게서 나타날 수 있는 증상이 몇 가지 있다. 혼자서 오랫동안 자기 방에 틀어박혀 있거나, 외모에 별로 신경을 쓰지 않으며, 어떤 문제에 대해 집중하지 못하고, 학업에 흥미를 잃고, 쉽게 피곤을 느끼며, 감정 없이 멍하게 앉아 있는 태도를 보이는 것 등이다. 이럴때 부모들은 자녀들을 주의해서 관찰하고 심할 때는 전문가의 도움을 받아야 한다.

(3) 가족들 사이의 갈등

가족들이 서로 하나 되지 못할 때 청소년들의 성장에 장애가 온다. 식구들끼리 이해하지 못하고 의사 교환이 잘 되지 못하여 분위기가 경직되어 있으면 청소년들의 심성에 혼란을 초래하게 된다. 부모와의 사이가 원만하지 못할 때나, 누나나 형이 아버지와 관계가 원만하지 못할 때 모든 식구들이 영향을 받는 것은 아주 자연스러운 일이다. 온 가족이 하나 되어 화목해질 때 청소년 자녀는 의사표시를 마음껏 할 수 있고, 삶을 시험해 볼 수 있게 되며, 그들이 가진 가능성을 마음껏 발휘할 수 있게 될 것이다.

그렇다면 청소년 자녀의 성장을 위해 부모들이 어떻게 해야 할 것인가를 생각해 보기로 하자.

1) 부모들이 자녀에 대해서 가져야 할 건전한 태도는, 자녀는 부모의 소유물이 아니라 신이 우리에게 준 귀한 선물이라고 생각하는 것이다. 우리 가정에 들어온 신의 선물인 자녀는 부모의 사랑스러운 관심을 받으며 잠깐 함께 지내다가, 때가 되면 자신의 길을 떠나는 귀한 손님인 것이다. 이렇게 귀한 손님인 자녀에게 우리 부모가 베풀어 줄 수 있는 것은 무엇인가? 그것은 그들이 안심하고 자기 생을 살면서 무엇이 옳고 그른지를 배울 수 있는 아늑한 삶의 자리를 마련해 주는 것일 것이다. 이렇게 자유스런 삶의 자리에서 자녀들은 아무 부담 없이 부모에게 묻고 대답할 수 있어야 한다. 많은 부모들이 자기들을 마치 자녀를 길들이는 동물 조련사로 착각하는 것 같다. 그러나 신이 우리에게 맡겨 준 귀한 손님인 자녀는 부모인 우리가 마음대로 조종하고 길들일 수 있는 대상이 아니다.

그리고 자녀들을 향하여, 지금까지 너희들에게 은혜를 베풀어 주었으니 부모에게 갚아야 된다고 생각하거나, 지나치게 집착해서 부모가 못다 이룬 꿈을 이루어 주는 욕망 성취 도구로 이용하는 일들은 없어야 한다. 부모가 해야 할 중요한 과업은 자녀들이 육체적으로나 정신적으로 독립해서 자신들의 길을 잘 헤쳐 갈 수 있도록 해 주는 일이다. 좋은 부모란 신으로부터 주어지는 손님을 겸손하게 맞이하여 그에게 필요한 도움을 적절하게 제공해 주며, 떠나야 할 때가 되면 잘 떠나 보내는 자이다.

2) 다음으로, 부부가 서로 사랑하고 신뢰의 무드를 조성해서 청소년 자녀들과 대화를 시작하면 가정이 변화하는 혁명이 일어날 수 있다. 부모들에게 이런 변화를 갖기 위한 노력과 배우려는 의욕이 있으면 변화의 가능성은 충분하다. 이런 변화를 위해서는 먼저 청소년 자녀들이 자기 자신에 대해 어떤 자아개념을 갖고 있는가를 파악해야 한다. 우리 모두 자신만의 얼굴을 가지고 있듯이, 우리의 성격도 자신만의 얼굴을 가지고 있다. 자녀들이 제각각 갖고 있는 성격의 얼굴이 그의 행동을 좌우하고, 다른 사람과의 관계에서 영향을 미친다. 성격의 얼굴이란 자아개념, 또는 자아상을 뜻하는데, 자기 성격의 중심에서 자기 자신을 느끼는 주체라고 말할 수 있다. 인간은 자기가 생각하는 자아개념에 따라서 행동하게 된다. 이 자아개념이 비뚤어져 있으면 그가 아무리 노력한다 해도 일에서 능률이 오르지 못할 것이다. 학생들을 지도해 보면, 많은 학생들이 영어를 못한다는 자아개념에 사로잡혀 있는가 하면, 자기 자신의 능력에 대한 부정적인 자아개념으로 고통받고 있는 것을 볼 수 있다. 놀라운 것은, 부정적인 자아개념을 갖고 있는 학생에게서 나타나는 결과는 자신이 갖고 있는 자아개념과 꼭 맞게 나타난다는 점이다. 건강한 자아개념 형성의 전문가라고 자처하는 멀츠에 의하면, 인간의 모든 행동과 느낌, 그리고 품행과 능력은 그 자신이 지니고 있는 자아개념과 일치한다고 한다.[10] 즉, 자아개념이 약하면 그의 행동이나 느낌, 품행, 능력까지 약하게 나타나고, 자아개념이 건전하면 행동이나 능력도 건전하고 강하게 표현된다는 것이다. 이런 자아개념은 인간 성격형성의 기본집단인 가정 식구들에 의해서 형성되는데, 특히 부모에 의해서 크게 영향을

받는다.

그렇다면 부모들은 자녀들의 건강한 자아형성을 위해서 도울 수 있는 방법은 무엇인가? 자녀들은 자신이 사랑받고 있다는 소속감을 가지고 있을 때 자아개념이 강화된다. 즉, 부모가 자기를 원하고 있고, 자기를 용납해 주며, 자기의 존재를 기뻐하고 사랑한다는 것을 경험할 때 자아개념이 증대된다는 것이다.[11]

이렇게 이야기하면, 이 세상에 그런 마음을 안 가진 부모도 있느냐고 반문하는 사람도 있을 것이다. 그러나 사실은 그렇지가 않다. 자녀에 대한 부모의 뜨거운 마음은 모두 공통적이지만 뜨거운 사랑을 왜곡시켜 표현하는 바람에 오히려 자녀들의 자아개념을 약화시키는 결과를 가져오는 부모들도 많은 것이다.

자녀들의 약한 자아상은 부모들의 권위적이고 일방적인 회로에 의해 형성되는데, 이런 부모 밑에서 자란 자녀는 유아적인 사고의 형태를 지니기 쉽다. 때문에 독립적인 사람, 자존감을 갖춘 인간으로 성장하기 어렵다. 부모가 자녀들의 자리에 내려와 그들의 속에 들어가서 이해하고 이야기를 들어주는 순간에 자녀들의 자아상은 긍정적으로 싹트기 시작한다.

청소년 자녀를 둔 부모들에게 부탁하고 싶은 말은, 자녀들로 하여금 당신의 말을 하고, 당신의 노래를 하며, 당신이 못 이룬 꿈을 성취하도록 강요하지 말아야 한다는 것이다. 청소년 자녀들이 자기들의 노래를 부르고, 자기들의 춤을 추며, 자기들의 말을 하게 하는 것이 좋다.

청소년 자녀들은 우리 부모에게 잠깐 동안 맡겨진 손님이며, 자기들의 세계를 자신만이 살아야 할 권리를 가지고 있는 존재들이다. 청소년 자녀들에게 부모의 삶을 강요하면 할수록 그들의 자아상은 그만큼 상처를 입고 약화된다. 그러므로 부모에게 말하기 싫어하고, 자기 방 속에만 틀어박혀 있을지라도 걱정하기보다는 참고 지켜보아 주어야 한다. 부모가 조급한 마음을 버리고 안심하며 쉬는 마음의 여유를 갖는 순간에 청소년 자녀들은 비로소 자기들의 세계를 열고 성장하기 시작하는 것이다.

청소년 자녀들의 실수를 지나치게 걱정하지 말라. 그들이 실수하는 것은 정상이다. 혹시 자녀들의 학업 속도가 잠간의 실수로 조금 늦어진다고 하더라도 부모들은 여유를 가져야 한다. 자신들이 부모로부터 사랑을 받으며 가치 있는 존재로 인정받는다는 의식이 자녀들을 실수하기 이전보다 훨씬 더 높은 차원으로 성장케 할 것이다. 이것을 분명하게 확신하라.

상처 입은 자존심

　4월은 한 해의 봄이 무르익어 가는 달이다. 인생을 4계절로 나눈다면, 고등학생이나 대학생들은 4월의 봄에 해당된다. 곱게 차려 입은 젊은이들의 화사한 얼굴을 보고 있으면 파란 풀밭의 봄이 떠오른다. 비교적 많은 시간을 이런 젊은이들과 함께 보내는 나는 그들 가운데서 무성한 여름을 보고, 열매를 맺는 가을을 내다본다. 사회가 어지러워도 이런 젊은이들을 보고 있노라면 다시금 용기가 솟아오르고 생명의 박동 소리가 터져 나오는 것을 느낄 수 있다.

　어느 날, 나는 젊은이들이 외쳐대는 아우성 소리를 듣게 되었다. 겉으로는 들리지 않아도 그들 마음속 깊은 데서 들려오는 아우성 소리에 내 영혼의 귀가 트인 것이다. 그런데 놀랍게도 이런 아우성 소리가 한두 젊은이들에게서만 터져 나온 것이 아니라 조금 과장한다면 거의 대부분의 젊은이들에게서 나오고 있었다.

　대학 1학년을 거의 마쳐 가는 J는 조용하면서도 내성적인 성격의 소유자이다. 주위 사람들과 쉽게 어울리지 못하는 성격이지만 그렇다고 사람들을 싫어하지도 않는다. 말도 별로 없는 편인데 가끔 스포츠 이야기가 나오면 열을 내어 떠든다. 자기가 지지하는 스포츠 팀과 자기를 동일시해서 승리할 때는 마치 자기가 승리한 것처럼 환호한다. 혹시라도 그가 좋아하는 팀이 지게 되면 좌절해서 며칠씩 풀이 죽어 있는 모습을 보인다.

J는 백일몽을 자주 꾸는데, 꿈속에서는 자기가 영웅이 되어 즐거워한다고 한다. 그렇지만 현실에서 J는 늘 외로워 보이고, 자신이 다른 사람의 관심을 받고 있다는 사실은 감히 상상조차 못한다.

그러면서도 그는 다른 사람들과 어울릴 때 그들을 기분 좋게 해 주려고 애를 쓰고, 그들에게서 호의적인 반응을 얻게 되면 흥분한다.

이런 J에게서 우리는 소리 없는 아우성을 들을 수 있다. "나는 보잘것없는 사람이다."라는 아픈 소리가 그로부터 끊임없이 새어나오고 있는 것이다. J는 자신에 대한 긍지를 상실했거나 아니면 긍지심이 심히 약화된 사람이다. 그에게 있어서 최대의 꿈은 자신이 다른 사람으로부터 사랑과 존경을 받는 가치 있는 사람이 되는 것이다.

자기에 대한 긍지를 느끼는 것, 즉 자신에 대해서 좋은 느낌을 갖는 것은 사람이 성장하는 데 있어서 아주 핵심적인 요인이다.

자기에 대해서 긍지를 느끼지 못할 때, 자기 파괴적인 행동이 유발되기 쉽다. 자기에 대해서 긍지를 갖는다는 것은 자신의 장점과 약점을 인정하는 것 그 이상이다. 곧 자기가 목표하는 바를 향해 계속 발전하고 성장해 갈 수 있음을 확신하며 사는 것이다. 혹시 누가 자기를 비판한다고 해도 그를 미워하지 않는다. 자신의 약점이 있다는 것을 알면서도 실망하지 않는다. 자기의 현재 삶과 미래에 대한 신뢰가 있기 때문에 다른 사람들의 삶이 자신에게 큰 장애가 되지 않는 것이다. 그래서 그는 자유스럽게 다른 사람들과 잘 어울릴 수 있다.

(1) 자신에 대한 긍지가 자신의 성취를 이룬다

가장 괴로운 인간의 감정 가운데 하나는, 자신에 대한 긍지를 상실하는 것이다. 즉, 자신을 '별로 보잘것없고 매력 없는 사람이다.' 라고 느끼는 것이다. 이런 감정을 가진 사람은 많은 사람과 어울리면서도 아무도 자기를 좋아하지 않을 것이라는 생각을 무의식 가운데 가지고 있다. '누가 나 같은 사람을 친구로 갖기를 바라겠는가?' 라는 생각이 그의 무의식을 지배하고 있는 것이다.

그런 탓에 이따금씩 다른 사람들이 자기에게 가까이 하려고 하면 오히려 그들을 멀리해 버리는 경향을 보인다.

그러면서도 누군가가 자기를 비판하면 세상의 모든 사람들이 자기를 싫어하는 것처럼 기가 죽어 버린다. 반대로, 누군가가 자기에게 달콤한 말로 접근해 오면 흥분해서 쉽게 그 사람에게 빠져든다. 이런 사람들은 사랑을 해도 인격과 인격이 만나는 참 사랑을 하기가 어렵다. 왜냐하면 그들의 감정이 상대방의 칭찬에 지나치게 의존하는 때문이다. 그래서 이런 사람들의 사랑은 쉽사리 뜨거워졌다가 쉽사리 식어 버리기 쉽다.[12]

다른 사람의 칭찬에 의존해서 살아가는 젊은이들의 행동을 보면, 행동의 주체가 자신이 아니라는 생각이 든다.

다른 사람들이 나를 어떻게 보아줄 것인가를 생각하고 행동하기 때문에, 다른 사람들의 취향에 따라 행동하게 되고, 자기의 의지와 생각에 따라 행동하지 못한다. 한 마디로 말하면, 이런 젊은이들은 관객을 위해서 행동하는 배우들에 불과한 것이다.

인간은 자신의 삶을 주체적으로 살아갈 때 계속해서 성장할 수 있다. 자신의 결단에 의해서 행동할 때 아픔도 있겠지만 긍지도 그만큼 클 것이다. 다른 사람만을 쳐다보고, 그들만을 위해서 자기의 감정을 억누르며 산다면, 결국 허무와 심리적인 병만 남게 될 것이다. 오늘날 얼마나 많은 청소년들이 이렇게 살아가고 있는지 모른다.

왜 젊은 청소년들 사이에 생기 없고 부정적인 삶의 태도가 팽배해 있는 것인가? 필자는 그들이 자신에 대한 긍지를 갖지 못하는 데 그 원인이 있다고 본다. 자기에 대한 긍지감은 어떻게 해서 약화되는 것인가? 여러 가지 이유가 있겠지만, 먼저 자기를 귀중한 존재로 보지 못하는 데서 그 원인을 찾을 수 있고, 다음은 자기를 가치 있는 사람으로 보지 못하는 데 그 원인이 있다. 그것은 수시로 경험하는 실패와 자기를 신뢰하지 못하는 데서 연유된다. 자신이 저지른 실수에 죄책감은 자기 비판을 유도하고, 자기 비판은 자기 불신과 불안한 감정을 유발하며, 궁극적으로는 자신을 가치 있는 존재로 인식하지 못하게 한다. 그러므로 자기 비판과 자기 불신이 가중될수록 자기를 가치 있는 인간으로 보는 마음은 비례적으로 저하된다.[13]

(2) 긍정적 자신감이 있어야 사회에 적응할 수 있다

젊은이들의 긍지감이 약화되는 요인 가운데 하나는, 자기가 하는 일들이 뜻대로 이루어지지 않았을 때 오는 절망감과, 그 때문에 이어지는 자책감 때문이다. 한 조사보고서에 의하면, 4명의 젊은이 가운데 3명이 죄책감 때문에 고통을 받고 있으며, 이들은 자기들보다 월등한 사람들과 비교해서 자기의 위상이 그들보다 낮다고 생각되면 자신의 부족감을 느끼게 된다고 한다. 또한 비현실적인 목표를 설정한 뒤, 그 꿈이 이루어지지 않을 때 갈등을 겪는다고 한다. 이들의 마음속 깊은 곳에서는 끊임없이 아우성 소리가 들려 온다.

'내 이상대로 살기가 너무 어려워!'
'내가 하는 짓이 싫어.'

대부분의 청소년들이 자기에 대한 긍지가 저하되는 데서 오는 고통을 심하게 경험하는데, 특히 우정관계에서 좌절을 느끼거나 학교 성적, 기타 과외활동 등에서 흡족한 결과를 얻지 못했을 때는 더욱 심해진다. 정상적인 사람들한테는 이런 감정들이 왔다가도 금방 지나가 버리지만 긍지감이 저하된 젊은이들에게서는 쉽게 사라지지 않는 감정이 된다. 이런 감정들이 일정 기간 지속되면 자기를 비판하는 감정이 증대되고, 긍지감에 상처를 주면서 대인관계에도 영향을 미친다. 그리고 더 나아가서는 자기 파괴적인 성격을 형성한다. 이런 사람에게는 특별한 사랑과 용납의 경험이 필요하다. 사랑과 용납의 분위기를 만들어 이런 상처를 가진 사람들로 하여금 자기의 부정적인 감정과 죄책감을 마음껏 이야기하게 하고 처리할 수 있도록 도와주어야 한다.

두 번째로, 인간은 자신감이 약할 때 자신을 가치 있는 인간으로 여기기 어렵다. 대학 1년생인 K라는 여학생은 친구의 권유로 한 동아리에 가입하였다. 동아리 친구들도 모두가 호감이 갔다. 그런데 시간이 지나면서 K양의 마음에 긴장과 불안이 증대되는 것을 느꼈다.

다른 아이들은 모두 하고 싶은 이야기를 서슴없이 하는데 유독 자기만 말을 못하고 있는 것이 괴로웠던 것이다. 말을 하고는 싶지만 말했다가 혹시 실수하면 웃음거리가 될 것 같아서, 입 속에 맴도는 말을 끝내 뱉어낼 수 없는 것이었다. 모임에서 돌아올 때마다 K는 자기 증오와 후회의 감정에 시달려야 했다.

K양의 경우는 자신감이 부족한 데서 오는 행동 장애인데, 이런 사람은 다른 사람이 나를 비웃을 것이라는 공포심을 갖고 있다. 그들은 이런 공포심 때문에 정상적인 사고의 기능을 할 수 없게 된다. 그런 이유로 어떤 모임에서든지 자신의 의견을 정확히 개진하지 못하고 우물쭈물 당황한 모습을 보이는 것이다.

이런 자신감의 결여는 학교활동이나 성적 등에서 남보다 뒤떨어질 때 자극을 받아 더욱 강화될 수 있다. 자신감이 약한 젊은이들은 마음이 약해서 다른 사람에 의해 상처받기 쉽고, 실수를 두려워하며, 사람들 속에 끼지 못하는 행동양태를 보인다. 자신감이 부족한 사람은 흔히 자신이 재주가 없다는 생각에 지배를 받기도 하고, 실패할지도 모른다고 생각하여 좀 무리하다 싶은 일은 애당초 시도하려고 들지 않는다. 그래서 이들은 하는 일이 한정되어 있다. 또한 이들은 남들이 자유스럽고 유쾌하게 놀고 있을 때 함께 놀지도 못한다. 안타깝게도 이들은 자기의 능력을 얕잡아 보기 때문에 어떤 일을 시도해 보지도 않을 뿐만 아니라, 가능성 있는 일들도 수없이 놓쳐 버리고 만다.

자신감이 부족한 사람은 자기의 실수에 대해서 자신을 호되게 비판하게 되고, 다른 사람도 마찬가지로 자기를 비판하고 있는 것으로 생각한다. 그래서 이들은 다른 사람들과 함께 있을 때 불안을 느끼고, 그들이 자기를 얕잡아 보지 못하도록 신경을 쓴다. 이와 같은 이들의 행동은 또 하나의 자기 비판을 불러일으키는 악순환을 거듭 초래하게 된다. 이들에게 흔히 나타나는 정신적 현상은 환상에 빠지거나, 자기 도취에 젖거나, 다른 사람들에게 자기를 가치 있는 사람으로 보이기 위해 가면을 쓴 것처럼 행동하는 것이다.

그렇지만 위의 두 가지 행동 양태는 다른 사람들과 더욱 멀어지게 하는 원인이 된다. 이런 사람들은 인격적인 자신에게 관심을 두지 않고 자기가 하는 행동 그 자체에만 관심을 두기 때문에, 생명력 있는 인간으로 성장하기에 큰 어려움이 있다.[14]

(3) 학교, 가정, 자신의 노력이 필요하다

젊은이들의 성장을 저해하는 요인이, 위에서 말한 것처럼 자신의 실패에서 오는 자책과 자신감의 결여에서 오는 불안감 및 자기를 보잘것

없는 인간으로 인식하는 자존감의 약화라고 한다면, 이것은 젊은이 자신들의 내적인 문제라고 볼 수 있다.

젊은이들의 성장에 상처를 주는 외적인 요인으로는, 요즘 심각한 교육의 현장에서 일어나는 문제가 많다. 무엇보다도 청소년들의 긍지심에 큰 영향을 주는 것은 성적이다. 성적은 자기 존경심과 밀접한 관계를 갖는다. 성적이 낮은 학생들, 즉 학습에 집중할 수 없는 학생들은 대체로 자기 존경심이 약하다. 자기를 인간으로서 존중하지 못하는 사람은 건전한 자아상을 가질 수 없다. 학교 선생님의 학생평가가 학생의 자기 존경심에 큰 영향력을 갖게 되는 것은 물론이다. 자기 존경심의 저하 때문에 학생들은 정신 집중을 방해하는 환상 및 백일몽을 꾸기 쉽다. 이런 정신상태에서는 좋은 성적을 유지하기가 어렵다. 그러므로 공부하는 데 어려움을 느끼는 학생은 자기 존경심이 저하되어 있는가를 살펴보아야 한다. 물론 그렇다고 해서 낮은 성적 자체가 자기 존경심의 약화를 의미하는 것은 아니다.

성적 다음으로 청소년들의 자기 긍지감에 영향을 미치는 요인은 학교 친구들과의 관계이다. 많은 학생들이 동료학생들과의 관계로 갈등을 겪고 있고(어쩌면 이런 현상이 정상일 수도 있지만), 친구들로부터 인정을 받지 못할 때 자기 긍지감에 상처를 받는다.

특히 이성간의 관계는 이들의 정서에 불안과 호기심을 조장하는 요인이므로 자기 긍지감에도 큰 영향을 준다. 가정에서 부모들과의 관계도 청소년들의 긍지감에 영향을 미친다. 그것은 학교 성적이 낮은 학생들이 그렇지 않은 학생들보다 가정에서 갈등이 더 심하다는 통계에서도 입증된다. 특히 부모와의 관계는 더욱 중요하다. 부모로부터 인격적으로 대우 받는 자녀가 긍지심이 높다. 많은 부모들이 자식을 너무 사랑하는 나머지 자식들의 긍지에 상처를 주는 경우가 있다. 다 큰 자녀를 아직도 신뢰하지 못하고 어린 아이로 취급하는 부모도 있고, 자식의 약점만을 지적하는 부모도 있으며, 자식들 앞에서 언쟁을 하는 부모들도 있다. 이들은 자식들의 긍지 형성에 오히려 마이너스 요인이 된다고 볼 수 있다.

(4) 따뜻한 보살핌과 관심으로 대해야 한다

결론으로, 청소년들의 자기 긍지감 향상을 위해서 부모나 스승, 그리고 다른 지도자들은 무엇을 할 수 있을까? 자기 긍지감이 약한 사람들은 언제나 자신에 대해서 부정적인 생각을 하고 있기 때문에, 그들에게 더 이상 부정적인 언어나 충고는 필요치 않다. 이런 청소년들에게는 무엇을 하지 않으면 안된다든가 무엇을 해야 한다는 명령식의 이야기나 지시, 훈계 따위는 조금도 도움이 되지 못한다. 특히 비판하고 조롱하는 언어는 그들의 상처를 더욱 악화시킬 뿐이다.

그렇다고 해서 이들에게 사탕발림의 격려나 칭찬, 다른 사람들과 자주 어울리게 하는 것만으로는 충분치 않다. 이들이 필요로 하는 것은 자신이 용납되고 수용되고 있다는 느낌을 실감할 수 있는 작은 그룹의 모임이다. 그것은 가정일 수도 있고, 친구들과의 만남일 수도 있으며, 학교 선생님과의 만남일 수도 있다. 이들에게 지적인 노력을 요하는 토의라든가, 승부를 가리는 경쟁적인 활동은 불안과 두려움의 감정을 더욱 조장할 우려가 있다. 그러므로 이들을 위한 모임은 승부하고는 관계없는 협동적인 활동이나, 누구의 장점이나 약점이 크게 드러나지 않는 토의그룹이 바람직하다고 생각한다. 역시 따뜻한 관심은 열등의식에 빠진 사람을 도울 수 있는 중요한 요소이다. 따뜻하고 쾌적한 분위기가 주어지고, 무엇이든 털어놓고 이야기해도 받아줄 수 있는 사람이 있을 때, 자기 긍지에 상처를 입은 사람들은 자유스럽고 편안한 마음으로 자신을 표현할 수 있다. 우리는 젊은이들의 문제를 해결해 줄 수도 없고,

그들의 성장을 조작할 수도 없다. 다만 따스한 보살핌의 마음을 제공해 줄 수 있을 뿐이다. 부드러운 분위기로 자기 표현에 불안을 갖는 젊은 이들로 하여금 자기 감정을 자유롭게 나타내도록 유도하여 자신의 감정을 풀어내게 하면 건전한 판단능력이 생길 수 있다. 그들이 이런 부드러운 분위기 속에서 사랑과 용납을 경험하게 되면, 자신의 부정적인 개념에 변화를 일으킬 수 있는 것이다.

자기를 존경하지 못하고 사랑할 수 없는 사람들에게 중요한 것은 문제해결의 기술이나 전문지식이 아니라, 따뜻한 관심을 가지고 접근해서 그들의 고민에 동참할 수 있는 인간관계이다. 부모와 자녀, 선생과 제자 사이에 이런 밀도 높은 인간관계가 이루어진다면 기술적인 상담 지식은 부차적으로 사용될 수 있을 뿐이다. 자기 존경심이 약한 젊은이들에게는 칼 로저스가 이야기한 일관성과 정직성, 공감적인 태도, 무조건적인 존중이 큰 도움을 줄 수 있다.

많은 사람들이 청소년들의 탈선을 걱정하고 있다. 어떤 청소년이 탈선하는가? 한 통계보고서는 자신을 별 볼일 없는 인간으로 여기는 아이들이라고 말하고 있다. 자기에 대한 긍지감이 약한 사람, 자기를 존경할 수 없고 사랑할 수 없는 사람은 아무렇게나 행동할 수 있고, 마음과 몸을 내키는 대로 내맡길 수 있다. 우리는 자녀들의 성적인 탈선을 염려한다. 그러나 자신에 대해 긍지를 가진 자녀, 자기를 존경하고 사랑하는 자녀는 결코 성적인 타락을 하지 않는다. 자녀들, 제자들의 성적인 타락을 염려하기 전에 가정과 학교에서 그들의 인격을 존경해 주고 포용해 준다면 그러한 범죄는 많이 줄어들 것이다.

청소년과 성

(1) 개요

어느 날 한 처녀가 필자에게 전화로 상담을 요청해 왔다. 그 처녀는 21세인데 24세의 청년과 사랑을 나누고 있다고 했다. 그런데 그녀에게 한 가지 고민이 생겼다. 남자가 자기에게 키스와 포옹 등 육체적으로 애정을 표현하는 정도가 심해지더니 요즈음에는 동침을 요구하기까지 한다는 것이었다. 계속되는 성화에도 불구하고 자기의 신앙 양심이 허락하지 않아 거절하는 처녀에게 남자는 자기를 사랑하지 않는 증거라며 화를 낸다는 것이었다. 이 일을 어떻게 처리해야 할지 판단을 내릴 수 없다는 것이 그녀의 고민이었다. 이 소녀의 고민은 그 남자의 요구를 들어주는 것이 죄가 되는 것은 아닐까? 그렇게 했을 때 무슨 일이 일어날 것인가? 그렇게 된 후에도 사랑은 계속될 수 있을까? 남자란 모두가 다 그렇게 여자의 육체에만 관심이 있는 것인가? 라는 것들에 있었다.

필자는 이야기를 다 들은 다음에, 지금까지 누구하고 이런 일을 의논해 보았느냐고 물어보았다. 처녀는, 아무하고도 이야기할 수 없어 전화로 상담한다고 대답했다. 필자는 그 처녀와 일곱 번을 전화로 상담했는데, 결국 그녀는 그 남자와 원만한 관계를 유지하고 있다고 연락해 왔다.

필자는 그 처녀와 상담하면서 나누었던 이야기들을 이곳에 기록하고자 한다. 물론 대화 그 자체를 기록하는 것은 아니고, 그녀와 나누었던 대화 속에서 교육적인 내용들을 간추려 쓰고자 한다. 그러다 보니 결혼한 사람들의 성에 대한 문제는 지면 관계상 이 책에 포함시킬 수 없을 것 같다. 기회가 주어진다면 그 문제도 다루어 볼 예정이다.

(2) 성(Sex)이란?

위의 처녀는 성(Sex)자체를 죄악시하고 있었다. 전통적인 기독교 가정에서 자라온 그녀에게, 성이란 좋은 것이 못되고, 결혼해서 살더라도 신앙생활에 이익보다는 방해가 될 뿐인 천한 것이었다. 이와 같은 성에 대한 왜곡된 생각은 이 처녀뿐만 아니라, 다른 많은 신앙인들도 갖고 있는 편견이다. 성에 대한 올바른 성서적인 이해 없이는 미혼의 젊은이들이나 결혼해서 살고 있는 부부들을 바르게 도울 수 없다. 성에 대한 이해는 하나님의 창조 섭리에서 찾아야 한다. 창세기 2장에, 남자를 먼저 창조하신 하나님께서 그가 홀로 외로워하는 것을 보시고, "사람이 홀로 있는 것이 좋지 않다."고 말씀하시면서 그의 배필을 지어 주셨다. 이는 하나님의 창조 가운데 어느 것도 그 자체만을 위해 존재하지 않고 서로를 위해 창조되었음을 의미한다. 그래서 하나님은 외로운 남자에게 동반자 여자를 창조해 주셨던 것이다. 그때 이 여인을 본 아담은, "이는 내 뼈 중의 뼈요, 살 중의 살이라."며 감격의 탄성을 발했다. 그래서 남자와 여자는 서로 다르게 창조되었지만 서로 합해서 완전한 하나를 이루는 것이다.

두 남녀의 결합에 있어서 성은 친밀한 관계를 확립시켜 줄 뿐만 아니라, 모든 것이 소멸해 가는 세계에서 생명을 보존하는 역할을 수행한다. 창조설화에 의하면, 인류에게 성적 번식의 선물을 부여한 것은 하나님의 특별한 은혜였다. 인류의 성욕은 그 자체의 존엄성을 가지고 있다. 성(性)이 은밀하고 고상한 까닭은 이것이 하나의 생물학적인 기능이지만 구원의 계획을 수행하는 데 결정적인 역할을 하기 때문이다. 따라서 기독교인들은 선한 양심을 가지고 성적 본성을 향유하는데 전혀 죄의식을 가질 필요가 없는 것이다. 하나님의 모든 창조물처럼 성은 좋은 것이며, 감사하는 마음으로 받아 들이는 것이다.15)

한 마디로, 성은 하나님께서 우리 인간에게 허락하신 선물이요, 인간을 위한 하나님의 창조적 계획이다. 성을 통해서 하나님은 여러 가지 축복을 인간에게 주신다. 성서에서의 "둘이면서 한 몸"이라는 말은 단순히 남녀간의 성 관계만을 의미하는 것이 아니라, 혈연이나 가족관계를 깨뜨리면서까지 두 사람이 성취하는 절대적 결합을 표현한다.

성행위에 있어서의 전적인 헌신을 구약은 '알다' 라는 말로 표현하고 있는데, 이는 두 사람 사이의 깊은 인격적 만남이 성의 결합에서 이루어진다 것을 의미한다. 또한 성의 결합은 자기의 가장 깊은 곳을 사랑하는 사람에게 계시하는 것이다. 그런데 이렇게 성스러운 성을 사람들이 오용하기 시작했던 것이다. 성을 즐기는 것만으로 생각하고, 쾌락의 도구로 사용하는 사람들이 많아지게 된 것이다.

본래 성이란 육체적이면서도 영적인 요소를 포함하고 있다. 두 남녀가 한 몸이 된다는 것은, 두 몸과 두 마음과 두 영혼이 하나가 되는 것을 의미한다. 바로 이것이 인간의 성적 결합에서 바라시는 하나님의 목적이다. 성서는 이 두 사람의 종합적인 결합, 즉 영혼과 마음과 육신의 성적 결합이 일생을 함께 하는 결혼에서 이루어진다고 보았다.

이런 면에서 볼 때, 요즈음 사회에서 범람하고 있는 육체적이고 (마음도 영혼도 제외시킨) 이기적인 성은 하나님의 창조 목적에 위배되는 행위임이 분명하다.

(3) 성 의식의 발달

인간은 자신의 문제에 대한 깊은 통찰력을 갖는 순간부터 그 문제를 해결할 수 있는 능력을 갖기 시작한다. 자신의 성 문제를 가지고 고민하는 젊은이들이나, 그들의 성 문제를 돕고자 하는 사람들을 위해서 인간의 성 의식이 어떻게 변화되어 가는가를 설명하려고 한다.

인간이 가진 여러 가지 능력이 나이가 들어감에 따라 성장하듯이, 성에 대한 의식도 인간의 생활이나 경험, 그리고 성장의 과정을 통해서 서서히 눈을 뜨게 된다. 성 상담에 대해 오랜 경험과 지식을 가진 고든 레스터(Gorden Lester)에 의하면, 인간의 성 자각의식은 갑자기 얻어지는 것이 아니며, 또한 일정한 단계를 거친다고 해서 반드시 성장한다고 말할 수는 없다고 한다. 성 자각은 어느 단계에서 더 이상 성장하지 않고 중단되는 경우도 있기 때문이다.[16]

레스터에 의하면, 인간의 성 의식은 크게 3가지 단계로 발달하는데 성장과정, 일탈과정, 성숙과정이 그것이다.

1) 성장 과정

이 과정은 다시 4단계로 구분된다.

① 성적 발견(Sexual Discovery)

어린아이 시기로서, 자기 성기의 신기함을 발견하고 즐기면서 있는 그대로의 성을 보고 배우는 시기이다. 이때 성교육은 자연 그대로 두고 보며 그 반응을 보여주는 것이 바람직하고, 어린아이들의 행위를 제재하거나 방해하지 않는 것이 좋다.

② 호기심

아동 초기로서, 성기와 성에 대해 흥미와 의미, 매혹을 느끼기도 한다. 또한 자기의 성기와 이성의 성기에 호기심을 갖는가 하면, 남자와 여자의 성기가 다른 데도 호기심을 느끼는 시기이다.

이 시기의 성교육은 지적인 면보다는 정서적인 면에서 이루어져야 한다. 이때의 아이들은 호기심 있는 질문을 하면서 거기에 대한 성실한 대답을 요구하기도 한다. "엄마 나는 어디에서 왔어?" 등의 질문을 할 때, 논리 조로 대답하거나 웃어넘기거나, 또는 화제를 돌려버리는 태도는 바람직하지 못하다. 비교적 정중하게 잉태, 임신, 출산에 이르기까지 정직하게 설명해 주면 아마도 어린이는, "나는 다리 밑에서 주워 왔는 줄 알았지."라고 대답할지도 모른다.

③ 성 역할 놀이

이 시기의 어린이는 좀더 성장한 아이로서 호기심보다는 조금 강도 깊은 행동으로 넘어간다. 호기심에만 머무르지 않고 그 호기심을 충족시키려고 하는데, 비록 성적 감정은 못 느끼지만 성의 매혹적인 세계를 경험해 보고 싶어한다. 그래서 이 시기의 아이들은 놀이를 통해 갖가지 역할을 다 경험해 본다. 할아버지로부터 손자, 의사로부터 환자에 이르기까지 그 놀이를 통해 살아가는 모습과 성에 대해 배운다. 이때 주의할 것은, 어른이나 큰 아이들에 의해서 이들의 천진난만한 성 놀이가 방해받지 말아야 한다는 것이다. 이 시기에 성공적인 성 놀이를 경험하지 못하면 후에 성적인 면에 정직하거나 개방적이 되지 못한다.

④ 실험기

이 시기는 청소년기에 속한다. 이때는 피상적인 성에 대한 흥미에서 벗어나서 새로운 차원의 흥미와 호기심이 타오르기 시작한다. 신체적인 변화와 함께 전에는 경험하지 못한 환상과 감정을 느끼기 시작한다. 이러한 내적인 세계와 외적인 세계의 변화로 이들은 성급한 행동과 우울을 경험하게 된다. 이 시기의 청소년들은 성이 어떤 것인지 알고 싶은 압력을 느끼고, 성을 직접 시도하고 싶은 충동도 느끼게 된다. 이들에 대해서 부모나 상담자는 이제 새로운 차원의 지식을 습득할 필요가 있고, 이들에게 도움이 되는 지식을 제공하는 것 외에도 그들의 괴로움을 이해하고 동정해 줄 수 있어야 한다. 이 단계의 아이들은 지식만으로 문제가 해결되지 않기 때문이다. 이들에게는 성에 대한 자세한 설명이 필요하다. 이들이 자기의 성적인 본성이 어떻게 작용하는가를 깨닫게 되면 갈등과 죄책에서 해방될 수 있다. 특별히 이 시기의 청소년들에게는 아기를 잉태하고 출산하며 양육하는 데 대한 경외심을 불러일으킬 필요가 있다. 또한 아기를 잉태하는 일이 맹목적인 성적 놀이의 결과로서가 아니라, 사랑의 관계 속에서 이루어진다는 사실을 인식시켜야 한다. 그러나 이때 이들에게 주어지는 성의 지식이 너무 이념적이어서는 안된다. 사춘기는 어느 때보다도 성적 충동을 제어하기 힘든 때이기 때문이다. 이때 상담자는 이들이 생각하는 수음과 성교에 대해서 솔직한 대화가 있어야 한다.

이들에게 성에 대해 이야기하면서 성 자체가 수치스러운 것이라는 인상을 주어서는 안 된다. 그보다는 성은 극히 인간적인 힘이요, 내적 충동이라는 것을 인식시켜 주는 것이 현명하다. 특히 강한 성적 충동을 조절하는 데는 인내가 필요하고, 그것을 의미 있는 목적으로 전환시키는 데는 시간과 노력이 필요하다는 사실을 깨우쳐 주어야 한다.

필자의 상담 경험으로 보면, 이 시기의 아이들은 새로이 밀려오는 성적인 파도에 정신적으로 전혀 준비가 되어 있지 않기 때문에 치명적인 상처를 받을 수 있다는 것이다. 그리고 이들은 고민을 갖게 되었을 때 도움을 받을 수 있는 기회를 얻지 못하는 것이 대부분이다. 더욱이 이 시기의 아이가 성적 즐거움에 빠져 버리면 후에 죄책감 때문에 심하게 갈등하게 된다.

2) 일탈 과정

결혼의 계약과 선서가 없이 성적인 쾌락을 경험하는 과정이다. 우리나라에서는 여성보다 남성이 이런 경험을 많이 하는 것으로 나타나고 있다. 이것은 정도(正道)에서 벗어난 것이다. 다행히 정도를 벗어 났다가도 돌아오는 사람이 있기도 하지만 한 번 길을 잘못 들었다가 다시 헤어 나오지 못하는 사람들도 부지기수다. 이런 사람들은 십중팔구는 올바른 생을 살 수 없다.

일탈과정의 특징으로는 성의 남용을 들 수 있다. 성적 탈선을 범하는 사람들은 성을 자기가 해결하고 처리해야 할 내적 욕구로서 보기보다는 대인관계에서 해결해야 할 것으로 생각하는 경향이 강하다. 물론 대인관계에서 해결되는 수도 있겠지만, 자기의 내적 욕구를 자제할 수 없을 정도로 지나친 성생활에 빠져들면 자기 자신에게 혼란이 온다. 왜냐하면 이들은 성을 하나님의 창조 계획대로 즐기는 것이 아니라 자기의 욕구를 위해 남용하기 때문이다.

이런 아이들을 어떻게 도울 수 있는가? 먼저 이들과 따뜻한 인간관계를 수립해야 한다. 그리고 나서는 이들과 진정한 친구가 되어야 한다. 성적 탈선을 범하는 청소년들은 자기의 내면을 확장하려 하지 않는다. 이들은 특히 주위 사람들이 너무 권위주의적일 때 자기를 숨기려는 경향을 보이는데, 이때 믿을 수 있는 친구의 입장에 서 주면 그들을 도울 수 있다. 진정한 친구가 된 후에는 다음의 몇 가지 방법을 통해서 그들을 도울 수 있을 것이다.

① 자신의 인격적 가치관을 증진시키도록 돕는다.

즉, 자기 긍지를 느끼도록 도와주는 것인데, 자기 가치관에 확신을 가질 때, 자기가 성적 도구로 전락하는 것을 거부할 수 있다. 그러므로 상담자는 성적 탈선에 빠진 청소년들로 하여금 자신의 긍지와 재능과 많은 가능성들을 일깨워 주고, 자신에 대한 행복감을 느끼도록 도울 수 있어야 한다. 자기 자신의 가치에 대해 확신을 갖는 사람은 친구들과 어울려서 성적 허세를 부리지 않는다.

② 공동체와 어울리면서도 자신만의 개성을 갖도록 돕는다. 다른 사람에 의해서 자기의 사고와 행동이 결정되는 나약한 성격 대신에 강력한 개성이 필요하다. 이들에겐 일정 기간 준수해야 할 생활 원칙을 갖게 하는 것도 좋다. 분명한 자기 목표와 자기 존경심은 탈선의 길에서 벗어나게 하는 무기이다.

③ 이성과 우정관계에 너무 깊이 빠져들지 않도록 돕는다. 이성과 우정관계에서는 자칫 서로 상대방을 완전히 소유한 것처럼 구속하고 강요하는 경향이 있는데, 이런 식의 지나친 인간관계에 매이는 것은 현명한 일이 못 된다. 어느 한 사람보다는 많은 사람과 우정을 경험하는 것이 좋다. 소년 시절에 건전치 못한 서약이나 영원한 사랑을 약속하는 것은 망상일 수 있다. 서로에게 자유를 허락하는 독립적인 우정관계를 맺도록 노력하는 것이 좋다.

3) 성숙 과정

이 과정은 서로의 짝을 찾아다니던 젊은이들이 이제 사랑하는 대상을 만나 결혼하고 살면서 성을 성장시켜 가는 과정이다. 성숙과정에는 ① 선택과 약속, ② 충성의 미덕, ③ 예술의 단계가 있다.

이 성숙의 과정에는 하나님 앞에서 배필을 선택하고, 백년가약을 약속한 후 서로 간에 깊고도 신비로운 합일을 이루는 선택과 약속의 첫 단계가 있다. 두 번째로, 결혼한 부부로서 살아가면서 서로를 사랑하고 서로에게 성실함으로써 얻어지는 성의 충성과 미덕 단계가 있다. 그리고 다음으로, 두 사람의 사랑이 더욱 깊어지면서 성을 예술이라고 고백할 수 있는 예술단계가 있다. 마지막으로 모든 것을 다 이룬 다음 평온함을 느끼는 단계가 있다.

(4) 애정과 성의 표현

어느 날, 대학 3학년생인 김군이 필자에게 찾아왔다. 김군은 사회생활을 하다가 학교에 들어왔기 때문에 다른 학생들보다 나이가 조금 많았다. 김군의 문제는 자기가 사귀고 있는 여인이 싫어졌는데, 그 여인에게 상처를 주지 않고 어떻게 헤어질 수 있느냐 하는 것이었다. 왜 그 여인이 그렇게 싫어졌는지 특별한 이유가 있는가를 물었더니, 그는 한참 생각한 다음에 다음과 같이 말했다.

"어느 날 밤, 저와 애인은 제 방에서 음악을 들으며 낭만적인 이야기를 나누고 있었습니다. 사귄 지 1년이 훨씬 넘었지만 우리는 참 순수했었지요. 그런데 시간이 지나면서 그녀의 행동이 이상하리 만치 적극적으로 나왔습니다. 나도 처음에는 흥분을 느꼈지요. 그런데 그녀가 너무 적극적으로 접근해 오니까, 순간적으로 싫증이 느껴지더군요. 그 뒤로, 지금까지 그녀에게 갖고 있던 사랑과 존경심이 갑자기 사라지는 것을 느꼈습니다."

김군은 그 일이 있는 후부터는 도저히 그녀와 인격적인 만남을 가질 수 없었다고 했다. 그래서 헤어지기로 결단했다는 것이다. 결국 김군은 애인과 헤어졌다. 이들의 경우는, 한 편의 무리한 성적 표현이 헤어지는 원인으로 작용했다. 서로 사랑하는 사람들끼리는 만남이 깊어질수록 상대방의 육체에 매력을 느끼게 되는데, 어느 선에서 통제하지 않으면 더 깊은 경험을 원하게 되는 어려움에 빠지게 된다. 성이란 그 자체에 정신적인 의미를 내포하고는 있지만, 육체적 기능과 밀접하게 관련되어 있는 때문이다.

그렇다면 이런 육체적인 애정의 표현이 어디까지 허용되어야 하는가? 이에 대한 정확한 대답은 무리이겠지만 당사자들이나 이들을 지도하는 사람들은 상식선의 대답은 갖고 있어야 할 것으로 생각된다. 기본

상식도 없이 무리하게 감정을 표현한다든가, 마음의 준비는 전혀 없이 애정만 가지고 사람들과 만난다면 예기치 않은 문제들이 발생할 수 있다.

사랑하는 사람들이 서로 키스를 하는 것을 나쁘다고 이야기할 사람은 아무도 없을 것이다. 그러나 남녀 관계의 기본상식이나 마음의 준비가 없는 상태에서는, 한 번의 키스는 또 다른 키스를 초래하고 결국엔 육체적인 결합까지 초래할 수 있다. 애정의 강도가 깊어지면 신체적인 변화가 일어나게 되는데, 심장의 고동이 빨라지고 혈압이 오르며 혈압 속의 아드레날린이 증가한다. 이러한 몸과 마음의 흥분은 정상적인 사고능력을 마비시켜 자칫 성의 신성성을 파괴시키고 만다. 젊은이들은 서로를 사랑하기만 하면 결혼 전에 성 관계를 맺어도 좋다고 생각하는 경향이 있다.

이들에게 묻고 싶은 것은 결혼 전의 성교가 진정으로 그들 미래의 삶을 더욱 의미있게 하겠는가이다. 그리고 성급하게 상대방에게 성적인 관계를 요구함으로써 참 사랑을 얻을 수 있겠는가, 또 결혼을 약속할 수 없는 사람들끼리 맺는 성적인 결합을 과연 사랑이라고 할 수 있을 것인가를 묻고 싶다.

하나님을 믿는 신앙 안에서 서로 사랑했던 사람들 가운데서도 결혼 전에 성적인 결합을 가졌기 때문에 스스로와 배우자에 대한 존경심이 손상되었노라고 고백하는 사람들이 많다. 혼전 성관계가 어떤 사람에게는 심한 죄책과 불안 그리고 증오심까지 동반해서 결혼 후까지 연장되는 경우가 있다. 구애 기간이나 결혼 직전에 있는 사람들에게 '적당한' 거리를 유지하라고 주문한다는 일이 어려운 줄은 알지만 더 깊은 사랑을 위해서 서로간에 육체적 접촉을 적당히 하는 것이 현명하다. 자기의 감정을 적당히 조절할 수 있는 사람만이 진정한 사랑을 얻을 수 있는 것이다. 교제 기간에 '적당한' 선을 지키기는 어렵지만, 피차간에 정직과 선한 노력으로 진정한 사랑을 이루어 가야 할 것이다.

1) 연인을 대하는 태도

두 사람의 연인이 갖는 애정의 성실도를 알아보기 위해서는 서로 상대를 기본적으로 어떻게 대하고 있느냐를 보면 될 것이다.

어떤 사람은 상대에게서 무엇을 얻을 수 있는가에 관심을 가질 수 있다. 이런 사람은 상대가 가진 어떤 것에 흥미가 있을 뿐이지, 인간 자체에는 관심이 없다. 이런 태도를 갖는 사람은 상대를 사랑하는 것 같아도 사실은 물건을 대하고 있는 것이며, 자신의 이기적인 목적을 이루기 위하여 상대를 이용하는 것이다. 상대방의 미모를 보고 사귄다든가, 집안이나 재력, 권력 등을 보고 사귀는 경우가 모두 여기에 속한다고 할 수 있다.

이와 반대로, 진정한 인간으로서 연인을 맺는 사람이 있는데, 이들은 자기 자신처럼 상대방도 한 인격체로 대한다. 상대의 부분적인 면만을 보지 않고 그의 전인간적인 매력을 보는 것이다. 사귀고 있는 사람에게서 가장 흥미로운 부분만을 보는 사람은, 상대가 나를 위해서 무엇을 해 줄 수 있는가에만 관심을 갖는 사람이기 때문에 진정한 사랑을 하지 못한다. 그런 사람은 상대를 이용하려는 지극히 자기 중심적인 삶의 태도를 가지고 있다. 이런 사람은 자신이 원하는 것을 상대방이 갖고 있을 때에만 접근한다. 따라서 상대방이 이용가치가 없어졌을 때는 그에 대한 흥미도 잃게 된다. 흥미를 잃었다기 보다는 아예 처음부터 흥미를 가져본 적이 없다고 말하는 편이 옳을 것이다. 이런 태도는 의식적인 경우도 있지만 무의식적인 경우도 많다. 즉, 그런 태도가 성격적으로 굳어져서 자기 자신도 모르는 사이에 나타나기도 하는 것이다. 이런 사람은 진실로 사랑하는 것처럼 행동하다가도 소기의 목적을 이루면 태도를 바꾸어 버린다.

2) 애정 표현과 성격

남녀가 사귀는 동안에 서로 손을 잡을 수도 있겠으나 적당히 선을 유지하고 자기의 행동과 상대방의 행동을 제한할 줄 알아야 한다. 그렇지만 남녀 관계에서 '적당한' 선을 지킬 수 없는 성격적 결함을 가진 사람들이 가끔 있다. 대개 이런 성격의 사람들은 자라온 가정환경에서 영향을 받는 경우가 많다.

부모가 화목하지 못하고 자주 다툰다든가, 자식을 대할 때 신경질적으로 대하는 부모를 가진 사람들이 애정 관계에서 적당한 선을 지키지 못하는 경우가 많다. 이러한 사람들은 애정관계를 육체적인 접촉을 통해서 확인하려 하고, 그것도 지나치게 굶주린 사람처럼 성급하게 하는 경우가 많다.

여기에서 한 20세 여인의 고민을 들어 보기로 하자.

"선생님, 저는 2년 가깝게 한 남자와 교제를 하고 있습니다. 그런데 저는 애인의 손길이 내 몸에 닿기만 하면 얼마 가지 않아서 나의 감정을 조절할 수 없을 정도로 흥분하고 맙니다. 그러다 보니 자연히 깊은 관계에까지 들어가는 일이 자주 있습니다. 처음에는 내가 그를 너무 사랑하기 때문이라고 생각했지만, 요즈음은 그렇지도 않은데 만나면 서로의 몸이 부딪치는 것을 그리워하게 되고, 그러다 보면 역시 흥분을 하고 맙니다. 요즈음엔 제 자신이 비정상이 아닌가 하는 생각이 듭니다."

이 여인의 경우는 체질적인 면도 있겠으나, 자라온 배경의 영향이 크다.

그녀는 성에 대한 것이라면 무조건 절대 금기시하는 집안에서 자랐다. 그녀는 어린 남동생의 성기를 보고 있다가 호되게 매를 맞기도 했다. 또한, 부모들 사이도 너무나 냉랭해서 서로간에 애정이 오고가는 모습을 본 적이 없다.

흔히 어린아이 때에는 자신의 몸과 다른 아이의 몸에 대해 흥미와 호기심을 갖게 된다. 그런데 어른들의 심한 제지나 충격적인 꾸지람 등으로 통제를 받으면 사춘기나 청년 무렵에 이성의 몸과 접촉하고 싶은 강한 충동으로 나타난다.

성에 대한 상담자이자 신학자인 흄(Hume)에 의하면, 어린아이 시절에 사랑의 기본 욕구를 충족하지 못한 젊은이들은 사랑의 관계에서 육체적인 성의 표현으로 만족을 얻어보려는 경향이 강해진다고 한다.[17]

즉, 어렸을 때 채우지 못한 어떤 욕구를 성적 관계에서 채우려는 욕망이 있는 사람은, 다른 사람을 자기 욕구 충족의 수단으로 이용할 수 있는 가능성이 있다는 것이다.

3) 남녀의 성적 흥분의 차이

하나님은 성적 욕구가 여자보다는 남자가 더 빨리 일어나도록 창조하셨다. 예외가 없는 것은 아니지만, 주로 남자가 여자보다 성적으로 훨씬 더 빨리 촉발한다는 것을 모든 미혼 여성은 알고 있을 필요가 있다. 그 반면에, 일단 두 사람이 모두 흥분상태에 접어들면 여자의 흥분감이 남자보다 더 확산되기 때문에 조절하기가 더 어렵다는 사실도 알아야 한다. 즉, 초기에는 남자가 여자보다 더 빨리 흥분하지만, 나중에는 여자가 더 흥분하여 판단능력을 잃게 된다는 것이다.

4) 임신의 가능성

결혼 전에 성적인 결합으로 임신이 되었다고 상상해 보자. 한 인간은 잉태부터 시작된다고 할 수 있는데, 모태에서부터 편안한 분위기 가운데 자라야 할 권리가 있는 아이가 불안과 수치감으로 좌불안석인 어머니에게서 어떻게 잘 성장할 수 있겠는가? 인간은 하나님의 창조물 가운데서도 가장 고귀한 창조물이다. 그런데 결혼에 대한 준비도 없이 임신이 된다면 어떻게 되겠는가? 또한 임신한 여인의 마음은 얼마나 불안하겠는가?

한 아동심리보고서에 의하면, 태아 때부터 어머니의 마음과 영양의 섭취가 아이에게 중요한 영향을 미친다고 한다.

마음과 정신이 육체에 미치는 영향을 깨닫는다면, 산모의 정서가 태아에게 미치는 영향을 잘 알 수 있을 것이다.

만일 이런 경우에 아이가 태어났다고 생각해 보자. 성장한 후에, 자기 부모가 결혼도 하기 전에 자기를 낳았다는 사실을 듣고 상처를 받을 것이다. 반면에, 자기 부모가 자기를 낳기 위해 정성스럽게, 그리고 오랫동안 기도하는 가운데서 수태하고 해산했다는 사실을 듣게 되는 아이는 자기 자신에 대해서 얼마나 큰 긍지심을 갖게 되겠는가!

지금까지는 혼전 임신과 해산의 경우를 다루었다.

다음은, 낙태 수술의 경우를 살펴보기로 하겠다. 낙태수술의 경우에는 더욱 처참하다. 산모의 건강도 문제이지만 이미 한 생명으로 형성된 태아가 죽어 나올 때의 상황은 상상하기조차 끔찍스러울 정도다. 태아는 모태로부터 적출되어 처참하게 살해된 다음 쓰레기통에 버려진다. 한때의 쾌락이 이토록 끔찍한 결과를 초래할 수도 있는 것이다.

그러므로 성충동이 유달리 강한 젊은이들은 이러한 결과를 염두에 두고 행동해야 한다. 낙태 수술이 얼마나 비참한 결과를 낳는가를 알아보려면 카톨릭 의대 맹광호 교수가 보여 주는 낙태 현장 사진들과 이야기를 참고하기 바란다. 그리고 수술 후에 산모가 겪어야 할 심리적이고 신체적인 상처와 영적인 상처를 깊이 생각해 보아야 한다.

5) 결단의 필요성

사랑하는 사람들끼리 성적인 유혹을 느끼는 것은 아주 자연스런 일이다. 그러므로 두 사람의 마음의 자세가 중요한데, 이에 대하여 몇 가지 생각해 보고자 한다.

첫째로, 우리는 인간이다. 우리는 모두 성적으로 극단까지 갈 수 있는 가능성을 가지고 있다. 하나님께서 이 욕구를 우리에게 은총으로 창조해 주셨음을 인정하자. 그러나 육체적인 성적 욕구가 우리를 이끌어 가도록 방치해 두어서는 안 된다. 그에 따른 심각한 문제들이 발생하기 때문이다. 그렇지만 인간적인 의지력만 가지고는 유혹을 회피하기가 힘들다.

둘째로, 우리는 하나님 앞에 서 있는 개인적인 존재이다. 연애 기간은 남녀 한 쌍이 인격적이고 영적인 관계를 통해 하나님이 원하시는 인간으로 성장해 가는 기간이다. 그러므로 이 기간에 자신을 방종에 내맡기면 하나님 앞에서 고유한 인간성을 상실할 가능성이 있다. 즉 하나님 앞에서 책임 있는 인간으로 살 수 없게 되는 것이다.

셋째로, 남녀가 맹목적인 애정만을 가지고 만나서는 안 된다.

둘이서 만나는 동안 해야 할 일들을 미리 계획할 필요가 있다. 계획 속에는 애정 표현의 한계를 정해 두는 것이 좋다. 계획이 없는 만남은 강렬한 애정 표현으로 모든 것을 때우려 하는 경향이 있다.

(5) 성 상담을 위한 제언

1) 상담에 있어서 바람직한 태도는 성에 대한 부정적인 생각을 버려야 한다는 것이다. 성은 하나님의 창조계획에 의해 창조된 선물로서 인간에게 위임된 성스러운 기능이다. 인간의 성이 하나님의 자기 계시의 한 형태임을 이해해야 한다. 그러므로 성은 인간생활의 거룩한 측면으로 존중되어야 한다. 상담자는 내담자로 하여금 성의 가치를 발견케 하고, 성에 대한 감수성을 증진시켜 줄 수 있어야 한다. 그러나 종교적인 면에서, 또는 가정에서, 성의 부정적인 측면만을 듣고 자란 사람들은

성장해서 성적으로 탈선하는 경향이 많다. 어린아이 때부터 성이란 더럽고 위험한 것이므로 무조건 멀리해야 된다는 강압적인 교육의 영향이 오히려 그 반동의 결과를 초래하기 때문이다. 그러므로 교회에서는 예방적 차원에서 올바른 성교육을 실시하는 것이 좋다고 본다.

2) 상상력이나 지력이 훈련에 의해 향상될 수 있듯이 성의 능력도 개발할 수 있다. 성의 능력을 단순히 쾌락적인 욕구를 충족시키는 것으로 오해하면 안 된다. 오히려 성의 진정한 능력은 긴밀한 사랑의 인간관계에서 촉진되는 것이다. 이것은 적당한 통제하에서 상호간의 헌신을 강화하면서 개발되는 것이다.

3) 성 상담에서 주입식이나 강의식, 또는 권위적인 대화는 피상담자에게 도움을 줄 수 없다. 성에 대한 대화는 경험적인 내용을 포함할 때 효과적이다. 왜냐하면 성이란 경험에서 얻어지는 것이기 때문이다. 성에 대해서 이야기할 때 그들의 실수를 너무 두려워한 나머지 그들의 사고와 행동을 변화시키려고 설득하는 사람들이 많은데, 이러한 태도는 문제를 더욱 악화시킬 수 있다. 오히려 성이 무가치하고 두려운 것이라는 인상만을 주기 쉽다.

상담인이 성은 귀중한 것이며, 그렇기 때문에 책임있게 처리해야 한다는 것을 일깨워 주면 그들은 성에 대해 건전한 견해를 갖게 될 것이다.

가장 바람직한 성교육은 부모와 자녀 사이에서 이루어지는데, 우리나라에서는 아직도 이 부분이 취약하다. 어머니는 아들과 이런 대화를 나눌 때 아들이 여성을 잘못 이해하지 않도록 솔직하게 설명해 줄 수 있어야 하고, 아버지는 딸과 함께 남자가 여자를 대하는 좋은 태도와 나쁜 태도에 대해서 이야기할 수 있어야 한다. 성에 대해 대화할 때에는 자신의 젊은 시절을 상기하면서 이야기하는 것이 효과적이다. 왜냐 하면 그들 수준으로 내려가서 대화할 때 그들이 쉽게 받아들이기 때문이다.

4) 청소년들은 성과 신체의 기능에 대해서 잘 알지 못하기 때문에 성교를 무슨 기계적인 작동처럼 생각하는 경향이 많다. 그래서 이들은 임신이 되어도 자신이 처한 상황을 잘 인식하지 못한다. 이런 청소년들에게 성에 대해 올바른 지식을 전달하는 일은 시급하고 절실하다.

5) 청소년 성 문제에 관심을 가지는 기관이나 교회, 그리고 부모나 상담자들은 이들이 어느 때에 가장 쉽게 성의 쾌락에 자신을 내맡겨 버리는지를 알고 대처해야 한다. 청소년이 성적으로 탈선하는 것은 위기에 처했을 때이다. 개인적으로나 가정적으로 심각한 위기에 처하게 되면 감수성이 예민한 청소년들은 정상적인 사고를 하기 어렵고 될 대로 되라는 식의 자포자기 심리에 빠지기 쉽다.
  오늘날의 청소년들이 성적으로 탈선하는 이유를 몇 가지 든다면 다음과 같다.

① 학업의 실패
② 가정의 유대 관계 파괴. 즉 부모가 이혼하거나 한쪽 부모의 사망으로 충격을 받았을 때 아이들이 탈선하는 경향이 많다.
③ 가정에서나 학교에서 위기를 당했음에도 불구하고 아무에게서도 심리적 도움을 받을 수 없을 때. 즉 자기의 아픔을 나눌 사람이 아무도 없을 때 탈선하기 쉽다.

6) 교회 지도자나 부모, 선생 및 상담자들은 이러한 위기에 놓여 있

는 청소년들을 빨리 발견하여 도움의 손길을 펼쳐야 한다. 그때 그들은 하나님 앞에서 올바른 생을 살아갈 수 있을 것이다.

결혼 위기 상담

1. 부부 갈등
2. 결혼의 위기와 궁합
3. 만남의 주기
   – 사랑은 파도를 넘어서 오는 것
4. 사랑의 활력소
5. 이혼 위기와 상담

부부 갈등

　우리가 겪는 대부분의 위기는 인간관계 안에서 일어난다. 그 관계가 밀접하면 밀접할수록 스트레스와 갈등이 발생할 가능성은 높아진다. 특히 부부관계는 그 어느 관계보다도 친밀하고 강렬하며 커다란 의무와 책임이 따르기 때문에 극복하기 힘든 위기가 끊임없이 밀려오기 쉽다.

　부부 관계는 심리적, 사회적, 경제적 자원 뿐 아니라 정서적인 능력을 필요로 한다. 하지만 이와 같은 능력을 기르는 일에 관심을 기울이는 사람은 별로 많지 않다. 전문직에 종사하기 위해서도 5년 내지 10년의 교육을 받아야 하는데도 말이다. 예를 들어, 간호사나 약사가 되기 위해서는 4년간의 전문적인 교육이 필요하다. 어떤 기술을 배울 때에도 견습공으로 수년동안 열심히 일해야만 한다. 그러나 '결혼 교육'은 대부분 호르몬 샘의 자극을 받고 성적 충동에 몸을 맡기는 것으로 끝내 버린다. 물론 많은 사람들이 결혼을 막중한 대사로 여기고 있기는 하지만, 부부관계를 공식적으로 신중하게 연구할 수 있는 기회는 전혀 주어지지 않고 있다.

　필자가 수년 동안 결혼상담을 해 오면서 늘 놀라움을 금치 못하는 사실은, 아무런 준비 없이 결혼생활을 시작하는 것에 비해서는 의외로 많은 부부들이 별 문제 없이 잘 살아가고 있다는 점이다.

결혼상담을 하면서 발견한 또 다른 사실은, 위기가 특정한 어떤 사건에 의해 우연히 일어나는 것이 아니라, 나쁜 조건들이 쌓이고 쌓여서 필연적으로 발생한다는 것이다. 이때 부정적인 반응들이 무의식적으로 뒤따르게 됨은 물론이다.

남자와 여자는 결혼에 대한 기대가 서로 다르다. 예비부부를 위한 집단상담에 참여해 본 사람이라면 이러한 사실을 절실하게 느꼈을 것이다. 이때 모든 예비 배우자들이 결혼을 통해서 얻고 싶어하는 상대방의 욕구가 자신의 생각과 너무 달라서 당황하고 놀라워한다. 그 이유는 아마도 가정교육과 자라온 배경이 서로 다르기 때문일 것이다.

대부분의 예비부부들은 상대방의 기본적인 관심과 욕구를 이해하려는 노력도 없이 무턱대고 결혼하려는 것처럼 보인다. 이 때문에 상호 교통과 이해가 전혀 이루어지지 않아서 커다란 위기를 초래할 가능성이 있다.

돈 문제로 서로 다투다가 심각한 갈등으로 발전하는 경우가 많기 때문에 대부분의 부부들은 돈이 자기들 문제의 원인이라고 생각한다. 이런 경우, 남편이 돈을 충분히 벌어오지 않는다든가 아내의 씀씀이가 너무 헤프다는 등의 그럴 듯한 이유들이 얼마든지 있다. 하지만 대부분의 경우에 돈 문제는 부차적인 문제일 뿐, 진정한 원인은 다른 곳에 있을 가능성이 높다.

D씨 부부는 돈 문제로 늘 싸우다가 헤어질 지경에 이르렀다. 그러나 상담을 통해서 밝혀진 사실은, D씨의 부인이 성적으로 자신을 만족시켜 주지 못하는 남편에게 늘 불만을 품고 있었던 데에 있었다. 남편이 그녀의 성적 욕구에 무관심하고 성에 관한한 매우 이기적이라는 것이었다. 그들은 이 문제를 놓고 솔직하게 이야기할 수가 없었다. 그 무렵

부인은 비싼 물건을 마구 사들이는 것보다 남편을 더 화나게 하는 일은 없다는 것을 발견하게 되었다. 그것을 본 남편이 야단을 칠 때마다 부인은 싼 것이 비지떡이라고 응수하였다. 게다가 부인은 현금은 조금 내고 나머지는 모두 외상으로 달아놓음으로써 남편에게 될 수 있는 대로 무거운 짐을 지워 주었다.

이 사례는 성적인 문제가 근본적인 원인이기 때문에 이를 먼저 해결해야만 금전적인 갈등도 해소될 수 있다. 그때 이로 인해 발생한 위기도 사라지게 될 것이다.

성격이 부부의 위기에 결정적인 역할을 하는 경우도 많다. 흔히 성격은 좋다, 나쁘다, 지혜롭다, 미련하다 등으로 질적으로 평가되기 쉬운데, 여기에서 말하는 성격이란 상대방의 감정을 알아채고 이해하며, 적절히 반응하는 감정이입 능력을 의미한다.

앞에서도 언급했지만, 극심한 성격장애로 시달리는 사람들은 좋은 배우자가 되기 힘들다. 그들은 배우자에게 좌절이나 실망을 안겨줄 뿐인데, 그 이유는 상대방의 욕구나 필요에 둔감하고 감정을 서로 나누지 못하는 등 인간관계에 대한 기술이 극도로 결핍되어 있기 때문이다. 이들은 누군가와 더불어 함께 사는 삶이 불가능하다.

정상적인 사람은 자신의 진정한 모습을 솔직하게 드러낼 수 있는 인간관계를 갈망한다. 아마도 우리의 마음 깊은 곳에 뿌리내리고 있는 가장 중요한 욕구의 하나가 바로 자기 자신만큼이나 소중한 사람을 찾아서 자신의 몸, 생각, 열망, 희망, 공포 등 모든 것을 열어 보여 주고 그의 모든 것을 자신의 것으로 만들고 싶은 욕망일 것이다. 이처럼 심오한 관계를 맺는 능력이 가장 찬란하게 꽃피우는 곳이 바로 부부관계이다. 정상적인 남녀가 엄숙한 서약을 통해서 한 가정을 이루는 결혼은, 자신의 삶에 가장 중요한 사람과 한 몸, 한 마음 그리고 한 영혼이 되고 싶다는 깊은 욕구가 반영된 것이다.

결혼은 이처럼 바라는 것이 크기 때문에 따르는 위험 역시 매우 심각하다. 속속들이 열어 보여 준 자아는 치명적인 상처를 받을 수 있다. 신뢰와 상호 의존에 대한 기대가 흔들리거나 무너지게 되면 부부는 반드시 위기에 빠지게 된다.

결혼이 기나긴 생의 과정인데도 불구하고, 순간적인 사건으로 보는 낭만적인 생각 때문에, 좌절과 실패를 경험하는 부부도 적지 않다. 인간은 살아서 움직이며 변화하는 존재이다. 그래서 우리의 삶은 정지하는 일 없이 끊임없이 변해 가는 것이다. 이와 같이 둘이서 함께 나누는 체험은 두 사람 모두의 삶에 커다란 영향을 미친다.

우리의 인격도 다양한 영향을 받아 끊임없이 변해간다는 사실을 잊어서는 안 된다. 부부의 위기는 자기 성찰과 성장을 위한 좋은 기회가 될 수 있다. 위기의 극복을 위해 적응을 하는 동안 이제까지와는 다른 새로운 자기 실현을 이룩할 수도 있다. 부부가 함께 노력하고 이해함으로써 지금까지 헛된 환상으로만 여기고 포기해 왔던 성적 만족의 극치에 도달할 수 있다. 그리고 관심이 서로 일치하는 부분들을 발견하여 부부 공동의 취미를 개발한다면 더욱 가까워질 수 있을 것이다.

또 상대를 있는 그대로 받아들인다면, 삶의 보다 풍요롭고 새로운 영역들에서 강하면서도 부드럽게 원만한 발달을 이룩해 갈 수 있다. 돈은 부부가 함께 원하는 목적을 위해 지혜롭게 사용되어야 한다. 과거의 관습이나 다른 사람들과의 관계도 부부의 삶을 보다 풍부하게 하는 자원이 될 수 있다. 어린 시절의 경험을 절대적인 표준으로 삼아 배우자의 행동을 맹목적으로 비판하는 태도를 버리고 상호 이해와 조화를 이룩해야만 한다.

자신의 고유한 가치를 인정받는 가정에서는 무한한 성장이 가능하다. 사랑이란 늘 함께 있으면서 서로에게 의존하는 것만을 의미하지는 않는다. 진정한 사랑은 상대가 홀로 서는 것을 기뻐하며, 함께 있으면서도 상대를 얽어매지 않는 성숙한 경지이다.

  부부가 함께 살다보면 각종의 위기가 찾아오기 마련이다. 이때 더러는 그 위기를 극복하지 못하여 파경에 이르기도 한다. 하지만 근본적으로 부부관계는 위기를 통해서 성장할 수 있는 자원과 능력을 지니고 있다. 그리고 결혼으로부터 거의 아무것도 기대하지 않는 사람들도 있는데, 이는 경계해야 할 태도이다. 이런 경우에는 그들의 생각대로 초라하고 무미건조한 부부 관계를 초래한다. 반면에, 결혼을 마치 요술방망이로 착각하는 사람들도 있다. 이런 사람들은 상대로부터 터무니없이 많은 것을 기대하기 때문에 불행해진다. 우리는 대부분 결혼생활에다 감정이나 이성의 에너지를 엄청나게 투자하면서 산다. 그러므로 이 에너지를 효율적으로 사용한다면 원만한 부부관계는 물론 우리 삶의 다른 부분에서도 커다란 활력을 얻게 될 것이다. 탄탄한 부부관계를 통해서 축적된 자원과 능력은 끊임없이 다가오는 다른 위기들을 멋지게 극복해 낼 수 있게 도구가 될 것이다.

  결혼생활은 이렇듯 우리 삶의 일부로서 때로는 기쁘고, 때로는 슬픈 온갖 경험들을 통해 자아 실현을 이루어 가야 하는 소중한 과정이다.

결혼의 위기와 궁합

(1) 사랑의 연분

수많은 사람들이 부부의 인연을 맺고 살아가고 있지만, 두 사람의 연분이 꼭 들어맞는 부부는 극히 드물다. 우리 모든 사람에게 꼭 맞는 연분이 어딘가에 있는 것은 사실이나, 그 사람이 어디에 있는지 찾아내지 못한 채 어느 정도 마음에 드는 상대를 만나면 결혼하는 것이 우리의 현실이다. 그래도 결혼해서 살다보면 미운 정 고운 정이 들어 무난한 한 쌍의 부부가 된다. 이런 점에서 성격이 꼭 맞는 사람을 만나 언제나 사랑을 느끼는 부부는 행운아가 틀림없다.

결혼한 두 사람 사이에 성격이 맞는다는 말은 무엇을 의미하는가? 그 성격들은 어디에서 비롯되고 결혼생활에 얼마나 큰 영향을 미치는 것인가? 또 성격은 변화될 수 있는 것인가?

필자는 결혼한 부부가 되기 이전의 성격과 이후의 성격을 분리해서 생각하고 싶다. 우리는 흔히 무난한 성격을 가진 사람들이 결혼생활에서는 잘 어울리지 못하는 것을 본다. 뿐만 아니라 모가 난 성격의 사람이 결혼생활에서는 무난하게 지내는 경우도 흔히 볼 수 있다. 그런 면에서 일반적인 개인의 성격과 결혼생활을 하는 부부 사이에서 나타나는 성격은 서로 다르다고 볼 수 있다.

필자는 부부 사이에 나타나는 성격을 결혼의 틀이라고 부르고 싶다. 사람은 누구나 자신만의 결혼의 틀을 가지게 되는데, 이 결혼의 틀이 잘 맞느냐 아니냐에 따라서 결혼생활의 행복이 좌우되는 것이다. 그렇다면 결혼생활에 큰 영향을 미치는 결혼의 틀은 어떻게 형성되는 것일까?

(2) 사랑과 신뢰감

사람의 성격형성에 가장 중요한 시기는 태어나서부터 5-6세까지라고 프로이트의 이론에 근거를 둔 정신분석 심리학자들은 주장한다.[1] 이 정신분석이론이 절대적인 진리는 아니지만 많은 경우 상당한 타당성을 가지고 있는 것은 사실이다. 갓 태어난 어린 아기에게는 어머니가 이 세상의 전부이다. 자기의 전부인 어머니에게 신생아는 자기 나름대로 말을 한다. 배가 고프면 울음으로 말하고, 기저귀가 젖었을 때에도 울음을 통해서 그것을 갈아달라고 말한다.

어머니가 필요할 때 어린아이가 우는 것은 어머니에 대한 자기의 요청이요 희망과 기도이다. 이러한 어린이의 요청과 희망, 기도에 어머니가 적당히 반응을 보여 주면 어린이의 무의식 속에 신뢰의 성격이 자리를 잡게 된다. 어린이의 무의식 속에 형성되는 내용을 더 자세히 설명하면 다음과 같다.

"내가 어려움을 해결해 달라고 요청했더니 그 요청을 들어 주었다."
"내가 희망했더니 그 희망이 이루어졌다."
"내가 내 어려움의 해결을 기도했더니 그 기도가 이루어졌다."
이런 내용을 다른 말로 바꾸어 표현하면, "나는 하나의 귀중한 존재로 존중을 받고 있다."이다. 이런 의식 속에서 자란 사람은 자기 자신에 대해 확신을 갖는 성격의 소유자가 된다. 그는 자기에게 사랑의 반응을 보여 주는 어머니를 신뢰하게 되고, 이 신뢰의 느낌은 성장하면서 다른 사람들에 대한 신뢰로 연장된다. 연장된 그의 신뢰감은 결국에는 이 세상에 대한 신뢰로까지 확장된다. 이렇게 형성된 성격은 결혼 후에 상대를 신뢰하는 바탕이 된다.[2]

만일 유아기에 그의 요청과 희망과 기도가 어머니로부터 거부당한 사람이라면, 자신과 타인을 믿지 못할 뿐만 아니라 살고 있는 세상까지도 신뢰하지 못하는 성격을 소유하기 쉽다. 이러한 불신의 성격이 결혼생활에까지 연장되었을 경우 그 결혼은 불행한 것이 될 수 있다.

(3) 첫 사랑의 시기

결혼생활의 틀을 형성하는 시기는 3세부터 5, 6세까지인데, 이때는 인간이 태어나서 처음으로 이성간의 사랑을 느끼고 경험하는 시기이다. 이 첫사랑의 진행과정에서 장래 결혼의 틀이 형성된다. 이 시기의 첫사랑은 자식과 부모 사이에서 이루어지는데, 남자아이는 어머니를 상대로 이성간의 사랑을 느끼게 되고, 여자아이는 아버지를 상대로 이성간의 사랑을 느끼게 된다고 한다.

그런데 이 첫사랑에 큰 장애물이 나타난다. 즉 남자아이는 어머니를 사랑하는 또 하나의 강한 라이벌인 아버지가 있다는 사실을 의식하게 되는 것이다. 그러니까 아들과 어머니 그리고 아버지 사이에 사랑의 삼각관계가 형성되는 셈이다.

아들의 입장에서 볼 때, 사랑의 라이벌인 아버지를 자기 힘으로는 도저히 감당할 수가 없다. 그런 아버지가 어머니를 소유하고 있는 것이다. 어머니를 독점하고 있는 아버지가 아들에게는 위대하게 보여진다.

그래서 아버지를 이 세상에서 제일 힘 센 사람으로 존경하게 된다. 물론 이러한 사고 형성과정은 논리적이고 이성적인 사고에 의해서 되어지는 것은 아니다. 이것은 무의식 가운데서 이루어지는데, 이때 형성된 의식은 먼 훗날 자신의 결혼생활에 지대한 영향을 미치게 된다.

이 시기에 아들은 강하고 위대하게만 보이는 아버지를 모방하게 된다. 어머니의 사랑을 얻는 길은 아버지와 같은 사람이 되어야 한다는 생각이 아버지를 모방하려는 심리구조를 갖게 하는 것이다. 여하튼 아들은 아버지의 모든 태도를 모방하는데, 그 중에서도 특히 아버지가 어머니를 대하는 태도를 모방하게 된다.[3]

아버지가 어머니를 사랑하고 존경하며 위해 주는 남편이라면, 그 아들도 남편이 되었을 때 아버지의 태도를 모방하게 된다. 물론 남자로서 이성인 여자에게 대하는 태도도 모방하게 된다. 이것이 바로 아들의 결혼생활의 틀인 것이다. 그러나 불행하게도, 아버지가 어머니를 무시하고 사랑하지 않는 폭군 스타일의 아버지 아래에서는 현명한 남편이 나오기 힘들다. 어렸을 적 결혼의 틀이 잘못 짜여진 때문이다. 물론 교육과 훈련을 통해서 문제의 해결이 가능하지 않은 것은 아니지만, 어릴 때 서로 사랑하는 부모의 모습을 보지 못하고 자란 사람이 결혼생활에서 샘솟듯 하는 부부간의 사랑을 느끼기는 쉬운 일이 아니다. 사랑이란 저절로 솟아 나올 때 자연스럽고 힘이 있는 것이지, 이성적인 노력으로는 뜨거운 정을 느낄 수 없다.

남자아이는 또 아버지의 태도만을 모방하는 것이 아니라 어머니가 아버지를 어떻게 대하는가를 보면서 여성상을 정립하게 된다. 아내가 남편을 대할 때는 어떤 태도를 가져야 한다는 아내의 상까지 무의식 가운데 형성되는 것이다. 그리고 그것이 먼 훗날 그의 결혼에 지대한 영향을 끼침은 물론이다. 그런 사람은 자기 어머니가 아버지에게 대하는 태도와 똑같을 것을 아내에게 기대하고 요구한다. 이러한 결혼의 틀은 순전히 무의식적으로 이루어지는 것이다. 만일 아들이 첫사랑의 과정에서 어머니의 거부를 받게 된다면, 즉 어머니가 사랑으로 감싸주지 않고 무시하거나 비웃고 지나치게 냉정하게 대한다면, 여자를 쉽게 신뢰하지 못하는 성격을 갖게 될 수 있다. 또한 첫사랑의 대상인 어머니가 없을 때에도 마찬가지로 여자를 잘 믿지 못하고, 여자와 밀접한 관계를 피하는 경향이 있다. 남자아이가 어머니에게 갖는 감정과 마찬가지로 여자아이도 아버지에 대해 비슷한 반응들을 나타낸다.

여자아이는 아버지를 사랑하면서도 어머니를 모방하게 되고, 어머니를 보면서 여성상과 아내상을 형성하는가 하면, 아버지를 보면서 남성상과 남편상을 형성해 간다. 이때 아버지로부터 얻는 남편상과 남성상, 그리고 어머니로부터 얻는 아내상과 여인상이 그 아이의 결혼의 틀이 된다.

P여인은 6남매의 막내딸로 태어났다. 그녀는 성장 과정에서 아버지가 어머니 외에 첩을 두어 1년이면 한두 달 정도만 집에 머무는 모습을 보면서 자랐다. 그런데다가 아버지는 아이들에게 너무 엄격했고, 어머니를 무시하고 학대했다. 어머니 역시 아버지를 심하게 증오했으므로 그녀는 아버지와 어머니가 다투는 모습을 자주 목격할 수 있었다.

P여인은 성장한 후 남자와 깊은 사랑을 하는 데 어려움을 느꼈다. 그래도 결혼을 했는데 3년만에 이혼하고 말았다. 이 P여인에게 형성된 남성상과 남편상, 그리고 아내상은 어떤 것이었을까?

먼저 P여인의 첫사랑은 성공적으로 이루어지지 못했다. 첫사랑인 아버지에게서 얻은 것은 여인을 무시하는 남성상과, 아내를 학대하는 남편상이었다. P여인은 성장한 후 남성들과의 관계가 원만치 못했는데, 이는 자기의 첫사랑인 아버지를 통해서 본 남성상이 남자란 믿을 수 없고, 가혹한 존재라는 의식 때문이었다. 그리고 그녀가 어머니를 통해서 본 남성상과 남편상도 사랑의 대상이 아닌 원망의 대상이었다. P여인의 깊은 마음속에 남자란 두려운 존재라는 의식이 자리하고 있었다. 그래서 P여인은 남성을 믿으려 하지 않았고, 결혼한 후에도 남편을 신뢰하지 못하는 태도를 보이는 바람에 결혼생활이 원만하지 못했던 것이다.

이 시기에 첫사랑이 되어야 할 아버지가 없이 자란 여자아이도 남자와의 관계가 원만치 못하고, 남자와 밀접한 관계를 피하게 된다. 그렇지만 아버지가 없더라도 아버지의 역할을 대신해 줄 수 있는 사람을 만나거나, 아버지가 어머니에 대해서 좋은 마음과 태도를 보였다는 사실을 자주 듣고 자라는 여자아이는 남성 긍정적인 남성상과 남편상을 갖게 된다.

(4) 사랑의 궁합

한국의 전통적인 부모들은 부부가 행복하게 살려면 궁합이 맞아야 한다며 혼인을 치르기 전에 자녀들의 사주 궁합을 점쳐 보곤 했다. 지금도 많은 부모들이 자녀들의 결혼 전에 사주 궁합을 보는 것으로 알고 있다. 필자는 전통적인 이 궁합이 얼마나 타당성이 있는가를 전혀 알지 못한다. 그러나 결혼의 틀이 서로 어울리느냐, 그렇지 않느냐에 따라서 결혼의 행복이 크게 좌우되기 때문에 이 결혼의 틀을 사랑의 궁합이라고 말하고 싶다.

필자는 갈등을 갖고 있는 많은 부부와 상담하는 기회를 자주 갖는다. 놀랍게도, 상당수의 부부갈등이 부부 사이의 상이한 결혼의 틀에 원인이 있다는 것을 자주 볼 수 있다. 사랑의 궁합이 맞는 부부는 결혼의 틀이 비교적 잘 맞는 경우라고 볼 수 있다.

예를 들어, 자기 아버지로부터 전제군주적인 남편상을 모방하고, 어머니로부터는 남편에게 말 한 마디 못하고 무조건 순종하는 아내상을 갖고 있는 남자라면, 결혼해서도 전제군주적으로 남편 노릇하는 것을 당연하게 생각할 것이다. 그리고 자신의 부인이 자기에게 한 마디 말도 없이 순종하는 것을 당연하게 기대할 것이다.

머리로는 이런 결혼이 이상적인 것이 아니라는 것을 알면서도, 무의식 가운데서 전제군주적인 남편이 되고, 아내에게 절대 순종하기를 기대하게 될 것이다. 이것이 이 남자의 결혼의 틀이다.

반대로, 이 남자와 결혼하기로 약속한 여인이 우연하게도 공처가인 아버지 슬하에서 자랐다고 가정해 보자. 아버지는 말없이 어머니의 주장에 따르고, 어머니는 활동적인 성격이다. 이런 가정에서 자란 여인은 어머니로부터 남편을 다스리는 아내상을 모방하게 된다. 그리고 이 아내상은 결혼해서 자연스럽게 남편에게 투영될 것이다. 또 이 여인은 결혼해서 아버지로부터 받은 부인에게 순종하는 남편상을 자기의 남편에게 기대하고 요구하게 될 것이다. 이것이 이 여인의 결혼의 틀이다.

위의 두 사람이 결혼해서 행복하게 살 수 있을지, 아니면 갈등을 겪게 될 것인지는 이 두 사람의 결혼의 틀, 즉 사랑의 궁합에 맞추어 보면 쉽게 짐작할 수 있다.

우선 이들에게 있어서 사랑의 궁합이 쉽게 어긋나는 것을 볼 수 있다. 남편은 아내에게 전제군주적으로 나오면서 부인은 절대 순종하기를 기대할 것이요, 부인은 반대로 남편이 자기에게 순종하면서 자기 주장에 따라와 주기를 기대할 것이다. 그러면서 서로간에 양보하지 않으려는 심리적인 전쟁이 시작될 것이다.

인간은 누구나 처음에는 서로 양보하지 않으려고 한다. 즉 기가 죽지 않으려는 싸움을 하게 되고, 그 결과에 따라 어느 한 쪽이 주도권을 잡게 된다. 부부간의 만남에도 어느 기간동안 이런 심리적인 기(氣) 싸움이 계속되다가, 어느 한 쪽이 포기하면 두 사람 사이에 조화가 이루어지는 것은 볼 수 있다.

그러나 이런 조화도 어느 정도 사랑의 궁합이 맞아야 이루어지는 것이지, 서로의 사랑의 궁합이 지나치게 어긋날 때는 싸움은 치열해지고 걷잡을 수 없는 단계로까지 치닫는다.

그런데 문제의 원인이 서로 다른 결혼의 틀에서 온다는 사실을 모르는 사람들은, 상대의 성격에 문제가 있다고 생각해서 상대의 인격 자체를 미워하는 데 문제가 있다. 결혼의 틀이 어긋난다고 해서 그 인격 자체가 병든 것은 아니다. 다만 자라면서 자기도 모르게 부모의 태도를 모방하게 되어서 그렇게 된 것뿐이다.

그러므로 부부간의 갈등의 원인을 알고, 그 갈등이 자기의 태도에서 나왔다는 것을 아는 사람은, 자기의 태도가 자기도 모르게 어린 시절에 부모로부터 습득되었다는 것을 깨닫고 자기의 태도를 수정하게 된다. 몰랐을 때는 수정이 불가능하지만, 알고 나면 상대방을 이해하게 되고, 문제가 될 수 있는 상대의 행동도 용납할 수 있는 아량이 생긴다. 필자는 문제가 있는 부부들에게 이러한 사랑의 궁합을 이해시킴으로써 갈등이 상당히 누그러지는 것을 많이 보아왔다.

행복할 수 있는 부부란 어떤 부부일까? 단적으로 말해서 사랑의 궁합-결혼의 틀이 잘 맞는 부부일 가능성이 높다. 남편 부모의 결혼생활 스타일과 아내 부모의 결혼생활 스타일이 비슷하면 이들 부부의 사랑의 궁합은 잘 맞는 것이다. 이들의 결혼생활은 큰 문제없이 순조로울 수 있을 것이다.

마지막으로, 행복한 결혼이 이루어지기 위해서는 사회적인 요인, 부부간의 생활 철학적인 요인, 그 외 수많은 요인들이 있다. 필자는 여기에다 사랑의 궁합-결혼의 틀을 들어서 설명했을 뿐이다.

만남의 주기 - 사랑은 파도를 넘어서 오는 것

봄은 자연이 소생하는 계절이며 결혼의 계절이기도 하다. 결혼이라는 것은 지금까지 각각 자기의 길을 걸어가던 두 사람이 한 길을 같이 걸어가는 관문이다. 젊은 남녀가 결혼하는 모습을 보면, 사랑이 깨알처럼 뚝뚝 떨어지는 것같이 보이면서도 그들이 살아가면서 넘어야 할 수많은 인생의 파도를 생각하면 안타깝게도 느껴진다. 서로 다른 배경을 가진 가정에서 자라온 두 사람이 한 가정을 이루어 가는 길에 어찌 갈등인들 없기를 바랄까! 말할 것도 없이 많은 갈등이 발생하게 되는데 이런 현상은 결혼생활의 아주 자연스러운 과정이다.

결혼생활에서 겪는 수많은 갈등을 치료한 설리반(Sullivan)은 이렇게 말했다.

"아직까지 나는 아무런 문제도 없이, 전혀 불만도 없이 결혼생활을 하는 예는 본 적이 없다. 누군가 나한테 그의 가정생활이 완벽하다고 말한다면, 나는 안경을 벗고 그를 빤히 쳐다보며, '비범하시군요?' 라고 말할 것이다."

필자도 설리반의 의견에 동감하고 싶다. 그렇다고 사랑이 언제나 샘솟듯하는 결혼생활은 없다는 뜻은 아니다. 결혼해서 살아가는 사람이 많듯 그 생활은 다양할 것이나 필자는 다음과 같은 형태로 결혼생활을 나눠 보았다.

첫째로는 부부가 습관적으로 잔소리하고 말다툼을 하면서 살아가는 형태를 들어볼 수 있다. 이런 부부는 잔소리와 말다툼이 생활화되어서 의견의 일치를 보기가 어렵다. 그렇다고 해서 이런 말다툼이나 잔소리가 부부관계에 손상을 주는 것은 아니다. 오히려 그것이 자극제가 되어 결혼생활이 더욱 원활해질 수도 있다.

결혼생활의 다음 형태는 신혼시절에 두 사람이 사랑에 깊이 빠져 하나가 되는 일치감을 경험했던 부부가 어느 순간부터 사랑이라는 풍선의 바람이 빠져 가는 것과 함께 무기력한 상태로 변해가는 형태를 들수 있다.

이런 부부는 힘이 없는 상태에서 다시 회복하지 못하고 사랑이 식어 버린 결혼관계를 계속 유지하기가 쉽다. 사실 이들의 결혼을 유지시켜 주는 것은 자식들과 부부 각자가 지니고 있는 사회적, 종교적인 명예일 수가 있다.

이렇게 맥빠진 결혼생활을 유지하면서 살아가는 부부들 가운데 많은 사람들이 자신을 불행하다고 느끼지 못한다. 이런 사람들이 자기들의 결혼생활에 대해서 하는 말을 들어보면, 그들은 초기에 뜨거웠던 사랑이 식어 버리고 무료하게 되는 것을 자연스러운 현상처럼 받아들인다는 사실을 알 수 있다. 다시 말해서, 결혼이란 다 그런 거라고 체념해 버리는 것이다.

또 다른 형태의 결혼생활은, 결혼 초부터 별로 뜨거운 사랑을 느껴보지 못하고 그냥 그대로 메마른 부부관계를 유지하는 형태이다. 이들은 사랑하기 때문에 결혼한 것이 아니라 사회적이나 경제적인 지위 때문에 합해진 것이다. 즉, 이들은 이해 타산적으로 결혼한 사람들이다. 두 사람이 깊은 마음을 주고받는 데서 만나진 것이 아니라, 자기의 어떤 욕구를 위해 상대방을 이용한 결혼생활의 형태이다.

예를 들어, 자신의 소원이 권력을 잡는 것인 사람은 결혼 상대를 세도가의 집안에서 택하고, 돈을 많이 버는 것이 꿈인 사람은 재벌가의 자녀를 배우자로 택한다. 이렇게 타산적으로 만난 경우는 인간과 인간으로 만남이 이루어진 것이 아니라서 결혼을 자신의 욕구 충족을 위한 수단으로 여기게 된다.

이런 결혼에서 참된 사랑을 기대한다는 것은 사막에서 우물을 찾는 것만큼이나 힘든 일이다. 이런 부부들에게서는 진정한 사랑을 찾아보기가 힘들고, 갈등이나 깊은 만족도 느끼지 못하면서 살아가는 모습을 볼 수 있다.

마지막으로, 흔치는 않으나 아주 생동적인 부부의 형태를 볼 수가 있다. 그들은 일생을 통해서 서로 인격적인 관계를 유지해 가며, 깊은 신뢰와 애정으로 연결된 모습을 보인다. 이들은 집안의 모든 일을 의논하면서 서로 나누어 하고, 상대가 원하는 것이 무엇인지에 항상 관심을 기울인다. 이들은 떨어져 있을 때에도 무슨 사건이 발생하면 자기 배우자와 연관지어서 생각한다.

혼자 무심코 길을 가다가 문득 과일가게의 복숭아를 보고서도, '저것은 내 아내가 좋아하는 건데'라고 생각하며 사 들고 간다. 그러나 이런 마음이 한쪽만의 것이어서는 생동적인 부부 관계를 맺을 수 없다. 서로 주고받는 마음이 될 때에만 이상적인 결혼생활을 이룰 수 있는 것이다. 이런 부부는 서로에게 개방적이고 인격적이고 정직한 대화를 나누기 때문에 어떤 중요한 문제에 부딪쳐도 곧 해결점을 찾을 수 있다.

결혼에 대해서 연구해 온 어떤 학자들에 의하면, 이와 같은 이상적인 결혼관계는 그리 흔치 않다고 한다. 하지만 이런 관계는 본인들의 의지로 얼마든지 가능하다고 한다.

지금까지 여러 가지 형태의 결혼생활을 생각해 보았다. 이상적인 부부관계를 유지하고 있는 사람들은 다행이지만, 그렇지 못한 부부는 운명으로 받아들이고 체념해야 하는가? 아니다! 인간은 자기가 길을 잘못 가고 있다는 것을 깨달을 때 방향을 바꿀 수 있다. 그렇지만 자신이 가고 있는 길이 어떤 길인지를 알지 못하는 사람은 건전한 방향으로 바꾸기가 어렵다. 지금까지는 비이성적으로 살아왔을지라도 자신의 결혼생활을 돌아다보고 새롭게 결단하면 얼마든지 건전한 결혼생활을 할 수 있다. 건전한 결혼, 즉 생명력 있는 결혼생활을 하는 데에는 여러 복합적인 요인이 서로 작용한다. 그러므로 결혼생활을 이해하고 새롭게 하는 요인을 깨닫게 된다면 이전보다 훨씬 더 결혼생활이 깊고 넓게 성장하고 강화되어 갈 것이다.

결혼한 지 2-3년 안팎의 젊은 부부들과 사랑이 무르익어서 결혼의 문에 들어서려고 하는 젊은 남녀들에게 필자는 다음과 같은 이야기를 들려주고 싶다.

필자는 결혼한 지 1년 반밖에 안 된 한 여성과 상담한 적이 있다. 그 여성은 필자의 주례로 결혼식을 올렸었다. 그녀는 내게 연애할 때와 결혼 초기까지는 남편이 그렇게 좋았는데, 이제는 그 뜨거운 사랑이 어디로 갔는지 도대체 남편에 대해서나 결혼생활 자체에 대해서 전혀 흥미를 느낄 수 없다고 했다. 이제는 짜증만 나고, 남편과도 자주 다툰다는 것이다. 그녀의 이야기를 들어보니 큰 문제는 없는 것 같았다. 한 가지 문제는 서로가 상대에게 갖는 애정의 기대가 너무 컸다는 것이다. 결혼하는 젊은 남녀가 자기들의 뜨거운 사랑이 일생동안 지속될 것이라고 기대한다면 그것은 잘못된 계산이다.

만일 어떤 부부가 연애시절의 뜨거움이 계속되어야 한다고 생각한다면 그들은 큰 시련에 부딪치게 될 것이다. 연애 시절의 정열적인 사랑은 두 사람의 관계가 어떤 단계에 이르면 식어 버린다.

그러나 그 열기가 식은 다음, 수많은 파도를 넘어서 새로운 사랑의 싹이 트는 것이다. 그러나 많은 사람들이 이것을 깨닫지 못하고 있다. 그래서 많은 부부들이 처음 만났을 때 가졌던 뜨거운 열정이 식어 버리면 결혼의 무덤에 다다른 것처럼 생각하여 좌절해 버리는 것이다. 그래서 이 좌절을 끝내 극복하지 못하고 결혼을 파탄으로 끝내는 경우도 생기는 것이다.

요즈음 서구, 그 중에서도 미국의 이혼율은 우리의 생각을 훨씬 넘어서고 있다. 왜 그들은 그렇게 쉽게 만났다 빨리 헤어지는 것일까? 필자의 생각으로는, 그들은 남녀가 처음 만났을 때 느끼는 뜨거운 정열이 언제까지 지속될 것으로 믿다가 그 정열이 식어 버리면 헤어지기 때문이라고 생각한다. 그들은 남녀가 만나서 어느 순간에 일어나는 뜨거운 정열을 사랑의 전부라고 생각하고 있는 것이다.

인간의 만남에서 발전되어 가는 애정관계란 어떤 것일까? 인간의 만남은 그것이 남녀간의 만남이든 친구간의 만남이든 심리적인 발전단계를 거치게 된다. 결혼의 만남도 예외일 수는 없다.

(1) 호기심 단계

처음 두 남녀가 만나면 상대에게 호감을 갖게 된다. 어느 정도의 호감을 갖게 되면 그 다음으로 호기심이 뒤따른다.

'저 사람은 어떤 사람일까?', '저 사람은 무엇을 생각하고 있으며, 어떤 가정을 가진 사람일까?' 등등 끝없는 호기심에 휩싸이게 된다. 또한 상대도 나에게 이런 호감을 느끼는가를 확인하고 싶어진다. 그래서 알게 모르게 상대의 느낌을 확인하는 행동이 나타나게 된다.

그 테스트의 방법은 사람에 따라 다르게 나타나는데, 어떤 사람은 단도직입적으로 자기의 마음을 털어놓고, 어떤 사람은 직접적인 방법보다는 간접적인 테스트의 방법으로 상대의 호감도를 확인한다. 즉, 차를 한께 마시고 싶다든지, 기타 상대가 호감을 느낄 수 있는 어떤 호의적인 태도를 보인다. 이때 상대가 자기도 호감을 가지고 있다고 표현할 경우, 두 사람은 자연스럽게 데이트 단계로 접어든다.

데이트 단계에서 두 사람의 만남은 잦아지고, 서로에 대해 더 자세한 확인작업이 이루어진다. 이 단계에서 두 사람에게 두드러지게 나타나는 현상은 상대에게 약점을 보이지 않으려는 강한 방어심리이다. 이것은 상대에게 기가 눌리고 싶지 않다는 심리이기도 하다. 그래서 자기의 장점만을 과장해서 나타내는 경우가 있는데, 이때 과장의 정도가 심할수록 훗날 그들의 만남에 큰 실망을 안겨 주게 된다. 흔히 열등의식이 강한 사람들에게서 이런 자기 과장을 볼 수가 있다. 어느 정도 상대에 대한 확인작업이 끝나 사귈 만한 대상으로 판단되면 이들의 사랑은 점점 열기를 더해가면서 애정의 단계로 접어든다.

(2) 애정 단계

애정의 단계에서 두 사람은 흔히 사랑의 열병을 앓게 된다. 이 때는 상대방의 모든 것이 다 좋게만 보이고 혹 단점이 있더라도 그것이 큰 문제가 되지 않게 된다. 상대가 흔들릴까봐 마음이 불안해지는가 하면, 자기만 상대를 사랑하고 상대는 자기를 사랑하지 않는 것 같은 마음으로 애를 태우기도 한다. 그러다가 다시 만나 서로의 사랑을 재확인하곤 안도의 한숨을 내쉬는 등 사랑의 홍역을 앓는 것이 보통이다. 그러면서도 사랑의 마력이 너무도 강해서 이 사랑을 떠나서는 살 수가 없을 것 같은 느낌에 지배당한다.

서양사람들은 이 시기의 사랑을 꿀맛으로 비유한다. 그래서 서구인들은 결혼생활에서 항상 꿀맛이 흘러나오기를 기대하며, 그 맛을 확인하려고, "나를 사랑하는가?"라는 질문을 하루에도 몇 번씩 묻곤 한다.

그러다가 어느 날 이 꿀맛이 중지되면 사랑이 식었다고 생각하고 이혼을 생각하게 된다. 서구인들이 부부간의 사랑을 꿀맛에 비유하고, 그 꿀맛이 언제나 지속되기를 기대하는 것은 그들의 사고 어디엔가 잘못이 있는 것이다.

사랑을 꿀맛에 비유하는 서구인에 비해서, 우리는 사랑을 '깨'에 비유한다. 그래서 신혼 부부들에게 "깨가 쏟아진다."고 말하는 것이다. 인간의 만남에서 진전되어 가는 사랑의 과정을 "깨가 쏟아지는 것 같다."고 말하는 것은 얼마나 정확한 표현인가! 농촌에서 깨를 털어 본 사람이라면 이 말의 뜻을 잘 알 것이다. 가을에 깨가 여물면 베어 낸 깻단을 다발로 묶는다. 묶은 다발을 20일 햇볕에 세워 두면 깨가 들어 있는 열매가 입을 활짝 벌리게 된다. 이때 깻단을 거꾸로 세워서 작대기로 두들기면 순식간에 깨가 방석에 다 쏟아지고 만다. 일년 365일 깨가 쏟아진다면 오죽이나 좋으련만 깨는 순식간에 다 쏟아져 버리고 빈 대만 남는다. 애정기의 뜨거운 사랑을 "깨가 쏟아진다."고 비유한 것은 물불을 가리지 못하는 꿀맛 같은 사랑은 오래 가지 못하고 식는다는 우리 조상들의 지혜가 아닐 수 없다.

(3) 권태기

깨가 다 쏟아지고 나면 어떻게 되는가? 뜨거운 열정이 가시고 나면, 상대방의 벌거벗은 모습이 보이게 될 것이다. 그러면 상대방에 대해 점점 흥미를 잃게 되고 싫증을 느끼게 된다. 우리는 흔히 이 단계를 권태기라고 말한다.

특이한 경우를 제외하고 거의 모든 인간의 만남에서 열정기 다음에 이 권태기가 오는 것이 정상이다. 애정기에 뜨거우면서도 고소하고 달콤했던 사랑이 과정으로 지나가듯이, 권태기에서 느껴지는 실망, 좌절,

짜증, 흥미 상실의 심리도 지나가는 하나의 과정이다. 그런데 많은 사람들은 이 권태기가 평생 지속될 것처럼 믿어 버린다. 그래서 귀한 만남을 포기해 버리고 만다.

성서에, "사랑은 오래 참고 사랑은 모든 것을 견딘다."는 말이 있다. 이 말은 뜨거운 사랑이 흘러 넘치는 애정기의 사랑을 이야기한 것이 아니라 권태기의 고통을 참고 견디는 사랑을 의미한다. 권태기의 아픔을 서로가 이해하고 대화로써 잘 넘기면 오래 가지 않아서 마지막 단계인 성숙한 사랑의 관문에 들어설 수 있다.

권태기가 두 사람에게 동시에 오는 경우는 드물다. 어느 한쪽이 먼저 왔다가 지나가면 다른 한쪽이 접어드는 수가 많다. 이때 서로 이해하고 용납하고 붙들어 준다면 결혼생활은 무난하게 성숙한 사랑의 단계에 접어들 수 있을 것이다.

(4) 성숙기

성숙한 사랑의 단계에 접어들면 두 사람은 참 사랑의 동반자가 된다. 문제가 없어지는 것은 아니지만, 문제가 있더라도 서로가 신뢰하고 있기에 얼마든지 어려움을 극복해 갈 수 있다. 이때의 사랑은 애정기의 사랑처럼 뜨겁지는 않다. 그러나 은은하고 깊게 또한 높게, 두 사람의 관계를 성장시켜 준다. 그런데 대화도 없이 갈등을 서로의 가슴속에 묻어 버리고 싸우면서 넘긴 부부들은 성숙한 사랑의 깊은 맛을 느끼기 어렵다고 말하는 학자들도 있다.

참 사랑은 애정기의 사랑이기보다는 권태기의 파도가 지나간 후에 오는 사랑이다.

일생을 함께 살기로 결단한 젊은 남녀들, 그리고 결혼해서 얼마되지 않은 부부들, 새로이 짝을 찾아 사귀고 있는 젊은 청춘들이여! 그대들이 타고 있는 사랑의 배 앞에는 아름다움도 있지만 그뒤에 파도가 있음도 명심하라. 파도가 치고 소나기가 쏟아질 때 결코 실망하거나 좌절하지 말라. 그 고비를 넘기면 빛나는 태양이 그대들을 기다릴 것이다. 그대들의 사랑에 눈보라가 치거들랑 쉘리의 시를 기억하라.

"겨울이 가까웠다면 봄은 어이 멀었으리요."

사랑의 활력소

 한쌍의 남녀가 만나 결혼한 후, 한 집에서 수년 또는 수십 년을 살아가는 동안 내내 깨알 쏟아지는 사랑을 누리는 부부도 간혹 있지만 대부분은 자기들의 결혼생활에 불만을 품고 살아간다. 결혼생활에 만족하지 못하는 부부들은 다음과 같은 이야기를 자주 한다.

 "한 이불 속에서 잠을 자지만 서로가 다른 세계 속에 살고 있는 것 같은 느낌이 든다."
 "서로가 성격이 다른데 어떻게 하면 조화를 이룰 수 있을까?"
 "성생활을 넘어서서 부부의 만남을 깊게 하는 길은 없는가?"

 부부 사이의 깊은 사랑의 관계란 어떤 조건들이 구비되고 어떤 형태를 유지하고 있는 것인가? 부부의 관계란 마치 예술과 같다. 같은 주제를 가지고도 예술가에 따라서 그 표현하는 방법이 다르듯이, 결혼관계도 부부에 따라서 그 양상이 다르게 나타난다. 부부간의 사랑은 기쁨과 슬픔을 함께 나누고, 서로의 욕구를 존중해 주는 데서 비롯되는 것이다.

부부의 깊은 사랑이 언제나 달콤하리라고 생각하면 오산이다.

진정한 사랑은 두 사람의 관계가 성장해 가는 과정에서 나타나는 건설적인 갈등을 통해서 오는 경우가 더 많다. 부부간의 참 사랑은 언제나 계속되는 것이 아니라 결혼생활의 상황에 따라서 여러 가지로 나타나게 된다. 이 사랑의 관계는 어느 한 순간에 완성되거나 끝나 버리는 것이 아니라, 결혼생활 전반을 통해서 성취되어지는 것이다. 이 관계는 남편과 아내가 서로를 위할 때 함께 성장하고, 결혼생활이 발전해 가는 단계에 따라 변화해 간다.

밀도 있는 결혼 관계는 남편이나 아내가 서로에게 맞는 조건을 구비하고 있을 때 따라오는 것이다. 부부는 자기의 약점을 솔직하게 인정하고 상대에게 솔직한 감정을 털어놓을 수 있어야 한다. 이렇게 할 수 있는 용기를 가질 때 두 사람 사이에 가로놓인 벽이 무너지기 시작할 것이다. 어떤 부부들은 서로 자신의 감정은 숨긴 채, 자기 정당화라는 가면을 쓰고서 부부생활을 영위해 가기도 한다.

어느 30대 부부 사이에 있었던 갈등의 예를 들어보자. 회사원인 남편이 늦게 귀가하는 일이 잦아지자 분노를 느낀 그의 아내가 늦게 들어오는 남편에게 항의하자 그 남편은 대수로운 일이 아니라는 식으로 반응한다. 남편에게 느끼는 분노의 감정이 해결되지 않은 채로 지내는 아내에게, 남편이 성관계를 요구한다. 남편에 대해 분노의 감정을 지니고 있던 아내는 성관계를 거부했고, 응할 때에도 극히 피동적이었다. 남편의 귀가가 늦는 데 대한 분노를 성을 거부하는 것으로 표현한 것이다. 성관계에서 거부를 느낀 남편은 아내에 대해 분노를 느끼지만 직접적으로 표현하지 못하는 가면을 쓴 채로 보복의 감정을 억누른다. 그러던 중 남편은 어느 날 저녁 반찬 투정을 하면서 아내에게 분노를 터뜨린다. 아내도 맞서서 결국은 부부싸움으로 번지게 된다. 사소한 사건에서 솔직하고 정직한 대화가 이루어지지 않고 감정을 숨길 때, 그 결과는 아주 엉뚱한 방향에서 폭발하는 경우가 많다. 남편과 아내가 자기의 자존심에만 급급하지 않고 자기의 실수를 솔직하게 인정하고 자기의 느낌을 정직하게 나누고자 하는 용기를 가질 때 두 사람의 관계는 밀도 있는 사랑의 관계로 발전해 갈 수 있다.

다음으로, 부부간의 친밀한 관계는 서로를 아끼는 마음의 강도가 높을 때 이루어진다. 상대의 건강과 인격적인 성장에 대해서 애정 있는 관심을 갖게 될 때, 부부간의 관계가 발전해 갈 수 있다. 상대의 욕구가 무엇인가를 이해하려고 노력하고 경청해 줄 때 부부의 관계가 밀도 있는 사랑의 관계로 성숙해 갈 수 있는 것이다.

그러므로 부부 각자가 가지고 있는 인간 본래적인 욕구가 무엇인가를 알아야 할 필요가 있다. 인간관계에서 표출되는 욕구는 크게 두 가지 종류로 구분할 수 있다. 일반적으로 상대에게 의지하고 사랑하고 보살펴 주고 싶은 욕구가 있고, 또 자주적이고 독립적이고 싶으며 자신의 성취를 이루고 싶은 욕구의 두 가지 상반된 욕구가 있다. 이 두 가지의 욕구는 서로 상충하면서도 함께 존재하는데, 두 욕구가 적당한 균형을 이루면서 충족되어질 때 건전한 인간으로 성숙해 갈 수 있다. 즉 아내는 남편에게 의지하고 사랑해 주고 싶어하며 어머니처럼 보살펴 주고 싶은 욕구를 가지는 동시에, 남편으로부터 떨어져서 혼자서 자기 나름대로의 삶을 사는 독립적인 존재로 서고 싶은 이율배반적인 욕구도 가지고 있는 것이다.

이와 같은 두 가지 욕구가 치우치지 않고 어느 정도 만족될 수 있다면, 두 사람의 관계는 더욱 더 깊어질 것이다. 한 마디로 말해서, 부부는 서로 가까워지기를 원하면서도 동시에 거리를 두고 살고 싶은 욕구를 가지고 있다는 것이다. 이 두 가지 욕구 가운데 전자의 욕구가 충족되지 않을 때도 부부 관계에 문제가 오지만, 후자의 욕구가 충족되지 않았을 때에도 갈등의 요인이 된다. 많은 사람들이 결혼하면 조금의 거리감도 없이 혼연일체가 되어야 하고 조금의 비밀도 없어야 한다고 생각한다. 그러나 부부관계란 이상한 것이어서 서로에게서 혼자가 될 수 있는 거리를 적당히 유지하고, 그 거리를 서로 존중해 줄 때 더욱 인격적인 관계로 접어들 수가 있는 것이다.

부부간의 깊은 관계는 마치 여러 개의 줄로 이어진 악기와도 같다. 결혼관계를 유지하고 있는 한 쌍의 남녀는 자기들 나름대로의 멜로디를 만들어 낸다. 그들이 만들어 내는 음악은 그들의 삶을 형성하고 있는 여러 개의 선을 조화 있게 두들기는 데서 흘러나오는 선율이다. 그런데 이런 부부간의 창조적인 음악은 모든 부부에게 공통적인 것이 아니라, 부부에 따라 각각 다르다. 그러므로 한 쌍의 부부관계가 깊어지기 위해서는 자기들의 개성에 맞는 가장 적합한 멜로디와 하모니를 찾아내야 한다. 또한 한 쌍의 부부가 내는 선율도 언제나 똑같은 형태를 유지하는 것은 아니다. 결혼생활의 주기에 따라서 여러 가지로 변화된 음색을 낼 수 있는 것이다. 이렇게 아름다운 부부관계의 선율도 어느 순간 침묵이나 갈등으로 조화가 깨져서 시끄러운 불협화음을 낼 수 있다.

부부관계를 하나의 악기로 표현할 때, 부부관계에서 이렇게 아름다운 선율을 만들어 낼 수 있는 것은 무엇인가? 먼저 부부간의 성적인 관계를 들 수가 있다. 성적인 관계에서 어느 정도 충족되어질 때, 다른 모든 관계를 순조롭게 풀어갈 수 있다. 다시 말해서, 부부에게 감각적이면서도 정서적인 만족을 가져다 줄 수 있는 최적의 관계는 성적인 관계라고 말할 수 있다. 그러므로 남편과 아내의 긴밀한 성적 관계는 단순한 육체적인 접촉의 즐거움을 훨씬 넘어서는 중요성을 가지고 있다.

부부간의 성의 결합은 몸과 마음과 영혼이 합일되어질 때 절정을 이루게 된다. 그래서 건전한 성관계는 부부관계가 전체적으로 인격적인 관계가 되어질 때에야 이루어지는 것이다. 부부가 서로의 의견을 존중하고, 정적인 의견을 나누며, 상대를 보살피는 관계가 될 때 성생활도 원활하고 즐겁다. 그러나 서로의 깊은 감정과 애정이 없는 성적인 기술만 가지고는 원만한 성생활을 기대하기 어렵다. 그러므로 성생활을 하기 전에 먼저 마음속에 쌓인 갈등을 풀어 버리는 것이 좋다. 마음속에서 해결되지 않은 감정이 성생활의 즐거움을 감소시켜서 심하면 전혀 즐거움을 맛보지 못하게 된다. 부부간의 성관계를 저해하는 요소는 마음속에 가지고 있는 불안이나 긴장, 또는 성급한 감정 등일 경우가 많다. 그리고 어느 한 편 또는 두 사람 모두가 지나치게 피곤하든가 과음했을 때에도 원만한 성생활을 하기가 어렵다.

다음으로, 부부간에 정서적인 긴밀감을 유지할 수 있을 때 부부는 깊은 관계로 발전할 수 있다. 정서적인 긴밀감이란 두 사람이 서로 깊은 마음을 주고받는 것을 말한다. 사람의 관계는 입술과 입술의 관계가 있고, 머리와 머리의 관계가 있다. 머리와 머리의 관계는 서로가 아는 지식을 주고받는 것이다. 이런 관계는 두 사람 사이에 아무런 변화나 영향력을 줄 수 없다. 이보다 더 깊은 차원인 마음과 마음의 관계는, 말하기 전에 상대의 느낌을 듣는 관계를 말한다. 부부간에 이런 깊은 정서적인 긴밀감이 유지된다면 생명력 있는 관계로 발전해 갈 수 있을 것이다.

부부를 깊은 사랑의 관계로 만들어 갈 수 있는 중요한 요소는 지적으로 깊은 대화를 나눌 수 있는 것이다. 지적으로 긴밀해진다는 것은 서로가 생각하고 있는 이상을 나누는 데서 느껴지는 밀접한 감정이다. 좋은 책을 읽는다든가, 공동 관심사를 공부하고 토의하는 것 등은 부부간의 긴밀감을 형성하는 데 큰 도움을 줄 수 있다.

또 하나 중요한 요소는 미적인 감정을 서로 나눌 수 있는 것이다. 이때 부부간의 관계는 훨씬 더 풍성해질 수 있다. 즉 어떤 예술적인 미

(美)나 자연미에 대해서 서로 공감할 수 있다는 것은 행복한 일치이다. 석양의 노을을 보면서, 동산에 떠오르는 달을 보면서, 눈 덮인 산봉우리를 쳐다보면서, 아름다운 예술품을 보면서 함께 느끼고, 그 느낌을 서로 나눌 수 있다는 것은 귀중한 부부간의 자산인 것이다.

부부는 각자가 지닌 재능과 가능성을 창의적으로 개발하고 사용할 수 있을 때 더욱 긴밀한 관계로 발전해 갈 수 있다. 작게는 자기 몸을 꾸미는 일, 가정을 꾸미는 일이나 정원을 가꾸는 일, 음식 만드는 일로부터 시작해서 가정 밖에서의 보람있는 일까지 자신만의 재능을 계발하고 가꾸어 갈 수 있다면 서로를 자랑스럽게 생각하고 존경하는 관계가 될 것이다. 다시 말해서, 주어진 상황에 끌려가는 사람보다는 창의적인 인간이 될 때 부부관계는 훨씬 더 활력적이 된다는 말이다. 부부가 긴장을 풀고 함께 즐길 수 있는 놀이를 하는 것도 부부관계를 증진시킬 수 있는 중요한 요소이다. 부부간에는 성적인 유희도 큰 몫을 하지만 등산이나 적당한 운동, 영화관람이나 음악감상, 그 외 여러 가지의 오락도 피로한 부부의 일상생활에 새로운 활력을 불어넣어 줄 수 있다.

가정의 일이나 밖의 일에 대해서 함께 걱정하고 노력하며 기뻐하는 일은 부부 관계에 중요한 활력소가 된다. 아이들을 양육하고 같이 걱정하는 일, 집을 가꾸는 일, 생계비를 마련하는 일, 이웃의 행사에 참여하는 일, 함께 의논하고 책임을 나누는 일 등은 부부관계에 없어서는 안 될 것들이다. 가정의 불화를 초래하는 문제가 책임 분담의 문제에서 야기되는 경우를 우리는 흔히 볼 수 있다.

예를 들면, 전 가족의 생계를 유지하는 재정을 담당하는 책임을 가졌으니 훨씬 더 중요하게 여기고, 아내는 집안 일과 아이들을 돌보는 일을 맡은 사람이니 가볍게 생각해도 된다는 사고방식의 차이가 갈등을 초래하는 것이다. 남편은 식구들을 위해 재물을 벌어오는 반면, 아내는 집에서 귀중한 생명을 키워 내는 중대한 일을 담당하고 있다. 집에서 아이들과 남편을 기다려 주고 보살펴 주는 어머니와 아내가 없다면 수억만 금을 주어도 인간의 정신력은 건강하게 성장할 수 없다. 이처럼 부부가 하는 일에 있어서 각자의 책임이 중요하다는 것을 알고 서로를 존중해 줄 때 부부관계가 아름답게 유지될 수 있는 것이다.

지금까지 필자는 결혼관계가 생명력 있는 관계가 되는 데 필요한 여러 가지 요소에 대해서 언급했다. 여기에서 말해 두고 싶은 것은 결혼관계가 원만하게 되기 위해서 위의 모든 요소가 다 충족되어야 하는 것은 아니라는 것이다. 사람에 따라서 위의 요소 중에 몇 가지만 충족되어도 비교적 행복한 부부관계를 유지할 수 있다.

마지막으로, 부부는 일심동체라고 하지만 언젠가는 헤어져야만 하는 이별의 운명을 타고난 개별적인 존재이다. 부부가 이별할 시간은 10년이라든가, 20년이라든가 하는 보장이 있는 것이 아니라, 아무 예고도 없이 순간적으로 죽음이 찾아올 때라는 것이다. 이별의 순간에, "나는 당신에게 최선을 다했었노라."는 고백을 할 수 있도록 우리는 순간순간을 서로에게 성실한 자세로 살아가야 할 것이다. 그럴 때에 부부간의 관계도 더 멋지게 성장할 수 있는 것이다. 그렇지만 당신 없으면 나는 못산다는 식의 지나친 심리적 의존 관계는 건강하지 못하다. 나는 당신을 진정으로 사랑하지만 당신 없이도 나는 살아갈 수 있다는 자신감을 가지고 있을 때, 서로간에 존경받는 부부관계가 될 것이다. 어느 한 편이 다른 쪽에 지나치게 의존할 경우, 상대로부터 존경과 사랑을 받기는 어렵다. 어른이 아이를 상대로 사랑할 수 없기 때문이다.

이혼위기와 상담

(1) 이혼자들의 심리

인간에게 주어지는 고통 가운데 이혼은 큰 고통으로 다가온다.

이혼은 한 순간에 이루어지는 급작스러운 사건이 아니라, 오래 전부터 부부 사이에서 쌓여온 문제들이 곪아 터져 나온 현상이다. 이혼이 쉽게 이루어지는 미국에서도 이혼자들의 20% 정도는 이혼을 심각하게 생각하여 이혼을 결단하는 시간이 평균 11개월이나 걸린다고 한다. 그 가운데 50%는 이혼을 결단하기까지 1-3년이 넘게 걸린다는 것이다. 이혼이 이루어지기까지 변화되어 가는 부부의 심리상태를 몇 단계로 구분하면 다음과 같다.

• **1단계** : 일방적이다.

부부가 함께 살아가기 위해서는 일이나 집 밖에서 일어나는 일들에 대해 많은 결정을 내려야 한다. 예를 들면 일, 돈의 사용, 사회활동, 아이를 돌보는 일, 시간계획, 여가활동 같은 것들이다. 그 밖에도 여러 가지가 있다. 정상적인 부부들에게서는 이런 결정이 토의와 협조하에 이루어지지만, 문제를 지닌 부부에게서는 일방적으로 이루어진다. 부부 간에 깊은 대화 없이 일방적인 결정이 이루어지는 가정은 일단 이혼의 첫 단계에 들어섰다고 볼 수 있다.

• **2단계** : 감정을 은폐한다.

부부 중 어느 한쪽이 일방적인 결정을 계속하게 되면 상대에게서 신뢰가 약화된다. 신뢰가 줄어들면 상대 배우자에게 솔직한 감정을 줄 수 없게 된다. 이때부터 부부는 서로가 서로를 속이는 단계로 접어든다. 예를 들어 늦게 들어오는 남편에게, "왜 늦게 들어오느냐?"고 아내가 물으면 남편이 대수롭지 않게 거짓말로 대답한다든가 반대로, "어디서 무얼 하고 이제 들어오느냐?"고 묻는 남편에게 진실을 이야기하지 않는 아내의 태도 같은 것들이 그 좋은 예이다. 인간은 영감을 지닌 존재이기 때문에 부부관계는 입에서 쏟아지는 말에 의해서 이루어지는 것이 아니라, 서로간에 오고가는 영감과 육감에 의해 강화되기도 하고 약화되기도 한다. 부부 중 한 사람이 솔직하지 못하고 속이는 과정을 지속하면 배우자의 영감과 육감이 그 속임수를 감지해 낸다. 배우자에 대해 영감적이고 육감적인 신뢰가 사라지면 이혼이 재빠르게 달려와 그 틈을 파고든다.

• **3단계** : 절망한다. 서로가 서로를 포기하는 단계이다.

"이런 것이 결혼생활인가?"라는 강한 회의에 휩싸인다.

"이렇게 살려고 결혼했는가?"

과거에 결혼에 대해 가졌던 기대가 산산조각이 나 버렸다는 느낌과 함께 좌절감에 빠진다. 이때부터 결혼생활에서 벗어나기 위한 수단을 강구한다. 물론 이런 과정은 무의식적으로 일어난다.

괴로운 마음을 덜기 위하여 일에 집착하기도 하고, 과음과 약물 중독에 빠지는 수도 있다. 어떤 사람의 경우에는 과식으로 나타나는 수도 있다. 이 단계의 부부들은 성생활을 중단하기도 하고, 한다 해도 아주 드물게 시도한다. 함께 있으면서도 눈을 마주치지 않고, 신체 접촉도 없으며, 종종 분노의 감정을 쏟아내기도 한다. 절망 단계에 이른 부부는 상대의 소재에 대해 무관심하다. 상대가 어디서 무얼 하는지에 대해 신경을 쓰지 않는다. 현재 함께 살고 있는데도 위와 같은 감정을 느끼는 부부가 있다면, 그 부부는 이혼의 세 번째 단계를 살고 있는 중이다.

• **4단계** : 상담을 시도한다.

괴로움을 견디다 못한 어느 한쪽이 자신의 고통을 누구에겐가 털어놓는다. 친한 친구, 친척, 전문상담자, 심하면 정신과 의사를 찾을 수 있다. 이 단계에서 가장 위험한 상담자는 과거에 사귀었던 이성 친구다. 사랑이 고갈된 아픔으로 시달리는 사람에게 이성의 친구는 문제를 돕지 못할 뿐만 아니라 오히려 위험하다. 이 단계에서는 이혼을 본격적으로 이야기하기 시작한다. 이혼할 경우, 가장 상처를 받을 사람이 누구인가에 대해서도 신경을 쓴다.

• **5단계** : 상담과정을 통해서도 해답을 얻지 못할 경우, 부부는 별거하게 된다. 별거는 몇 가지로 분류된다.

한 이불 속에서 잠을 자면서도 마음과 행동은 구만리 먼 곳에 두고 사는 별거가 있고, 한 집에 살면서 서로 다른 방을 사용하는 별거도 있으며 아주 집을 나가서 따로 사는 별거도 있다.

• 6단계 : 이혼수속

(2) 이혼자들을 위한 상담

어떤 부부가 상담을 요청해 온다면 그 부부는 이미 4단계 정도의 심각한 상태에 와 있다고 볼 수 있다. 그렇지만 주위 친구나 부모, 가까운 목회자는 3단계의 절망을 느끼고 있는 부부들로부터 심상찮은 느낌을 받을 수가 있다. 그 부부의 모습과 태도를 보고서 곧 이상 신호를 느낄 수 있는 것이다. 서로에게 눈을 마주치지 않으려 한다든지, 배우자가 어디서 무얼 해도 전혀 무관심한 태도를 보인다. 이것은 부부 사이에 심각성을 드러내는 적신호이다. 이 단계에 와 있는 부부들은 누군가의 도움을 간절히 원한다. 그러므로 부부 중 남편 아니면 아내가 과음이나 약물중독에 빠지거나 신체의 이상을 호소할 때 상담자는 부부 문제를 생각해 보아야 한다.

절망 단계에 와 있는 부부를 부부세미나나 '부부 사랑 만들기' 프로그램에 참여시킬 수 있다면 큰 도움을 받을 수 있을 것이다. '부부 사랑 만들기' 프로그램에서는 부부 문제의 뿌리를 진단하고 지금까지 부부관계를 어렵게 만들어 왔던 쓴 뿌리를 치유해서 서로를 새롭게 바라볼 수 있도록 도움을 준다. 상담자는 이때 문제를 가진 부부에게 "지금까지 살아오면서 어떻게 살아야겠다고 생각해 왔습니까?", "무엇이 서로를 실망하게 한 것 같습니까?"라고 물어 대화를 유도한다. 심할 경우엔 둘이 함께 만나기 전에 개별적인 상담 기회를 몇 번 갖는 것이 효과적이다. 서로에게 쌓인 앙금을 미리 다 발산하게 한 다음, 부부를 대면시키는 것이 좋다.

셋째로, 별거상태에 있는 부부를 상담할 때는 각자에게 상대방의 잘못을 모두 기록해 보도록 한다. 그리고 자신이 어떻게 했으면 상대가 행복했을 것인가에 대해서도 적어 보게 한다. 그리고 나서 두 사람이 대화를 나누게 한다. 이때의 관건은 부부에게 다시 살아보고 싶은 욕구가 있느냐이다. 다시 일어서고 싶은 욕구가 죽어버린 부부는 어느 누구도 도울 수 없다.

마지막으로 이미 이혼해 버린 사람들이다. 이혼을 갓 끝낸 부부들은 보통 다섯 단계의 과정을 거친다.

- **1단계** : 이혼자라는 사실을 부인한다. 이들은 친구들과의 모임에 참석해서야 자신이 이혼했다는 것을 실감하고 돌아온다.

- **2단계** : 이혼한 현실에 대한 분노의 감정을 폭발한다. 막무가내로 짜증을 내고 이혼하게 만든 사람들이 미워진다.

- **3단계** : '헤어진 배우자와 다시 새롭게 시작할 수 없을까?' 라고 생각하며 상당수가 이를 시도해 보기도 한다. 성공하는 예도 있지만 많은 사람들이 다시 헤어진다.

- **4단계** : 절망에 빠진다. 자긍심 상실, 버림받은 느낌, 외로움, 죄의식, 금전적 위기, 불확실한 미래, 아이들에게 미칠 영향 등 여러가지 감정이 이혼자를 절망의 수렁으로 빠지게 한다.

- **5단계** : 이혼 수용, 절망의 순간이 지나고 나면 고요한 마음의 상태가 자리를 잡는다. 나는 이혼한 사람이라는 사실을 부인하지도, 즐기지도 않는 무덤덤한 기분이 되는 것이다.

상담자는 이러한 이혼자들의 심리단계를 염두에 두고 사랑으로 지켜보고 성장해 가도록 도와 주어야 한다.

하나의 깨어진 꿈은 모든 꿈의 마지막이 아니다.
하나의 부서진 희망은 모든 희망의 마지막이 아니다.
폭풍우와 비바람 저 너머로 별들은 빛나고 있으니
그대의 성곽이 무너져 내릴지라도
그래도 다시 성곽짓기를 계속하라.
수많은 꿈들이 재난에 무너져 내리며
고통과 상한 마음이 세월의 물결 속에서
그대를 넘어뜨릴지라도
그래도 신앙에 매어 달리라.
그리고 그대의 흐르는 눈물 속에서
새로운 교훈을 배우기를 힘쓰라.

중년기 위기 상담

1. 중년기란?
2. 중년기 위기상황
3. 중년기 위기증상
4. 중년기의 위기와 상담

사십대 문턱에 들어서면
바라볼 시간이 많지 않다는 것도 안다.
아니, 와 있는 인연들을 조심스레 접어두고
보속의 거울을 닦아야 한다.

씨 뿌리는 이십대도
가꾸는 삼십대도 아주 빠르게 흘러
거두는 사십대 이랑에 들어서면
가야 할 길이 멀지 않다는 것을 안다.
선택할 끈이 길지 않다는 것도 안다.
방황하던 시절이나
지루하던 고비도 눈물겹게 끌어안고
인생의 지도를 마감해야 한다.

쭉정이든 알곡이든
지 몸에서 스스로 추수하는 사십대
사십대 들녘에 들어서면
땅바닥에 침을 퉤, 뱉아도
그것이 외로움이라는 것을 안다.

다시는 매달리지 않는 날이 와도
그것이 슬픔이라는 것을 안다.

- 고정희의 시 '사십대'

중년기란

인간의 발달심리에 대해서 연구하는 학자들은 거의 모두 출생에서부터 청소년기에 중점을 두지, 중년이나 노년에 대해서는 큰 관심을 기울이지 않았다. 그 이유 중 하나는 의학이 크게 발달하기 전까지는 인간의 평균 수명이 40대를 크게 넘지 못했기 때문이다.

그러나 인간의 평균 수명이 60-70세를 넘는 현대에서는 중년층의 인구 비율이 전 인구의 4분의 1에 해당할 만큼 크게 증가했고, 이 시기의 사람들이 경제적, 정치적 권력을 행사하는 중심 축이 되고 있다. 이들이 내리는 결정들이 나머지 4분의 3의 인구에게 영향을 미치는 중요한 시기인 것이다.

오늘날 교회에서 중추적인 역할을 하는 사람들 역시 중년기의 사람들이다. 좋든 싫든 중년기의 사람들이 우리 사회를 이끌어 가고 있는 것이다. 중년의 기간이 크게 연장되면서 이 시기의 사람들에게서 심각한 위기가 거의 공통적으로 나타나고 있다.

중년기가 언제부터 시작되는지는 아무도 분명하게 단정할 수 없다. 그러나 대부분의 중년 연구학자들에 의하면, 중년기는 40세에서 시작해서 60세에 끝난다고 한다.

1) 에릭슨에 의하면 40세에서 50세까지를 성인기로 칭하며, 이 시기에 나타나는 특성은 생산성 대 침체 또는 자기 열중(Generativity vs. Stagnation or Self-Absorption)이라고 한다. 이 시기에는 자신의 삶에만 관심을 쏟지 않고, 후손들과 미래의 역사를 위해 정열을 쏟는다. 그리고 이 시기의 사람들은 애타적 성향을 나타내는데 그것은 생산성에서 나온 것이다.[1]

2) 레빈슨(Levinson)은 중년기를 40-60세로 보고 이 시기를 네 단계로 구분한다.[2]
- 40-45 : 중년기에로의 전환기
- 45-50 : 중년 진입기
- 50 : 과도기
- 60 : 중년기 절정

중년기에 들어서면 사람들의 생리적 및 심리적 기능에 변화가 일어난다. 이런 변화로 중년기의 사람들은 생활양식과 사회역할의 재조정을 열망하며, 중년기 이전과는 달리 통전적인 방향으로 인생의 방향을 정리하려는 모습이 나타난다. 그래서 40대에 들어서면 삶의 구조가 변하기 시작한다. 지금까지의 삶의 결실을 회고하면서 앞으로 어떤 삶을 살아야 할 것인가를 생각하게 되는 것이다.[3]

3) 중년기에 대해서 어떤 학자보다도 가장 먼저 관심을 가졌던 사람은 융(G. C. Jung)이다. 많은 사람들이 융의 심리학을 중년기 심리학이라고 칭할 정도로, 융은 중년기의 사람들에게 큰 비중을 두었다. 융은 인생의 여정을 태양이 뜨고 지는 것과 비교해서 설명하였다. 그는 인생의 주기를 크게 인생의 전반부와 후반부로 나누었는데, 인생의 전반부는 아동기와 청년기 및 젊은 성인기로 나누어지며, 이 시기는 외부세계에 적응하고 조화를 이루는 시기라고 주장하였다. 후반부는 중년기와 노년기로 나누어지는데 내적인 세계에 적응하는 시기라는 것이

다.[4]

　융에 의하면, 청년기와 젊은 성인기는 35세에서 40세 사이의 어느 지점에서 끝나고, 중년기로 접어들기 시작한다. 중년기에 들어선 사람은 새롭게 정립된 가치관을 중심으로 자기의 삶을 수정하는데, 지금까지 외적인 세계에 적응하느라고 소비하던 에너지를 새로운 가치에로 쏟는다는 것이다. 그가 말하는 새로운 가치란 정신적인 가치와 영적인 가치를 의미한다. 이런 정신적 영적 가치는 오래 전부터 그에게 내재되어 있지만, 젊은 청년기, 성인기에서는 외부세계, 즉 가시적인 욕구 충족에 정신이 집중되어 있었기 때문에 잠을 자고 있었다는 것이다.

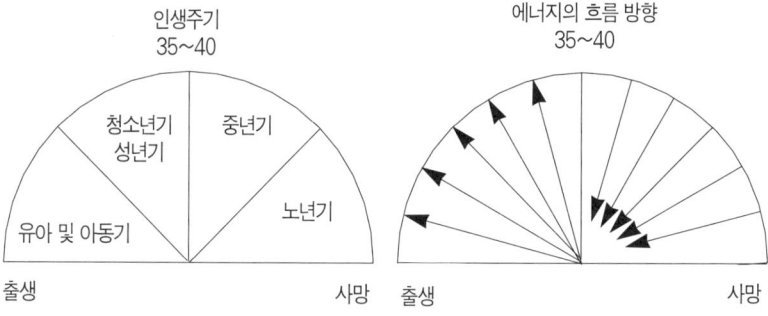

　인생에 있어서 외적인 방향으로 향하던 에너지를 지적인 세계, 즉 정신적·영적인 세계로 전환시키는 것이 가장 큰 과업이다. 상당수의 사람들이 물질적인 에너지의 흐름을 영적인 세계로 전환하지 못하고 인생을 어둡게 살아간다. 이런 의미에서 중년기의 위기는 근본적으로 궁극적인 의미를 찾느라고 발버둥치는 위기라고 할 수 있다.

중년기 위기상황

　세월이 흘러감에 따라 젊은 시절의 싱그러움은 퇴색해 가고 가족을 부양하고 자녀를 양육하며, 노년기의 부모를 봉양하고, 직장이나 교회 및 사회에 대한 의무를 수행하느라 정신이 없는 것이 중년기이다. 중년기에 접어들면서 부터 남편과 아내는 각각 자신의 모습을 돌이켜 보고 지금 어디에 와 있는지, 또 어디로 가고 있는지에 대한 질문으로 고통과 회의와 혼란의 감정을 겪게 된다. 지나간 세월을 아쉬워하면서 초라하게 변해 버린 자신의 모습을 발견하고 심각한 충격을 받기도 한다.[5]

　중년기의 사람들은 지금까지 자신에게 중요하게 여겨져 왔던 많은 것들을 갑자기 상실해 버린 것 같은 허무한 느낌을 갖게 되는데, 자신의 가치체계가 흔들리는 불안을 느끼며, 이 불안감으로 인해서 사소한 일에도 지나치다 싶을 정도의 반응을 보이는 경향이 있다. 우리 사회는 건강, 정력, 매력 그리고 젊음을 가장 중요하게 생각한다. 그런 때문에 오십대에 들어선 사람들은 이미 자신들에게 좋은 시절은 다 지나갔다는 생각을 자주 하게 된다. 그 증거가 너무 뚜렷하기 때문에 이러한 사실을 쉽게 부인할 수도 없다. 얼마 전만 해도 거뜬히 즐길 수 있었던 격렬한 운동경기들이 갑자기 너무 힘들어져서 더 이상 할 엄두를 낼 수가 없을 때, 또 전에는 멀쩡했던 몸이 여기저기 아프기 시작할 때, 그리고 계단이나 언덕이 훨씬 가파르고 높게 느껴질 때 인생의 무상함을 느낀다.

사십이 지나면 눈가의 주름, 희끗희끗하게 바래 가는 머리카락, 굵어지는 허리가 걱정이 되어 거울을 자주 들여다보게 된다. 이리 저리 빗질을 해서 흰 머리칼을 감춰 보기도 하고, 다이어트를 해 보기도 하고, 유행하는 옷을 입어 보기도 하고, 성형 수술로 주름살을 지워도 보지만 무심한 세월의 흔적은 지울 길이 없다.

이들은 자신이 10년 전과는 모든 것이 달라졌다는 사실을 잘 알고 있다. 그래서 여러 모로 중년기에 적응하기 위해 애를 써 본다. 더러는 그 과정이 즐겁기도 하지만 대부분은 매우 고통스럽다.[6]

존경과 선망의 눈으로 우러러보던 아이들이 이제는 동정하거나 멸시하며 뭐든 당신보다 잘할 수 있다는 듯 으스댄다. "나를 태워다 줄 필요는 없어요. 자동차 열쇠만 주시면 내가 잘 갔다 올 수 있어요."라는 식이다. 멀게만 보이던 육십 고개가 어느 새 바로 눈앞에 다가와 있는 것이다.

한편, 의학의 발달로 인해 평균 수명이 엄청나게 늘어나서 중년기에 들어선 후에도 4, 50년은 더 살 수 있게 되었다. 하지만 이처럼 덤 같은 삶을 어떻게 살아가야 하며, 이에 따르는 위기들은 어떻게 극복해야 할 것인가? 그러나 이와 같은 문제들과 씨름하기 전에 먼저 부모들의 욕구와 필요에 관심을 쏟지 않을 수 없다(그들의 부모들은 의학 발달의 혜택을 이미 받고 있기 때문에 80세가 훨씬 넘을 때까지도 살아 있다. 하지만 행복과는 거리가 먼 그들의 삶이 마치 자신들의 미래의 초상 같아서 마음을 슬프게 한다). 치명적인 많은 질병들이 정복되기는 했지만 은퇴 후에 보내야 할 지루하고 긴 휴가, 겁 없이 치솟는 물가, 지저분한 양로원 등 많은 문제들이 새롭게 등장하고 있다.

중년층은 대부분 양육해야 할 자녀들과 보살펴 드려야 할 부모 사이에서 감당하기 힘든 부담 때문에 휘청거리고 있다. 거의 모든 세금이 그들에게서 나오고 중요하고 힘든 일은 모두 그들 차지이며, 책임이란 책임은 모두 그들이 감당해야 하는데도 체력과 에너지는 점점 떨어지기 때문에 그들의 불안은 더욱 커져 간다.

중년기에는 인체의 안전체계가 갑자기 흔들리기 시작한다. 과학의 급속한 발달로 이들이 익힌 기술과 지식은 쓸모가 없어진다. 고용주들은 이들에게 새로운 지식을 얻도록 격려해 주기는커녕, 첨단의 컴퓨터 지식을 갖춘 젊은이들을 채용하는 것이 경제적이라고 생각한다. 그래서 그들은 끊임없이 실직에 대한 공포로 떤다. 비인간적인 산업사회는 풍부한 경험을 갖추고 있어도 나이가 든 사람에게는 매우 냉혹하다. 사십대 초반에 직장을 잃게 되면 수개월 또는 심지어 수년을 찾아야 새 일자리를 구하는 것이 보통인데, 그나마도 가지고 있던 기술이 쓸모가 없어져서 전혀 낯선 비전문직일 경우가 많다.

중년기에는 무엇보다도 성 기능에 위기가 온다. 여성에게는 여성 호르몬의 변화가 가져오는 갱년기 증상이 나타나는데, 앞으로 출산을 하지 않을 여성까지도 월경이 끝나는 것을 자신의 매력이 사라지는 것으로 인식하여 감정적인 상처를 받는다.

50대를 넘긴 남자들은 자신의 성 기능에 대해서 적지 않은 혼란을 경험한다. 특히 성적인 능력을 특별히 중히 여기는 요즘 남자들은 자신의 성 능력이 저하되었다는 사실에서 큰 상처를 입는다. 우리 나라의 중년 남성을 조사해 보면, 상당수가 55세경에 성 능력의 위기를 겪고 있음이 나타난다. 그래서 이들 가운데 직접적인 행위보다는 외설적인 농담을 하거나 성을 화제로 삼는 등 말을 통해서 성적 욕구를 발산하려는 사람들도 생긴다. 그리고 전에는 필요를 느끼지 못했던 강렬한 자극을 찾아 헤매기도 한다.

그들은 정력 감퇴현상을 애써 부인하거나, 짐짓 대수롭지 않다는 듯한 태도를 보이려고 노력한다. 그러나 자신의 삶에 급격한 변화가 오고 있고, 다시는 전과 같지 않으리라는 사실을 마음 깊이 느끼고 있다. 남녀 모두가 중년기의 어느 단계에 이르면, 강렬한 내적 충동에 사로잡혀 전에는 생각지도 못했던 행동에 빠져 드는 경우도 가끔 있다.

중년기 위기증상

(1) 실존적 공허

중년기가 되면 뚜렷한 이유도 없이 가슴에 구멍이 뻥 뚫린 것 같은 느낌이 들기 시작한다. 이 구멍을 학자들은 실존적 진공상태 (Existential Vacuum)라 부른다. 이런 진공상태는 왜 생기는 것일까?

이것은 지금까지 사회적 지위를 획득하기 위해 쏠리던 에너지가 어느 정도 목적지에 도달하면서 철수해 버리는 데서 비롯된다고 한다. 지금까지 추구해 오던 가치가 상실되면서 텅 빈 구멍이 생기게 되는데, 이것은 젊은 시절 추구해 오던 물질을 가지고서는 채워지지 않는다. 오직 정신적 영적 의미(가치)로만 메워질 수 있는 공간인 것이다.[7]

융에 따르면, 중년기 위기는 영적 위기이다. 중년기의 사람들은 지금까지 자신들의 삶을 유지해 주던 인생관이 이 다음에 오는 미래의 삶을 이끌어 가는 데 미흡한 점이 없는가를 묻고, 이때 새로운 삶의 필요성을 느낀다면 다시 한 번 인생의 전환을 위해 새로운 인생을 출발해야할 것인가를 선택해야 한다. 이 결정에 따라 중년기의 위기가 성장의 종결을 고할 것인지 아니면 새로운 도약의 시작이 될 것인지가 판가름 난다.

이런 면에서, 중년기에 처한 대부분의 사람들은 영적 가치나 영적 의미에 의해서만 충족될 수 있는 실존적 빈 공간을 지니고 있다고 볼 수 있다. 정신적으로 또는 영적으로 채워 주기를 바라는 빈 그릇을 소유하고 있는 중년층은 교회 선교의 중요한 대상이 될 수 있다. 이런 빈 그릇이 미처 준비되지 못한 젊은 사람들이나 이미 무엇인가로 채워진 노인들에 비해 중년층은 훨씬 쉽게 영적인 의미를 받아들일 수 있다.

좀더 깊이 생각하면, 중년기의 사람들은 영적인 양식을 이미 받아들일 준비를 하고 있다. 그러므로 문제는 이런 중년의 영적 배고픔을 이해하지 못하여 영적 양식을 공급해 줄 준비를 하지 않는 데 있다. 수많은 중년들이 영적 양식을 갈구하다가 적절한 시기에 자신들에게 생명의 양식을 제공해 줄 수 있는 사람을 만나지 못해 타락으로 빠져들거나 영적으로 허기진 채 늙어 간다.

(2) 젊음의 상실

중년기가 진행되면 자신들에게서 젊음은 이미 사라졌고 죽음이 문밖에 성큼 와 있다는 사실을 깨닫게 된다.[8] 아무런 걱정도 없이 끝없이 펼쳐질 것 같던 미래를 바라보면서 살던 젊은 날로 다시 돌아가고 싶은 마음이 간절하지만, 이제는 모든 여건이 그렇게 하도록 놓아두지 않는다. 그리고 나이가 더해 가면서 자신이 점점 소용없는 존재로 변해 가고 있음을 통감하기도 한다. 자신의 모습이 하루가 다르게 추해지기 때문에 육체적으로 더 이상 매력이 없음을 절실하게 깨닫는다. 얼마 전만 해도 젊은 남녀가 즐거워하는 모습을 기쁘게 보아 넘길 수 있었는데, 이제는 그런 모습에서 자신의 늙은 모습을 자각하고 고통스러운 감정에 휩싸이곤 한다.

이제 자신들을 기다리고 있는 것은 노년의 건조한 삶과 죽음뿐이라는 사실을 새삼 자각하면서 마음에 충격을 받게 된다. 이 충격의 반작용으로 나타나는 중년기의 태도가 제2의 사춘기적 증상이다.[9]

사춘기에서 언급한 대로, 사춘기 청소년들은 정서가 불안할 뿐만 아니라 충동적이고 반항적이다. 중년기에 들어선 사람들에게서 위와 같은 사춘기적 태도가 다시 살아나는 것은 무엇 때문일까? 중년기의 사춘기적 증세는 앞으로 얼마 남지 않은 시간과 자신의 힘으로는 어쩔 수 없는 누구나 가야만 하는 인간의 운명에 대한 강력한 저항이라고 할 수 있다. 이때 중년기의 사람들은 젊은이의 삶을 흉내냄으로써 자신들에게 다가오는 늙음을 조금이나마 지연시켜 보기 위해 온갖 노력을 기울여 본다.

H여인은 모 대학 교수의 아내이자, 3남매를 잘 키워 낸 현모양처이다. 그녀는 45세가 될 때까지 오로지 가정만을 위해서 살아왔다. 그런데 어느 날 우연히 여대 동창들의 모임에서 쏟아져 나온 첫사랑의 이야기들을 듣고 가슴이 두근거리기 시작했다. 그녀에게 갑자기 무엇인가를 잃어버린 것 같은 느낌이 밀려왔다.

자기만 그런 경험 없이 살아왔다는 것이 억울하고 지금이라도 다시 그런 삶을 살아보고 싶다는 충동이 걷잡을 수 없이 휘몰아치는 것이었다. H여인은 다행히도 몇 번의 상담과 인간관계그룹의 도움으로 성숙한 중년으로 성장하게 되었다.

H여인의 경우만 이런 마음을 갖는 것은 아니다. 중년이 되면 누구나 사라져가는 젊음을 놓치고 싶지 않아 안절부절 못하는 것이다.

이런 중년의 몸부림은 주로 성적인 행동으로 나타나는 것이 보통이다. 젊은 시절의 정력적인 삶을 다시 만회해 보려는 안간힘인 것이다. 이런 중년들에게 어느 기회에 조금이라도 눈에 띄는 이성과 접할 기회가 주어진다면 다른 때는 느낄 수 없었던 충동을 느끼게 된다.

중년기의 사람들을 사라져 버린 젊음을 다시 찾아보려는 환상에 사로잡힌 포로라고 표현해도 좋을 것이다. 어떤 중년들은 눈에 띄는 이성을 보고서 저런 사람을 만났으면 좀더 행복했을지도 모른다는 환상에 젖기도 한다. 이런 환상은 대부분 백일몽으로 지나가고 말지만 잘못하면 외도로 발전될 수도 있다. 특히 결혼생활에 흥미를 상실한 중년층들은 더 늦기 전에 인생을 다시 한 번 즐겨 보자는 유혹에 끌려갈 가능성이 훨씬 더 높다.

그런데 이런 외도의 사례는 전혀 낯선 사람들과의 사이에서 일어나는 비율보다는 쉽게 접할 수 있는 사람들과의 관계에서 더 자주 발생한다. 외도를 하는 사람들의 정신상태는 비정상적일 때가 많다.

물에 빠진 사람이 지푸라기라도 잡는 심정인 것이다. 이런 사람들은 감정과 충동에 휩싸여서 올바른 판단력을 상실하기 때문에 외도로 맺어지는 관계는 정상적인 관계로 발전하기 어렵다.

또 한 연구보고서에 의하면, 중년기에 외도하는 남자들은 연인관계가 깊어지기를 원하는 사람은 별로 없다는 것이다. 이들에게 있어서 가정의 비중이 90이라면, 외도 중인 연인에게 두는 비중은 10뿐이다.

또한 이런 경우에 외도 사실을 알게 된 가족들의 반응도 중요하다. 만일 남편의 마음의 비중이 외도중인 여인에게 90%가 있고, 아내와 가정에는 10%밖에 없다면 이 집안의 가정문제는 심각하다. 외도란 40대 후반과 50대 초반에 주로 일어나는 중년기의 홍역과도 같은 증상이다. 이런 충격에 시달리는 사람들은 외도에서 일시적인 위안을 얻을 수 있을지는 모르지만, 성적인 관계만으로는 중년기의 실존적 공허를 결코 치유할 수 없다는 사실을 명심해야 한다.

(3) 과거와 미래에 관한 질문들

중년기의 사람들은 '이전에 자신들이 세웠던 목표가 얼마나 성취되었는가', 또는 '자신들이 귀중하게 여기던 가치들이 얼마나 실현되었는가' 하는 질문을 숙고하게 된다. 다시 말해서, 자신들의 인생을 재평가하는 괴로운 작업을 시작하는 것이다. 그러나 과거를 뒤돌아보면서도 마음에 흡족한 대답을 하기는 어렵다. 이런 질문이 계속되면서 중년은 위기의식을 느끼고, 자신의 자아에 대한 지금까지의 관념으로부터 벗어나서 보다 새로운 자신이 되어 보려고 한다.[10]

"나는 누구인가?", "나는 왜 그 일을 하게 되었을까?", "이것이 내 삶의 전부인가?", "나는 이제 어디로 가는 것일까?" 이런 질문들이 끊임없이 중년기의 사람들을 따라다니며 괴롭힌다. 지금까지 아무리 만족스러운 삶을 살아 왔더라도, 중년기 때 위와 같은 질문에 시달리게 되면 비관적인 상태로 빠져 버리기 쉽다. 이때 깜깜한 밤의 심연을 헤매이면서 새벽은 절대로 찾아오지 않을 것 같은 절망에 빠져드는 사람들도 많다. 과거에 그렇게 살지 않았더라면, 과거에 어떻게 했더라면, 지금 이렇게 되지는 않았을 것인데 하는 후회도 따라온다.

젊은이에겐 얼마든지 가능성의 미래가 펼쳐지지만, 중년기의 사람들에겐 마치 우리에 갇힌 가축처럼 꼼짝할 수 없는 환경이 기다리고 있다. 이제는 직업이 마음에 들지 않는다고 해서 바꿀 수 도 없다. 중년기의 사람들이 자신을 되돌아보면서 느끼는 감정은 다음 네 가지로 생각해 볼 수 있다.

첫째, 자신을 실패자로 생각하는 사람들이 있다. 이런 사람들은 술, 자살 또는 "인생은 그렇고 그런 것이다."라는 체념 등을 통해서 실패감으로부터 도피해 보려 한다. 이런 부류의 사람 가운데에는 자신을 별나게 취급함으로 실패감을 벗어나려는 사람도 있다. 즉 '나 같은 사람은 이런 악한 시대엔 안 맞는 사람이다.' 라고 생각하는 것이다.

둘째, 아직 실패냐 성공이냐를 결정할 때가 아니라고 생각하는 사람들이 있다. 이런 부류의 사람은 무엇인가 미래에 획기적인 사건이 일어날 것을 기대하고 있는 사람이다.

셋째, 나는 어느 정도 성공했다고 생각하는 사람이다. 여기에 도달한 사람은 약간의 불만족을 느끼는 경우에도 자신의 인생목표를 현실에 맞도록 수정할 수 있기 때문에 비교적 행복하게 살아갈 수 있는 가능성을 가지고 있다.

넷째, '나는 완전히 성공했다.' 라고 생각하는 사람들이 있다. 이런 사람은 가장 행복한 것 같으나, 아주 쉽게 불행으로 떨어질 수 있는 가능성을 가지고 있다. 사실 성숙한 인격을 가진 사람은 나는 완전히 성공했다고 생각하지 않는다.

(4) 죄책감

중년기가 되면 자기의 지나온 날을 되돌아보면서 정도에 따라 가볍게, 아니면 심각하게 죄책감을 느끼는 것이 보통이다. 자신이 성공적인 삶을 살아왔다고 생각하는 사람은 지금까지 너무 자신에게만 신경을 쓰고, 다른 사람들에게는 무관심했던 것에 대해 죄책감을 느끼며, 실패했다고 생각하는 사람도 그 나름대로 과거의 실수에 대해서 후회를 하게 된다. 구체적으로 잘못한 일에 대한 죄책감은 고백과 보상과 용서를 통해서 해결될 수 있지만, 중년이 되기까지 노력을 해 왔는데도 자신의 꿈대로 살아지지 못했을 때 느껴지는 죄책감은 쉽게 사라지지 않는다. 특히 자식들이 부모의 마음대로 되어주지 않을 때 중년은 그것을 자신의 실패로 생각하고 상처를 받는다.

(5) 우울증

위에 말한 죄책감이 떠나지 않고 중년기를 괴롭힐 때 우울증이 서서히 뿌리를 내리기 시작한다. 지나온 자신의 삶에 죄책감을 느끼고, 그 결과 자기 자신에 대해 분노를 느낀다면 그것은 자신감과 영적 기능에 장애를 가져다준다. 우울증은 주로 분노가 자기 안으로 향할 때 일어나는 증상이다. 또 자신에 대한 신뢰를 상실했을 때에도 우울증이 발생할 수 있다. 특히 자신의 생애 전반에 대해서 확신감을 잃어버리게 될 때 무력감의 수렁으로 빠져들게 된다. 이런 무력감은 느끼면 느낄수록 더욱 심화되어서 결국엔 자신이 전혀 쓸모 없는 존재가 되어 버린 것 같은 좌절을 경험한다. 이런 우울증은 신체적인 조건과도 관계가 있다.

여기서 벗어나려면 개인적인 가치, 자기 자신에 대한 확신 그리고 자신의 역할을 다시 찾아내야 한다. 그리고 신체적, 정서적, 지적, 영적인 면에서 적극적으로 활동하게 되면 쉽게 사라질 수도 있다. 치료방법은 뒤에 이야기하기로 한다.

중년기의 위기와 상담

(1) 영적인 흐름에 순응하는 삶

융(G. C. Jung)에 의하면, 중년기가 되면 지금까지 외부로 향했던 생명 에너지의 흐름이 내면으로 바뀐다. 이것은 의식의 세계에서 자의로 되어지는 것이 아니라, 무의식의 세계에서 자연스럽게 진행되어지는 과정이다. 이런 생명 에너지의 방향 전환은 그 목표를 의미 있는 삶과 영적인 삶에 둔다.

중년기가 되면 영적인 방향으로 인생의 나침반이 바뀌어진다고 생각할 수 있다. 중년기의 사람들이 인생 항해를 하면서 이 영적인 나침반의 방향을 따라 항해를 하면 중년의 생을 건강하고 보람있게 살아갈 수 있다. 그러나 중년기에 접어들었으면서도 자기 생의 나침반이 어디로 놓여 있는지조차 깨닫지 못하는 사람은 지금까지 살아온 대로 외적인 방향에서 생의 욕망을 채워보려 한다. 그런 사람은 인생의 창조순리를 거역하는 것이다.

이 이론을 주장한 칼 융(Jung)은 세계적인 정신과 의사였다. 그는 또 중년 환자들만을 주로 치료했던 의사로서도 유명하다. 전세계적으로 몰려오는 환자들을 치료한 융의 비결은 환자들이 가진 인생의 나침반을 바꿔 놓는 데 있었다. 융은 인간의 영적인 면을 꿰뚫어 보는 의사였다. 하지만 그는 환자의 영적인 방향이 잘못되어 있을 때 그 방향을 바로잡아 주는 것이 고작이었다. 그는 중년기 환자들이 자신의 생명 에너지의 흐름이 영적인 방향으로 전환되었는데도 그 영적 흐름을 거슬러 올라가려고 애쓸 때, 그것을 지적해 주었던 것이다. 그는 인생의 방향이 가리키는 대로 순리를 따라 살지 않고 아직도 외적인 쾌락에서 욕망을 채워 보려는 사람들이 중년기 환자들임을 알고 있었던 것이다.

목회자는 중년기의 사람들을 만날 때 먼저 그의 삶의 나침반이 올바로 놓여 있는가를 파악해야 한다. 그래서 그의 생의 나침반이 잘못된 방향을 가리키고 있다면 올바른 방향으로 잡아 주어야 한다. 그렇지 않으면 그의 삶이 방향을 잃고 언제, 어디서 좌초해 버릴 지 모르기 때문이다. 생의 나침반이 올바른 방향으로 놓여 있지 않는 사람에게 다른 모든 도움은 무의미하다는 것을 알아야 한다. 목적이 틀렸거나 병들어 있으면 삶 전체가 병들게 되어 있다.[11] 중년기에 있어서, 삶의 나침반은 궁극적으로 창조주 하나님을 향해 놓여져 있다고 보아야 한다. 그런데도 나침반이 지시하는 방향으로 가지 않을 때, 그의 영과 정신, 육체가 병들게 된다. 이것이 중년기 환자이다.

융은, 지금까지 자신의 마음속에서 지주 노릇을 하던 자기(Self)의 기능 상실이 중년기 환자를 만든다고 했다. 자기란 기독교 식으로는 영을 의미한다. 자기의 기능을 상실한 환자에게 자기를 다시 찾아줄 때, 그 기능이 회복되면 중년기 위기에서 비롯된 모든 병도 치료된다.[12]

인간 안에 내재되어 있는 하나님의 형상인 영은 창조주 하나님을 만날 때에 힘을 갖도록 되어 있다. 이것은 인간의 영이 나침반을 하나님을 향해 정해 놓고 나아갈 때 치유가 일어난다는 사실을 의미한다.

융은 계속해서, 하나님을 잃어버린 중년기 환자에게 하나님을 찾아 만나도록 해 주면 누구나 회복이 일어난다고 했다. 한 마디로, 중년기의 사람들은 영적인 삶을 살아야 생명력이 일어나는 것이다. 그러므로 그의 나침반이 가리켜야 할 목표도 신앙적이어야 한다.

 필자의 생각으로는 중년기 이전까지는 타고난 체력 또는 정력으로 자신의 삶을 영위해 갈 수 있다. 그러나 중년기에 접어들면서 타고난 정력은 거의 다 소모되어 버린다. 이는 중년기는 다른 곳으로부터 생명력을 충전 받아야 한다는 것을 의미한다. '나이 사십이 넘으면 밥 심(힘)으로 산다.'는 우리 속담이 이 사실을 잘 나타내 준다. 이 속담은 나이 사십 세가 되면 자체 힘으로는 생명유지가 어려워지고, 어떤 힘이 외부로부터 주어져야 함을 말하는 것이다

 중년기의 사람이 건강하기 위해서는 정신적 영적 힘의 충전을 필요로 한다. 이런 영적인 힘의 충전 없이 활력 있는 삶을 지탱하기는 어려운 일이다. 중년기에 들어서도 영적인 힘의 충전 없이 자신의 힘만 믿고 활동하다가 어느 날 신체의 저항력이 떨어지면서 시시한 감기에도 아주 쉽게 쓰러지고 마는 경우가 더러 있다. 우리 나라가 중년기의 사망률이 다른 나라와 비교해서 더 높은 것은, 하나님으로부터 받은 영적인 에너지의 충전 없이 분주하게 뛰는데 그 원인이 있다고 생각된다.

(2) 생의 의미 발견을 위한 상담

 의미요법의 창시자 빅터 프랭클(Viktor Frankl)에 의하면, 인간은 의미를 발견할 수 있을 때 건강해지고, 의미를 상실하면 곧 병들게 된다고 한다.[13] 인간은 의미를 위해서 목숨까지도 바칠 수 있는 존재이다. 독립운동을 위해 몸 바친 애국지사들과 신앙을 위해 순교한 사람들이 그 좋은 예이다. 중년기의 위기는 영적인 의미를 발견할 수 없을 때 오는 위기이기도 하다. 중년기에 활력을 불어넣으려면 영적인 삶의 의미

를 발견할 수 있도록 도와주어야 한다.

그런 의미에서, 의미요법을 중년기 위기상담에 적용해 보려고 한다. 먼저 의미요법에서는 삶의 의미를 궁극적인 의미와 상황적인 의미 두 가지로 구분한다. 중년기의 사람은 궁극적인 의미 충족도 느껴야 하지만, 상황적인 의미 충족도 동시에 경험할 수 있을 때 건전해질 수 있다.

궁극적인 의미 충족이란 신앙을 통해서 하나님과 만나는 데서 얻어지는 생명력이며, 상황적인 의미란 일상생활 가운데서 충족될 수 있는 생명력이다. 이 둘은 분리되어 추구될 수 있는 의미가 아니고 동시에 추구되어져야 하는 의미이다.

1) 궁극적 의미 충족

궁극적 의미는 신앙생활을 통하여 하나님과 만나는 경험 가운데서 느낄 수 있다. 하나님과의 만남을 위해 교회는 중년에게 여러 가지 프로그램을 제시할 수 있다. 신앙공동체 훈련을 겸한 기도훈련과 성경공부를 통해서 중년의 텅 빈 공간을 생명수로 채울 수 있다. 교회를 이끌어 가는 주체는 주로 중년층들이다.

그런데 이 중년들이 영적으로 힘을 상실하면 교회 전체가 흔들리면서 무기력한 신앙공동체로 되어 버리고 만다. 많은 목회자들이 교회에 활력이 없을 때 다시 일으켜 보려고 부단히 애를 써 보지만, 어디서부터 손을 대야 할지 모르는 경우가 대부분이다.

필자는 이와 같은 무기력증에 시달리고 있는 두 교회를 알고 있다.

여러 가지 요인이 있겠지만 우선적으로 이곳에서는 중년층들을 모아 궁극적 의미와 상황적 의미를 동시에 충족시킬 수 있는 프로그램을 3개월 동안 실시하였다. 그러자 이 두 교회의 신앙공동체가 아연 활기를 띠기 시작했다.

궁극적인 의미 충족을 위한 훈련으로는 기도와 성경공부를 들 수 있다. 기도를 통해서 인간은 무한한 하나님의 존재를 인식하게 된다. 그리고 하나님의 존재를 아는 순간 자신의 참 삶을 발견하게 된다.

① 기도는 하나님께로 가는 길이요, 영적인 호흡이다.
② 기도는 하나님을 향해 드리는 마음의 행위이다.
③ 기도는 하나님과의 대화이며 하나님과의 사귐이다.
④ 기도는 하나님과 함께 세상을 변화시키는 일에 동참하는 것이다.

토마스 머튼은 이런 기도 훈련의 형태를 성찰기도, 묵상기도, 관상기도 단계로 설명하였다.

다음은 말씀 훈련이 있는데, 그룹으로 하는 성경공부와 개인적으로 하는 성경공부, 말씀 묵상을 동시에 해야 한다. 특히 잠들기 직전과 일어나기 직전에 하는 말씀 묵상은 중년들에게 좋은 효과를 준다. 이 외의 중년기 치유방법으로 예배와 성례전을 들 수 있다.

2) 상황적 의미 충족

상황적 의미는 사랑의 의미와 노동의 의미와 고통의 의미로 분류된다.

① 사랑의 의미

중년층의 사람들에게는 신앙을 통한 궁극적인 의미도 필요하지만, 그와 함께 사랑의 의미도 충족되어야 건전한 중년으로 성장해 갈 수 있다.[14] 사랑의 의미는 다른 이웃과의 깊은 만남을 통해서, 예술활동을 통해서, 자연과의 만남을 통해서 충족될 수 있다. 그러므로 교회는 만남을 위한 기회를 마련해 줄 수 있어야 한다. 성경공부 모임, 구역 모임, 부부 모임, 결혼준비 모임, 교회 각 기관 모임 등이 만남의 욕구를 충족시켜 줄 수 있을 것이다. 그러나 지도자가 그룹 회원들에게 무엇인가를 던져주고 마는 일방적인 모임일 때에는 좋은 만남이 일어날 수 없다. 같은 성경공부 모임이라도 목회자가 일방적으로 가르치는 모임과 성경

주제를 가지고 주제와 자기 삶과 관계되는 사건들을 회원끼리 서로 나누는 모임은 큰 차이가 난다.

인간은 사회적인 동물이라서 다른 사람과 밀접한 관계를 유지하고 싶은 욕구가 있다. 그래서 이 욕구가 충족되지 않으면 병이 든다. 활력 있는 교회가 되려면 하나님과의 관계에서 일어나는 수직적인 욕구 충족은 물론 이웃 교인들과의 관계에서 얻어지는 수평적인 욕구 충족에도 신경을 써야 한다. 그럼에도 오늘날 대부분의 교회는 하나님과 교인, 또는 목회자와 교인관계만을 중시하는 경향이 있다.

다음으로, 중년기 사람들은 내적으로 영적인 문이 열려 있는 상태여서 예술활동이나 감상을 하는 기회가 주어지면 좋다.

좋은 그림이나 좋은 음악은 영혼의 언어이기 때문에 중년기의 사람들에게 특별한 생명력을 불어넣어 줄 수 있다. 아름다운 찬양을 부를 때나 감상을 할 때 마음속에 깊은 감동이 느껴지는 것은 이 때문이다. 그러므로 노래를 좋아하는 중년들끼리 아름다운 찬양이나 가곡 등을 부르는 합창단이나 합주단을 조직해서 활동하는 것도 한 방법이 될 것이다.

셋째로, 자연과의 만남이다. 자연은 인간의 영을 살찌우는 모태와도 같다. 자연 속에서 인간은 영적으로 순수해진다. 역사 속에서 위대한 족적을 남겼던 위인들은 거의가 자연과 함께 성장했던 사람들이다. 영적으로 성숙한 사람만이 참 역사의 주인공이 될 수 있다고 생각할 때, 자연과의 만남은 큰 의미가 있다. 영성수련을 할 때에도 얼마나 좋은 자연 환경을 만나느냐가 큰 영향을 미친다.

이런 면에서, 중년층의 사람들은 자연과 친해질 수 있는 기회를 자주 갖는 것이 아주 중요하다. 도시에서 자연을 접할 수 없는 사람들은 자연을 집안으로 끌어들이는 방법도 생각해 볼 수 있다. 손수 가꾼 화분을 집안에 들여놓고 물주고 가꾸며 사랑의 대화를 나누다 보면, 화분의 꽃이 중년의 마음에 얼마나 놀라운 생명력을 주고 있는지를 경험하게 될 것이다.

② 노동의 의미

하나님은 인간을 창조하실 때 노동을 하면서 살아가도록 만드셨다. 그래서 인간의 육체와 정신과 영은 노동을 해야 성숙해질 수 있다.[15] 정신적 노동이건 육체적 노동이건 노동을 할 수 없을 때 인간은 퇴화되는 것이다. 즐거운 노동은 우리에게 신비한 생명력을 가져다준다. 중년이나 노년에게 있어서도 이 생명력은 건강의 기본이다.

한 예를 들어보자. 지금은 고인이 된 82세의 어느 할아버지는 40대의 건강을 누리고 있었다. 그 비결은 의미 있는 노동에 있었다. 그분은 매일 아침 다섯 시에 일어나서 도심지 길거리를 다니면서 지난밤에 버려진 알루미늄 깡통을 주웠다. 깡통을 일년 동안 모으면 상당한 액수의 돈을 마련할 수 있었다. 그는 이 돈을 송두리째 불우한 젊은이들의 장학금을 위해 바쳤다. 그분의 노동에는 미래의 우리 나라 일꾼을 길러 내고 있다는 깊은 의미가 담겨 있었다. 그분처럼 중년도 노동을 찾아서 할 수 있어야 한다. 그리고 의미 있는 노동은 눈만 크게 뜨면 얼마든지 발견할 수 있다.

③ 고통의 의미(죽음의 훈련)

중년기는 지나온 삶에 비교해서 훨씬 짧은 미래를 소유하고 있다. 그래서 중년은 언제 자기에게 찾아올지 모르는 죽음을 준비해야 한다. 그러나 인간은 죽음을 두려워해서 죽음을 의식적으로 회피하는 경향이 있다. 마치 자신에게는 죽음이 찾아오지 않을 것처럼 여기는 것이다. 그러나 아무리 발버둥쳐도 인간이 죽음이라는 불안의 존재를 밀쳐 내 버릴 수는 없다. 그러므로 중년은 끊임없이 자신을 따라붙는 죽음을 만나는 훈련을 해야만 한다. 자신의 죽음을 만나지 않으려고 회피해 다니는 중년의 노후는 아주 비참하게 진행될 것이다. 나는 어쩔 수 없이 죽을 수밖에 없는 존재라는 사실을 자각하고 죽음과 친구처럼 친해질 수 있는 훈련을 해야 한다.

예를 들어, '자신의 묘비 쓰기', '관 속의 명상' 등은 좋은 훈련 프로그램이라고 생각한다. 인간은 자신의 죽음을 만날 수 없을 때 비굴해진다. 반대로 자신의 죽음을 수용할 수 있을 때, '나는 이제 죽어도 좋다.' 라는 고백을 할 수 있게 된다. 그리고 이렇게 고백할 수 있는 사람은 영적으로 육신적으로 건강한 삶을 살 수 있는 사람이다.

노년기 위기 상담

1. 노년기의 정의
2. 노년기의 위기
3. 적극적인 노년기
4. 노인 상담
5. 노인 상담 방법

되돌아 본 인생

여섯 살 때
우리는 집짓기를 갖고 놀았다.

열 네 살이 되었을 때
우리는 패쌈을 하고 놀았다.

그리고 스무 살이 되었을 때
우리는 사랑의 열병을 앓았다.

그리고 서른 살이 되었을 때
아이들을 가졌고,

서른 다섯이 되었을 때
우리는 히틀러와 뭇솔리니를 만나야 했다.

그리고 또 마흔 살이 되었을 때
잿더미 속에서 C레이숀을 구걸해야 했고,
쉰 살이 되었을 때
곧 잘 살 수가 있었다.

그리고 육십이 되었을 때는
담석증을 앓아야 했고

그리고 칠십이 된 이제
우리는 우리를 더 이상 우리라고 부를 수가 없게 되었다.

귀세페도, 카플로도, 그리고 나의 아내도 이미 세상을 뜬것이니 ….

- 에우제니오 몬탈레(1975년 노벨 문학상 수상자) -

어느 목회자들의 모임에서 목사 한 분을 만난 적이 있다. 그분은 내게 자신에 대하여 얘기해 주었다. 그분의 이야기에 따르면, 1년 반 전부터 갑자기 불안감이 느껴지면서 몸에 기운이 빠지고 책을 보아도 정신 집중을 할 수가 없다는 것이었다. 그래서 아무 하는 일없이 시름시름 앓아오면서 소일하고 있다고 했다. 나이를 물으니 만 66세라고 했다. 그래서 필자는 그분과, "목사님은 인생의 홍역을 앓고 계십니다."라는 요지의 대화를 나누었다.

얼마 전, 한국일보에서 정년퇴직 40일을 앞둔 Y대 공대 교수가 갑자기 사망했다는 기사를 보았다. 필자는 그분이 누구인지 전혀 모르지만 만일 그분과 깊이 대화할 수 있는 기회가 주어졌더라면 작은 도움이라도 드릴 수 있지 않았을까 생각해 보았다.

위의 목사와 교수는 현대의 노인이라면 거의가 겪는 노인의 위기에 빠진 경우이다. 한 인간이 늙어 가면서 부딪치는 수많은 문제를 모두 다 열거할 수는 없다.

그래서 여기에서는 몇 가지만을 간추려 설명하고, 그에 따른 상담방법을 간단히 기술하고자 한다.

노년기의 정의

　노년기는 개개인에 따라 다르게 나타나고, 그 사회와 나라에 따라서도 서로 다르게 정의된다.
　전통적인 한국사회에서는 보통 50세가 되면 일을 그만 두고 노인이 되어 버린다. 그러나 지난 수십 년 동안의 급격한 사회변화에 따라서 인간의 수명이 늘어났으며, 생활 정보의 향상으로 인해 노인의 연령 기준도 예전보다 훨씬 높아졌다. 현대사회에서는 법적으로 65세를 노인 연령의 기준으로 삼고 있다.
　1951년 국제 노년학회에서는 노인 개념을 자세히 규정하였는데, "노인이란 인간의 노화과정에서 나타나는 생리적, 심리적, 환경적 행동의 변화가 상호작용 하는 복합 형태의 과정이다."라고 정의하고 있다. 이것을 세분하면 다음과 같다.
　1) 환경 변화에 적절히 적응할 수 있는 자체조직에 결함을 가진 사람,
　2) 생활 자체가 자신을 통제할 수 있는 능력이 감퇴되어 가는 시기에 있는 사람,
　3) 생 자체의 적응이 정신적으로 결손 되어 가고 있는 사람,
　4) 인체의 조직 및 기능 저장의 소모로 적응 감퇴 상태에 있는 사람이다.[1]

노년기의 위기

인간은 나면서부터 죽을 때까지 수많은 위기를 겪는다. 그 중에서도 인생발달과정에서 일어나는 위기를 들어보면, 청소년의 심리적 갈등으로부터 40대의 고비, 50, 60, 70대의 고비를 넘기면서 겪는 심리적 위기가 있다. 이 위기가 그 고비를 겪는 장본인에게 심각한 심리적 타격을 가한다.

특히 60이나 70의 고비를 넘어야 하는 노년기의 사람들에게는 기약 없는 죽음에 대한 공포가 더욱 심하게 영향을 가하기 때문에 이 위기에 적응을 잘 하지 못하는 경우에는 생명까지도 잃어버리는 경우가 많다.

인생 주기에서 오는 위기 외에도 노인들은 수많은 위기와 싸워야만 한다. 그 가운데 몇 가지를 간추려 정리하면 다음과 같다.

(1) 신체적 변화

노년에 접어들면 먼저 신체적 특징들이 나타난다. 외모가 달라지고, 동작이 느려지며, 병에 대한 저항력이 약화될 뿐만 아니라 질병의 회복 속도도 느려진다. 뼈는 유연성이 약해서 작은 충격에도 상하기 쉽고,

근육조직은 약화되어 힘을 쓸 수 없으며, 위장과 대장의 기능이 약해져서 소화불량과 변비, 설사가 잦아진다.
또 심장의 혈관운동도 속도가 느려져서 심장으로 들어가는 혈액의 양도 줄어든다. 뇌에 보급되는 혈액의 감소는 노인의 사고능력에 지장을 초래하고, 사고능력의 저하는 노인의 행동에 변화를 가져온다. 그뿐만 아니라 청각과 시각이 약해져서 행동이 불편해진다. 이러한 요인들이 노인들로 하여금 위기의식을 느끼게 하는 것이다.

(2) 역할 상실

1) 사회적 변화가 거의 없었던 전통사회에서의 노인들은 그 사회의 전통을 이어주는 중요한 사회적 지위와 역할을 갖고 있었다. 그러나 급변하는 오늘의 산업사회에서는 노인들은 은퇴라는 제도 때문에 일터에서 밀려나고, 가정에서는 핵가족제도로 밀려나게 되었다.
대부분의 사람들에게 있어서 사회적 활동이란 그들이 지금까지 종사해 온 직업활동을 말한다. 그만큼 직업과 연관된 역할들의 사회적 비중이 큰 것이다.
그런데 신체적인 노인의 쇠퇴현상은 사회생활에 많은 영향을 미친다. 귀가 잘 들리지 않기 때문에 다른 사람과의 대화가 어려워지고, 눈이 어두워지기 때문에 보고 읽는 문제가 쉽지 않아진다.
자연히 그들은 소외의식을 느끼게 된다. 인간은 자기가 하는 일 속에서 긍지를 느끼고 소속감을 느끼게 되는데, 노인에겐 그것이 여의치 않은 것이다.
2) 인간은 자기가 하고 있는 일과 활동 가운데서 자기의 정체감을 발견하게 된다. 그러므로 수십 년 동안 몸과 마음을 쏟아 가면서 해온 일이 그 자신의 일부분이 되어 버리는 것은 당연하다. 그들은 자기의 일

속에서 어떤 사명의식을 느끼며, 생의 의미를 발견하기도 한다. 그래서 정신분석학자 프로이트는 사랑과 일은 인간의 정신건강 유지의 두 기둥이라고 말했던 것이다.[2]

3) 퇴직이나 어떤 다른 이유에서 노인이 자기의 일을 잃어버리는 것은 노인 자신의 구체적인 가치와 의미를 잃는 것이 된다. 따라서 일을 잃어버린 노인은 무기력해지고 생의 목적을 상실하게 되기 때문에 위기에 빠지게 되는 것이다.

현명한 사람은 은퇴 수개월 전부터 자신의 노후를 위해서 취미를 개발하거나 흥미 있는 일거리를 준비하고 경제적인 준비를 한다. 그럼에도 막상 은퇴 전후의 2-3개월 동안 어느 정도의 방향상실감을 느끼게 되고, 고독과 허전함을 느끼지 않을 수가 없다. 그런데 대부분의 사람들은 이 위기에 대처하지 못한다.

(3) 관계 상실

인간관계를 통해서 사람들은 희로애락을 함께 나누게 되고, 정서적 만족을 공유하게 된다. 특별히 노인에게는 교우관계가 가정생활 못지 않게 중요하다. 그러나 직업에서의 역할 상실과 경제적인 위축으로 노인들의 교우관계는 점점 줄어드는 것이 일반적이다. 우선 옛날의 직장 동료들과 멀어지게 되면서 점점 부부중심의 삶이 시작된다. 부부중심의 관계가 진행되면 신앙이나 같은 취미를 가진 사람들과 새로운 친구를 사귀게 된다.

그렇지만 노인들에게서 이러한 관계가 오래 갈 수 없다. 시간이 지나감에 따라 성혼한 자식들이 가정을 떠나가기도 하고, 친지나 친구들이 사망하기도 하는 때문이다. 또한 배우자의 사망도 어느 때인가는 숙명적으로 찾아올 것이다.

가족이나 친구 그리고 배우자와의 관계는 하루 이틀에 이루어진 것이 아니라 오랜 세월을 두고 형성된 것이므로, 이러한 관계들이 하나 둘씩 단절될 때 외롭게 남아 있는 노인의 신체와 정서는 심하게 상처를 받는다. 그리고 이 상처로부터의 회복은 상당한 시간을 요하게 된다.

(4) 존엄성 상실

현대 사회의 구조는 생산성을 중요시하는 사회이다. 따라서 자본가들은 생산성이 높은 노동력을 중요한 가치로 여긴다. 그런 때문에 노동력을 가진 젊은이가 각광을 받는 반면에 약한 노동력을 가졌거나 상실한 노인들은 쓸모 없는 존재로 취급받을 가능성이 높다. 또한 기계문명의 발달로 잉여노동력이 남아돌아서 젊은이들도 일할 자리가 없는 형편이므로 노인은 더욱 일할 수 있는 기회를 얻기 힘들다. 그런 연유로, 노인들은 스스로의 존엄성을 느끼지 못할 수 있다. 노인들은 사회적 가치와 규범의 변화 속에서 '시대에서 낙오된 무능력자'로 낙인 찍히고, 업적주의적 인간관계 속에서 노인들에 대한 멸시가 보편화되는 현상 아래 놓여 있다.[3]

노인의 존엄성이 상실되는 또 하나의 이유는 이 사회가 보는 인생행로의 변화에 있다. 현대사회에는 대체적으로 인생의 출생부터 죽음까지를 약·강·약의 순서로 보는 통념이 있다. 즉, 중년기를 인생의 최고 전성기로 보고, 이 시기를 기점으로 해서 어린아이부터 중년기 전 단계는 준비단계, 중년 이후부터 노년까지를 하향단계로 구분한다. 그러나 이런 구분 태도는 문제가 있다. 이런 식의 인생에 대한 관점은 노인을 이미 인간 가치를 상실해 버린 사람으로 간주하기 쉽기 때문이다.

(5) 소외와 고독

위에서 열거한 내용들은 결국 노인들에게 심한 소외와 고독감을 느끼게 한다. 이들은 노년기에 접어들면서 과거의 여러 가지 역할들로부터 밀려나 역할부재에서 오는 좌절과 고독을 느끼게 된다. 수십 년에 걸쳐 지속해 온 관계를 하나 둘씩 상실해 가는 데서 소외와 고독을 경험하는 것이다. 이러한 고독과 소외는 자식들이 경시하거나 천대할 때에도 찾아온다. 자녀들의 부모를 모시지 않으려는 태도는 노인들에게 극심한 불안감과 함께 깊은 소외와 고독감을 느끼게 한다.

최근 노인들의 고독과 불안감을 조사한 한 보고에 의하면, 정도의 차이는 있으나, 거의 대부분의 우리 나라 노인들이 심리적인 고독과 불안감을 느끼고 있음을 볼 수 있다.

아래 연구는 서울에 살고 있는 60세 이상의 남녀 노인 637명을 대상으로 조사한 것이다.[4]

■ 도시 노인의 고독, 불안감

성별 및 거주별 고독 및 불안감 정도	거 주 노 인			시설노인
	남	여	계	
자주 느낀다	45.5%	38.2%	43.3%	87.8%
느끼지 않는 편이다	38.3%	42.8%	39.5%	6.1%
전혀 느끼지 않는다	16.2%	19.0%	17.2%	6.1%
계	100%(281)	100%(126)	100%(407)	100%(141)

우리 나라의 가족제도는 서양의 부부중심과는 달리 부모 자녀 중심이기 때문에, 우리 나라 노인들은 가족주의적일 뿐만 아니라 가족을 의

존하는 심리를 강하게 나타낸다. 그러므로 노후에 가족들과 함께 지낼 수 없게 된 노인들은 더 극심한 불안과 고독감을 느끼게 된다. 그러나 자녀들과 함께 사는 노인들도 심리적 고독은 여전히 노인의 가슴에 남게 된다.

적극적인 노년기

위에서 노년기에 접어든 사람들이 겪는 아픔을 이야기했다. 그러나 노인이라고 해서 꼭 그렇게 비참한 처지를 살아야 할 필요는 없다.

많은 노인들이 위에서 말한 어려움 가운데서도 좌절하지 않고, 오히려 이러한 상태를 잘 이용하여 성숙한 노년을 살아가는 이들도 많다. 그렇다면 이들은 특별한 기술을 가진 사람들인가? 아니면 늙어가는 과정 자체가 이들에게 어떠한 이득을 가져다주는 것일까?

노년기에 오히려 중년기에서보다 지식과 기술을 훌륭하게 발휘하는 사람들이 있다. 노년기를 비교적 편하게 그리고 행복하게 살아가는 노인들에게서 이러한 모습을 볼 수 있다.

융이나 에릭슨에 의하면, 인생의 후반기는 하향길이 아니라 새로운 인격의 통합을 이루는 절정의 시기이다. 융에 있어서 노년은 자기 자신의 내적 세계를 발견하는 기회이다. 이 내적 세계가 지금까지 자기가 오랫동안 예속되어 있던 외적 세계를 가치 있는 세계로 완성시키는 것이다.

또한 무의식 속에 방치해 두었던 가능성을 깨닫는 기회이기도 하다. 지금까지의 경험을 되돌아봄으로써 자신을 반성할 수 있는 위치에 서는 시기가 노년기인 것이다.

프루이저(Paul W. Pruyser)는 노년을 상향도 하향도 아닌 인생 발전을 향한 전진의 시기로 본다.[5]

오늘의 사회는 인간이 늙어가는 것을 상실(Loss)이나 하향(Downward), 또는 쇠퇴의 단계로 이해한다. 그러나 노년이 되어서 잃어버리는 것이 있는 반면, 얻는 것도 있음을 기억해야 한다. 노년을 연구한 보고서에 의하면 많은 노인들이 늙어가면서 인생을 더욱 즐기고 있음을 보여 주고 있다.

심리학적 입장에서 보면, 노년의 아픔이 크기는 하지만, 아픔 속에서 새로운 기쁨을 만들어 낼 수 있는 능력을 가지고 있는 시기가 바로 노년기이다. 그러므로 지혜롭기만 하다면 노년을 얼마든지 즐길 수 있는 것이다. 이러한 노인의 기쁨은 그들이 누군가를 또는 무엇인가를 사랑하고, 사랑 받는 일이 습관화 된 사람들에게서 많이 볼 수 있다.

노년에는 젊었을 때와 꼭 같은 힘이나 업적을 수행하여 만족할 만한 인정을 받을 수는 없다. 이 시기에는 젊은 시절과는 다른 만족 추구를 해야 한다. 그러므로 노년이 되기 전에 미리 자기가 하고 싶은 것이 무엇인가를 생각하고, 은퇴한 후 무엇을 할 것인가를 생각해야 된다.

여러 가지 가능성이 있으므로 각자가 자기 처지에 맞는 계획을 세우는 것이 좋다. 또 어떤 일을 하더라도 이익을 위하지 않고 자기 취미를 위해서 하는 것이 바람직하다. 적극적인 노인들은 스스로 만든 새로운 일에다 자신의 에너지를 쏟는다. 일은 너무 지나치지 않고 거기에서 만족을 느낄 정도면 이상적이다. 이럴 때 자기의 역할과 존엄성을 계속 유지할 수 있다. 할 일이 있는 사람은 죽을 수가 없다. 할 일이 있고, 그 일을 즐기는 동안 온 몸의 세포가 왕성하게 활동하여 혈액순환을 돕기 때문이다.

이런 상태에서는 정신도 따라서 건강해진다. 일의 종류는 그것이 의

무이거나 봉사이거나 간에 자신에게 어떤 의미를 부여해 준다면 어떤 것이든 좋다.

필자는 가끔씩 멀리 미국 로스앤젤레스에 거주하는 재미교포 노인 한 분을 생각한다. 80세를 넘어선 이 노인은 매일 새벽 부대자루를 어깨에 메고 시가지와 공원을 돌아다니면서 길에 버려진 깡통을 줍는다. 노인은 이것을 모아 팔아 수천 불의 장학금을 한국의 어려운 학생들에게 보내고 있다. 그분은 그 일로 자신의 삶을 즐길 뿐만 아니라 거기에서 의미를 찾는다. 그는 앞으로의 새로운 계획도 많이 갖고 있다. 그분에게서는 낡은 정신을 볼 수가 없고, 아직도 싱싱한 생명력을 느낄 수 있다. 노인이란 상대적인 말이다. 그러므로 이분도 나이로 보면 늙었으나 정신적으로 늙지 아니한 것이다.

유대인의 사회에서는 노인은 인생의 황혼을 걷고 있는 존재가 아니라, 인생의 안식을 취하는 존재라고 생각한다. 그래서 노인이 되어 일을 할 수 없다고 해도 심리적인 열등감이나 죄책감을 느끼지 않는다.[6]

구약성서나 유대인의 전통에서 노년기는 구원의 희망을 향해 가는 시기요, 인간 성숙의 정점인 자기 실현을 위한 안식년에 접어든 시기이다. 그래서 노인은 하나님의 말씀을 공부하고 인간의 영을 깨끗하게 하는 고귀한 목적에 자신을 바치게 된다. 그들은 노년이 되어서 할 일이 없어진다 해도 좌절을 느낄 필요가 없다. 그들에게 있어서 노년기는 매일이 안식일이므로 인생의 안식을 즐기면 되는 것이다.

구약성서에서 안식일은 하나님의 창조에서 절정을 이루는 날이다. 안식일은 쉬는 시간이 아니라 재창조를 위해서 자신을 재정리하고 힘을 비축하는 시기이다. 유대사회에서 노인의 안식일은 그냥 쉬는 시간이 아니다. 그들은 쉰다며 게으름을 핀다거나 생의 목적을 잊어버리는 것이 아니라 오히려 안식을 통해서 자신들의 영과 여러 가지 가능성을 계발하는 활동을 계속한다.

그들의 사회에서 노인은 특별한 지위를 차지하고 있다. 새로 성장하는 세대에게 율법을 해석해 주는 것이 노인의 임무이다. 그래서 노인은 사랑의 권위와 존경을 가정과 사회에서 받을 수 있다.

구약성서는 노인을 존경해야 한다는 내용을 많이 다룬다.

"백발이 성성한 어른 앞에서 일어서고, 나이 많은 노인을 공경하라" (레 19:32).

"백발은 빛나는 면류관, 착하게 살아야 그것을 얻는다" (잠 16:31).

노인상담

(1) 노인상담의 신학적 이해

노년기에 접어든 사람들을 위한 효과적인 상담을 위해서는 먼저 거기에 합당한 신학적 배경이 요구된다. 노년을 극복할 수 있는 진리는 희망과 구원의 소식에서만 가능하다.[7] 희망과 구원의 소식은 현재와 미래를 연결시켜 주는 힘이다. 성서에서 구원 사건은 예수님과 함께 일어난 모든 사건의 핵심으로 나타난다. 하나님의 나라는 미래의 어느 순간에 도래하도록 되어 있다. 그렇지만 우리는 하나님의 세계가 예수의 구속의 행동과 함께 이미 시작되었음을 믿는다. 장차 이루어질 하나님의 나라를 믿는 사람들은 지금도 이 땅에 역사하고 계시는 하나님의 구원 활동에 참여 하도록 요청 받고 있다. 그것도 소극적이 아니라 적극적으로, 하나님 나라의 도래를 믿고, 하나님의 구속사업에 참여한다는 것은 우리 자신의 고통이나 죽음까지도 초월할 수 있다는 의미이다.

하나님의 구속사업에 참여함으로써 하나님의 영원한 생명에 동참한다면 이것이 바로 구원이다. 나이가 들었어도 세상을 변화시키는 하나님의 구속사업에 동참하고 있는 한 그는 계속 영원한 의미를 소유한 자가 된다.

(2) 노인과 죽음 준비

목회자는 먼저 노년기에 접어든 사람이나 노년기에 들어서는 사람들에게 죽음을 현실로 받아들이는 교육을 해야 한다.

앞서 언급한 어느 66대 목회자의 불안증은 죽음을 두려워해서 생긴 현상이다. 늙어서 죽는 것이 인간의 정한 이치이나 죽음을 두려워하기 때문에 할 수만 있으면 생각하지 않으려는 것이 인지상정이다.

참 신앙이란 이미 죽음을 용납한 상태의 신앙이다. 언제 죽음이 와도 받아들일 수 있는 자세의 마음이 있을 때 건강하고 여유 있는 노년을 보낼 수 있는 것이다. 물론 죽음의 공포를 극복하기 위해서는 죽음을 이기신 부활의 주를 믿는 신앙이 필요하다.

죽음에 대한 불안을 감소시키는 또 하나의 방법은 죽음을 두려운 대상이 아니라 함께 걸어가는 동반자로 여기는 것이다. 자신에게 다가오는 죽음을 상대로 매일 대화를 나눠 보는 일을 시도해 보는 것도 좋다. 일단 죽음이 말을 들어준다고 생각하고 죽음에 대해서 느끼는 감정을 솔직히 이야기한다. 그리고 차츰 여러 가지 자신의 문제를 죽음과 함께 의논해 본다. 그런 식으로 시간이 흐르다 보면 어느 새 죽음과 친밀해져 있는 자신을 발견할 수 있을 것이다.

(3) 노년과 스트레스

목회자나 교회 지도자는 노년의 고비를 넘기는 사람들에게 특별한 관심을 가져야 한다. 인생은 40고개를 넘기면서부터 심리적인 갈등을 겪기 시작해서 50고개를 넘길 때에는 더욱 심해지고, 60, 70 고비에는 그 절정에 이른다. 특별히 인생을 바쳐서 일해오던 직업에서 은퇴해야 하기 때문에 극심한 심리적 긴장을 겪는다.

이런 고비를 넘기면서 보이는 증세는 불안과 짜증, 이유를 알 수 없는 분노다. 이런 증세는 성격적인 결함 때문에 생기는 것이 아니라 위기에 처한 사람이 나타내는 일반적인 심리적 특징이다. 이런 사람들에게 필요한 것은 주위의 따뜻한 배려와 위로이다. 이들이 하는 이야기를 잘 들어주기만 해도, 이들이 받는 상처는 훨씬 가벼워질 수 있다. 주변에 아무도 이야기할 친구가 없다거나, 있어도 말하지 않고 혼자 속으로 삼키고 있는 사람은 심각한 상처를 받기 쉽다. 목회자나 목회자를 돕는 지도자들은 이런 사람들을 미리 파악하고, 마음으로부터 용납하고 들어준다면 건강한 교회로 성장할 수 있을 것이다.

(4) 노인과 의미 있는 역할 부여

노인을 노인으로 만드는 것은 그가 의미를 느낄 수 있는 역할이 없기 때문인 경우가 많다. 일은 노인으로 하여금 자신의 정체성을 확인시키고 의무감을 갖게 해서 시들어가는 에너지를 다시 소생시키게 한다.

그러나 인생의 절정기를 살고 있는 중년에만 집중하고 노년에 대해서는 무심한 교회들이 많다. 그래서 노년은 목회자나 당회, 기타 지도자들의 관심에서 잊혀지는 것이 보통이다. 할 수만 있다면, 좀 속도가 느리고 진전이 더디더라도 노인들에게 어떤 일을 부여하는 것이 노인을 가장 잘 돕는 방법이다.

노년의 즐거움은 어디엔가, 누구에겐가 자기를 줄 수 있을 때 얻어지는 것이다. 일을 통해서 자신의 역할과 의미를 찾고, 말할 상대를 얻을 수 있다면 영적, 지적, 신체적 건강을 다시 되찾을 수 있을 것이다.

보봐르 여사는, "늙는다는 것이 인생의 가장 안타깝고 슬픈 일이 되지 않기 위한 단 한 가지 방법은, 인생에 대한 의의를 부여할 수 있는 목적을 추구하는 길밖에 없다."고 했다.[8]

노년기의 사람도 자기가 집착할 수 있는 일에 머리를 계속 사용할 수만 있다면, 뇌 세포가 소멸되지 않고 계속 살아서 활동한다고 한다.[9]

노인들에게 의미 있는 역할을 부여하기 위해서 특별히 책임자를 두어 계획하도록 하면 좋을 것이다. 노년기는 마지막 생명이 불꽃을 발하느냐, 그냥 시들어 버리느냐의 중요한 순간이다. 그러므로 그들을 위한 계획은 한 생명을 살리는 길이기도 하다.

(5) 노인과 추억

노인상담 교수 클레멘츠(Clements)는 노인에게 있어서 추억을 되새기는 일은 노인 자신의 성장에 중요한 의미를 갖는다고 말했다.[10]

추억을 이야기하는 일은 누구나 즐기는 현상이지만 특히 노인에게 있어서 추억의 회상은 중요한 자산이요, 정신활동이다. 목사는 노인들이 이야기하는 추억의 회상에 진지한 반응을 보임으로써 그들로 과거의 경험을 현재의 삶에 통합시키도록 유도할 수 있어야 한다.

이때 노인의 정서적 성장도 함양시킬 수 있다. 주위에서 노인들의 이야기를 긍정적으로 받아줄 때 내적 장애요인들이 해소되기도 하는 때문이다.

추억의 회상은 오락과 치료의 기능도 가지고 있다. 그러므로 추억을 회상하는 일은 노인들에게 여러 면으로 굉장한 영향을 미친다.[11] 추억의 회상이 오락이나 치료적으로 표현될 때 일상적인 생활에 새로운 활기를 불어넣고 창의력의 가능성을 불러일으켜 노인의 생을 재생시키는 수도 있다. 노인들에게 추억을 회상하게 하는 방법으로는, 자서전적 이야기나 신앙행로를 이야기하는 방법들이 있다.

(6) 노인과 인간관계

인간관계는 누구에게나 중요하지만, 특히 노인에게는 절실하게 요구되는 항목이다. 사랑하고 사랑을 받을 수 있다는 데서 인간은 만족과 기쁨을 느낀다. 반면에, 대화를 나눌 수 있는 인간관계가 상실되면 슬픔과 좌절, 또는 분노가 일어나게 되고, 이러한 정서가 지속되면 쇠약해지고 늙어 가게 된다.

노인에게 사랑의 관계를 형성하도록 하기 위해서 교회는 여러 가지 프로그램을 마련하는 것이 좋다. 노인들끼리의 모임도 가능하고 노인과 중년, 젊은이들까지 함께 할 수 있는 신앙적인 모임이나 오락, 대화의 모임도 가능하다. 노인은 특별히 젊은이와 동화되기를 좋아한다. 젊은이들이 노인을 이해하고 대화에 응해줄 수 있다면 노인에게 또 다른 성장의 기회를 제공하는 셈이 되고, 젊은이 또한 성장할 수 있을 것이다.

(7) 노인과 운동

노년기의 사람에게 나타나는 첫 번째 현상은 몸의 기능이 젊을 때 같지 않게 약화되어 간다는 것이다. 몸의 기능은 쓰지 않고 그냥 내버려두면 그만큼 빨리 쇠약해진다. 그러나 운동을 계속하는 노인은 몸 속의 여러 기관이 노화하더라도 기능 면에서는 젊음을 계속 유지할 수 있다.

교회에서 이들을 위해 가벼운 운동을 할 수 있는 프로그램도 마련하는 것이 필요하다. 체력과 정신력과 영력은 서로 밀접한 관계가 있어서 체력이 약해지면 영력과 정신력도 함께 약해지게 된다. 이와 반대의 경우도 마찬가지이다. 그러므로 노인들의 전인적인 신앙 성장을 위해서는 체력을 강화시킬 수 있는 프로그램이 중요하다. 전에 어느 목사, 장로모임에 갔을 때 목사님 한 분이 나와서 요가를 가르치는 것을 보았는데 필자는 대찬성이다.

특히 노인은 폐활량과 혈액활동의 약화로 산소흡입량이 부족하다. 산소흡입량이 부족하면 뇌의 기능이 약화되고 따라서 영적, 정신적, 정서적 기능이 모두 다 약화된다. 할 수만 있다면 산소를 많이 흡입할 수 있는 운동이 노인에게는 아주 중요하다고 본다.

아직 건강한 체력을 가진 분들에게는 걷기 운동부터 시작해서 달리기 운동까지 해 보라고 권장하고 싶다. 달리는 사람이 들여 마시는 산소의 양은 앉아 있는 사람의 80배나 된다고 미국의 퍼듀 의과대학의 연구보고서는 말하고 있다.[12]

노인 상담 방법

(1) 지원 상담

노인 상담으로서는 지원 상담을 권한다. 지원 상담이란 목사가 어려움에 처한 사람을 진정시키고 위로해 주며 붙들어 주는 상담이며, 때로는 가야 할 방법을 인도해 주는 상담이다. 특히 어려운 환경에 처한 노인들에게 목사는 분석적인 심층상담이나 과도한 성격변화를 권면하는 상담보다는, 노인이 당면한 문제에 초점을 맞추고 현실을 받아들일 수 있도록 하여, 미래에 대처할 능력을 촉진시켜 주는 것이 효과적이다.

지원 상담은 목사와 노인의 신뢰관계가 중요시된다. 피상담자는 목사에게 자신의 억눌리고 위협받는 느낌이나 공상, 회상 따위를 모두 이야기하도록 하면서도 도움을 받을 수 있어야 한다.[13] 이를 위해서 다음의 상담 방법들을 열거한다.

(2) 공감적 이해

노인 상담방법으로서 칼 로저스의 공감적 이해를 들고 싶다. 이 방법은 노인의 아픔을 상담하기 위해서 상담자 자신이 노인의 입장에 서서 노인의 아픔을 경험해 보는 것이다.

인간은 누구에게나 죽음과 늙음을 생각하지 않으려는 심리가 있다. 그래서 다른 노인을 보고서, '나는 저렇게 되고 싶지 않다.' 라든가, '저럴 바에야 차라리 자살해 버리고 말지.' 라는 등의 생각을 하게 되는 것이다. 그러나 이것은 늙어가는 것을 생각하지 않고 싶은 심리의 반영일 뿐이다. 노인이 되고 싶지 않은 무의식적인 심리 때문에 노인문제에 관심을 멀리하고 염두에 두지 않는 것이다.

오늘날 노인 목회가 약화되는 것과 노인 연구가 침체되고 있는 것도 이러한 심리 때문이다. 자기도 늙는다는 사실을 잊어버리고자 하는 것이 현대인간의 심리인 것이다.

힐트너는, "자기가 늙어 가는 것을 생각하고 싶지 않은 억압심리 때문에 아무도 노인문제를 연구하지 않게 된다. 따라서 늙음에 대한 전문가가 희귀하게 된다."고 말했다.[14] 이러한 심리의 소유자는 일시적인 동정심을 가질 수는 있어도 노인상담을 효과적으로 할 수는 없다.

그런 이유로, 노인 상담을 위해서는 상담자 자신이 노인이 되어 보는 경험을 해야만 한다.

노년은 현재의 노인에게만 소유된 것이 아니다. 누구에게나, 바로 나 자신에게도 올 수밖에 없는 것이다. 그러므로 노인의 처지에 들어가 그의 입장에 서서 그의 아픔을 느껴 보아야만 한다.

(3) 긍정적 존중

노년기가 차지하는 비중이 약하지만 노인은 절대로 무시되거나 홀대를 받아서는 안될 우리 사회의 중요한 선생이고 자원이다. 노인 상담을 위해서는 상담자가 노인의 감정, 사고, 행동들을 평가하거나 판단하지 말고 있는 그대로를 받아 주어서 노인들로 하여금 새로운 성장을 지향케 해야 한다.

(4) 주의 깊은 청취

노인은 이야기하기를 좋아한다. 과거의 추억을 회고하기도 하고 현재의 주변잡사에 대해서 이야기하기를 좋아하고, 또 누군가가 자신의 이야기를 들어주기를 원한다. 노인들은 또한 과거의 추억에서 힘을 얻고 현재를 사는 사람들이기도 하다. 인내를 가지고 그들의 추억이나 아픔을 들어주는 것이 그들을 돕는 길이다.

그 때문에 노인들이 생에 활력을 느끼게 되면 상담자 자신의 생마저 역동성을 갖게 된다. 즉, 노인을 돕는 일은 노인들만을 위한 것이 아니라 상담자 자신을 돕는 일이기도 하다. 현명한 상담자는 이런 진실을 금방 깨닫게 될 것이다.

결론으로, 가장 이상적인 노인상담은 중년기의 사람들에게 노년을 대비시키는 상담이다. 의미 있는 중년, 참 신앙인으로서의 중년기 없이 의미 있는 노후도 없기 때문이다.

죽음의 위기와 상담

1. 동반자로서의 죽음
2. 임종의 유형
3. 죽음의 심리적 단계
4. 임종자를 위한 상담

동반자로서의 죽음

인간은 죽는다. 그런데도 많은 사람들이 자신의 죽음을 실감하지 못한 채로 살아간다. 마치 죽음이 자신들과는 아무런 상관이 없는 것처럼, 죽음의 사신이 눈앞에 나타나기 전까지는 죽음을 생각하지 않는다. 인간의 마음속 깊은 곳에는 죽음으로부터 도망하고 싶은 욕구, 즉 영원히 살아보고 싶은 강한 욕망이 도사리고 있다. 현대 상업주의는 이런 인간들의 심리를 잘 이용한다. 그래서 인간의 장수를 가능케 하는 상품에 천문학적인 자본을 투자한다. 그러나 인간은 아무도 죽음의 사신을 피할 수 없다.

'테헤란의 죽음'이라는 우화는 인간의 죽음에 대한 중요한 교훈을 던져준다.

거부이고 권력가인 한 페르시아 사람이 하인과 함께 정원을 거닐고 있었다. 그때 하인은 자신을 저승으로 데려가려고 위협하는 저승 사자를 만난다. 공포와 절망감 때문에 하얗게 질린 하인이 주인에게 테헤란으로 도망할 수 있도록 가장 빠른 말을 빌려 달라고 호소한다. 주인은 그에게 가장 빠른 말을 빌려주고 하인은 쏜살같이 테헤란을 향해 달린다. 한편, 주인은 하인이 도망갔는데도 여전히 그 자리에 서서 자신을 쏘아보고 있는 저승 사자에게 묻는다.

"내 하인은 벌써 도망가고 없는데 당신은 왜 아직까지 그곳에 있는 거요?"

그러자 저승 사자가 빙긋이 웃으며 대답했다.

"내가 데려갈 사람은 바로 당신이요. 당신 하인은 오늘 밤 테헤란에서 데려갈 예정이지."

이 우화는 완전히 죽음에서 벗어날 수 있는 사람은 없다는 사실을 암시한다.

죽음은 인간이 종말을 맞을 때 마지막 만나는 친구라고 할 수 있다. 종말이 다가오면 부모도 자식도 배우자도 모두 물러서야 한다. 종말 앞에 외롭게 서 있는 인간을 만나 주는 친구는 죽음 뿐이다. 이 죽음이라는 친구는 먼 곳에 있다가 임종시에 갑자기 찾아오는 것이 아니라, 언제나 우리와 함께 있는 동반자이다.

죽음은 무서워하고 피해야 할 두려운 동반자가 아니라 우리 삶의 한 부분을 차지하고 있는 친구이다. 죽음을 두려워하고 피하는 것은 자신의 삶을 두려워하고 무서워하는 것이다. 죽음은 언젠가는 반드시 만나야 할 숙명의 친구이다. 그래서 죽음을 무서워하는 것은 바로 친구나 이웃을 무서워하는 것이다. 친구를 두려워하거나 이웃을 멀리하는 사람은 정신병이나 신경증에 시달리는 경우가 많다. 죽음을 지나치게 두려워하는 사람에게서도 비슷한 현상을 볼 수 있다. 그러나 죽음이라는 친구를 무서워하고 피할수록 삶도 그 만큼 위축되고 빈곤해진다. 죽음을 이기는 방법은 죽음을 가장 가까운 친구이자 동반자로 받아들이는 것 뿐이다.

임종의 유형

필자는 지금까지 병원이나 집에서 임종을 맞는 사람들을 많이 보아 왔다. 사람의 얼굴들이 다르듯이 임종을 맞는 사람들의 모습도 가지가지다. 임종을 맞이하는 사람의 모습에서 우리는 그의 살아온 과정을 짐작할 수 있다. 죽음은 한 순간에 이루어지는 사건이 아니라, 평생을 살아오면서 쌓아 온 생명탑에 마지막 꼭지점을 놓는 일이다. '나는 언젠가 죽는다.'는 생각으로 자신의 삶을 성실하게 준비해 온 사람은 임종을 삶의 한 부분으로 받아들인다. 죽음을 자각하지 못했지만 인생을 부끄럼 없이 살아온 사람들에게서 임종을 여유 있게 맞이하는 모습을 볼 수 있다. 반면에, 죽음에 대한 준비를 전혀 해 오지 않은 사람들의 임종 시의 모습은 안타깝기 그지없다. 이제 필자가 보아 온 임종자들의 모습을 몇 가지로 분류해 본다.

(1) '안 죽어' 형

이 형에 속하는 사람들은 평생 동안 죽음을 거의 생각지 않고 살아온 사람들이다. 다른 사람의 죽음을 보면서도, 자신과는 전혀 상관이 없는 것으로 여겼던 무감각한 사람들이다. 이런 사람들은 지금 죽음이 자신의 턱 앞에 와 있는데도 병이 나으면 무엇을 할 것인가에만 정신을 집중한다. 이런 사람들은 수단 방법을 가리지 않고 살아날 수 있는 방법이라면 무슨 일이든 한다. 한 마디로 건강했을 때는 물론이고 병들어 죽게 되어서도 죽음에 대한 마음의 준비가 전혀 되어 있지 않은 것이다. 안타까운 것은, 신자들 가운데에서도 이런 사람들을 자주 볼 수 있다는 것이다. 이들은 자신이 죽음과는 거리가 먼, 선택받은 사람들인 것처럼 행동한다. 하나님이 자신을 죽음으로부터 지켜 주신다는 확신을 갖고 있는 것이다.

'나는 절대로 죽지 않는다.'는 확신 속에 사는 사람들은 임종을 건강하게 맞이하지 못한다. 불행한 것은 이런 확신이 본인보다는 외부 사람들의 말에 의해서 형성된다는 것이다.

병이 위독해지면 누구나 물에 빠진 사람이 지푸라기라도 붙잡는 심정이 된다. 이런 환자를 위문하러 오는 신자들 중에는 하나님의 전능하심을 무기 삼아 환자에게 살아날 수 있다는 확신을 강하게 심어 주는 사람들이 있다. 이런 신자들이 몇 번만 병문안을 하고 가면 환자는 자신도 모르는 사이에 하나님의 도우심으로 죽지 않을 것이라는 최면에 걸리고 만다. 그런데 '나는 안 죽는다.'는 최면에 걸린 환자들이 더 불행한 죽음을 맞이한다. 무슨 일이든 시작이 있으면 끝이 있다. 일의 끝이 아름답게 마무리 될 때 의미가 있다. 임종을 아름답게 맞지 못하면 아주 중요한 삶의 마무리를 잘 맺지 못하는 것이다.

(2) '왜 죽어' 형

임종을 맞는 환자들 가운데 두 번째로 볼 수 있는 모습은 분노를 터뜨리면서 죽어 가는 형이다. 이런 사람들은 자기는 죽어야 할 이유가 없는데 왜 죽어야 하는지 억울해하는 심리를 갖고 있다. 이들은 자기는 죽을 이유가 없는데 누군가가 잘못해서 죽게 되었다고 생각하는 경향이 있다. 그 대상은 배우자일 수도 있고, 지금까지 자기를 괴롭혀 온 어떤 사람일 수도 있으며, 심지어는 하나님이 될 수도 있다. 이런 환자들을 보면 살아오는 동안에 마음에 상처를 많이 받고 죽는 순간까지도 그 상처를 정리하지 못한 사람들인 경우가 많다. 일생 동안 쌓여 온 응어리가 인생의 마지막에 폭발적으로 나타나는 것이다.

필자는 사회적으로나 신앙적으로 상당한 위치에 있는 사람들까지도 이런 식으로 인생을 마무리하는 것을 보았다. 어떤 사람은 자기 남편을 원망하면서 죽어 갔고, 어떤 사람은 자기 아내에 대해서 분노하다가 죽어 갔으며, 어떤 사람은 담당 의사에게 분노를 쏟아 놓으며 인생을 마무리 하는 것을 보았다.

P여인은 사회적으로 상당한 위치에 있는 남편과 결혼하였다. 그런데 남편은 사회적으로는 존경을 받았지만 가정엔 일체 관심이 없었다. 자연히 가정사는 P여인의 몫이었다. 그녀가 자식들 뒷바라지와 남편 뒷바라지하느라 인생 전부를 보내 버렸다는 생각에 몰두하게 된 것은 오십대 후반이었다. 그녀는 죽음이 자기에게 찾아왔다는 사실을 알게 된 순간 억울함과 분노를 참을 길이 없었다. 그녀는 우선 아까운 자신의 인생을 이렇게 보내 버리게 만든 남편에 대한 분노를 느꼈고, 두 번째로는 이런 식으로 자기를 데려가는 하나님을 향해 분노를 느꼈다. 불행하게도 P여인은 끝까지 남편과 하나님에게 분노를 터뜨리다가 임종을 맞이했다.

'왜 죽어' 형으로 임종을 맞는 사람들은 대부분 P여인처럼 인생의 마무리를 아름답게 하지 못한다.

필자는 이 세상이 있는 것처럼 죽음 다음의 세상도 있음을 확신한다. 이상하게 들릴지 모르지만 세계적인 정신의학자 칼 융(Carl Jung)은 살아 있는 동안에 저 세상에 가서 이미 죽은 영들과 자주 교제를 나누었다고 한다. 융에 의하면, 이 세상의 삶과 저 세상의 삶은 열차가 달리는 철도처럼 연결되어 있다는 것이다. 융은 이 세상에서 영적으로나 정신적으로 아름답게 산 사람이 저 세상에서도 그렇게 사는 것을 보았다고 했다. 외적으로 어떻게 살았느냐가 중요한 것이 아니라 자신의 양심과 하늘 앞에서 얼마나 떳떳하게 살았느냐가 중요한 것이다. 그런 사람은 저 세상에서도 높이 평가되는 것이다. 융은 이 세상에서 존경 받는 사람들의 영이 저 세상에서 어둡게 살고 있는 것을 종종 보았다고 고백하였다.

이 세상에서 자유하는 삶은 다른 사람들과의 관계가 용서의 관계일 때만 가능하다. 따라서 이웃과의 관계가 상처투성이라면 해방된 삶을 살아갈 수가 없다.

예수님께서는, "수고하고 무거운 짐 진 자들아 다 내게로 오라. 내가 너희를 쉬게 하리라."고 말씀하셨다. 우리에게 가장 무거운 짐은 다른 사람들과의 관계에서 일어난 상처와 부담일 것이다. 이 무거운 짐을 살아 있는 동안에 벗어버리지 못하고 임종시에야 폭발시킨다면 얼마나 안타까운 일인가! 죽음 앞에서 분노로 발버둥치는 사람은 평소에 무거운 인생의 짐을 주님 앞에 내려놓지 못하고 다음 세상을 향해 발걸음을 내딛는 사람들일 경우가 많다.

(3) 간청형

임종을 맞는 세 번째의 유형은 죽음 앞에서 자신의 잘못을 뉘우치는 사람들이다. 그런데 이들의 뉘우침은 손수한 것이 아니라, 자신의 생명을 조금이라도 더 연장해 보고 싶은 욕구일 가능성이 높다.

필자는 언젠가 대기업 회장이었던 K씨의 임종을 지켜본 적이 있다.

K씨는 자기를 살려만 준다면 회사 절반을 팔아서 종업원에게 주겠다고 약속했다.

일생 동안 교회 생활을 해 온 어떤 신자는 임종 앞에서 완전하게 십일조 헌금을 하지 못했다는 생각이 났다고 한다. 그는 자기 교회의 목사님에게 자기가 살아나면 이제부터 십일조헌금을 철저히 지키겠다고 약속했다.

지금 이 순간에도 이 지구상 어느 곳에선가 누군가를 향해 이런 약속을 하면서 죽어가는 사람들이 있을 것이다. 그러나 이런 약속을 한다고 해서 죽어야 할 사람이 다시 살아나지는 못한다. 인간이 태어나고 죽는 것은 하나님의 질서이기 때문이다. 하나님의 질서를 따라 오는 죽음을 인간의 흥정으로 연기시킬 수는 없다. 회사의 절반을 약속했던 K회장도, 십일조를 약속했던 신자도 모두 약속을 지키지 못한 채 죽음을 맞이해야만 했다.

죽음이라는 마지막 순간에 이런 좋은 생각을 하게 되었다는 것이 다행이라면 다행이랄까. 그렇지만 자신들의 약속이 받아들여지지 않은 상태에서 죽음을 맞는 그들의 마음속 어딘가에 어두운 그림자가 드리워졌을 것이다. 그런데 죽음의 위기 앞에서 약속을 했던 사람들이 정말로 다시 살아나서 이전의 삶과는 달리 건전하고 성실한 삶을 살아가는 경우도 종종 있다.

필자의 선배 가운데 한 분은 6.25 전쟁의 와중에서 중공군에 포위되었다. 사방을 둘러보아도 빠져나갈 구멍은 없었다. 그는 하늘을 향해 무릎을 꿇고 서약했다.

"여기서 살려 주신다면 이 다음은 하나님만을 위해서 살겠습니다."

며칠 후 그 선배는 험악한 중공군의 포위망을 뚫고 아군의 진지까지 무사히 빠져 나올 수 있었다. 그는 제대 후 신학교를 마치고 지금까지 성실한 목회자의 삶을 살아가고 있다. 그러나 이런 예는 아주 특이한 경우이다. 하나님의 질서 가운데서 인간이 죽는 것은 가을이 가면 겨울이 오는 이치와 같은 것이다.

(4) 절망형

절망형은 죽음 앞에서 충격을 너무 크게 받고 정신을 잃어버리는 사람들이다. 이런 사람들은 지금까지 큰 어려움을 많이 겪지 않고 죽음과도 비교적 상관없이 살아온 사람들이다. 이들은 갑자기 부닥쳐 오는 죽음 앞에서 어떤 것도 객관적으로 바라볼 수 없게 된다. 그리고 맥이 풀리면서 이제는 모든 것이 끝나 버렸다는 생각에 휩싸인다. 이런 사람들은 상처가 너무 심해서 위기 상황에서 긍정적으로 대처하지 못한다.

필자가 만나 본 S씨는 사회적으로 인정 받는 교수다. 그는 자기 건강에 이상이 있다는 걸 알고 식구들에게 알리지 않고 병원을 찾아가 건강진단을 받았는데, 결과는 폐암이었다. 병원으로부터 자신이 폐암이라는 것과 8개월 시한부 생명이라는 통보를 받는 순간 S교수는 졸도해 버렸다. 그는 결국 죽음의 충격에서 헤어 나오지 못하고 36일 만에 세상을 떠나고 말았다. 그는 죽음이라는 말에 지금까지 살아온 자신의 모든 삶을 한순간에 잃어 버렸던 것이다.

인간의 참 모습은 죽음 앞에서 보여진다. 인간은 평소의 삶도 잘 살아야 하지만, 죽음의 순간에도 여유를 가지고 맞이할 수 있어야 한다. 특히 교육자는 살아 있는 동안에도 다른 사람들을 교육해야 하지만, 마지막 가는 모습을 통해서도 큰 가르침을 남겨야 한다.

(5) 승리형

이 형은 임종 앞에서 죽음을 두려워하지 않는 사람들에게서 볼 수 있다. 이들은 인생의 마지막 순간에도 이웃집에라도 가는 것처럼 여유가 있다. 이런 사람들의 마음속에는 언제든지 죽을 수 있다는 용기가 자리 잡고 있다.

무엇보다도, 이들은 자신과 하늘 앞에서 부끄러움 없는 삶을 살기 위해 노력한다. 이런 사람들은 그 만큼 삶을 진실되게 살아가려는 용기도 가지고 있다. 일본 의과대학의 류끼찌 교수는 신앙과 사랑으로 어려운 사람들을 위해 헌신하다가 병이 들었다. 그는 동료의사로부터 앞으로 3년밖에 더 살 수 없다는 시한부 진단 결과를 들었다. 류끼찌 교수는 그 순간 조용한 미소를 지어보이며 말했다.

"앞으로 3년이면 주님을 위해 상당히 많은 일을 할 수 있는 시간이군요."

류끼찌 교수에게 있어서 죽음은 자신의 삶을 마무리하는 아름다운 순간이자 영광의 세계로 들어서는 문이었던 것이다.

전쟁을 승리로 이끌고 돌아오는 개선장군처럼 죽음을 감사와 기쁨으로 맞는 사람들이 있다. 이런 죽음을 우리는 순교자들에게서 볼 수 있다. 조선 말기 대원군 시대때 12,000여 명의 천주교 신자들이 순교를 당했다. 이들은 거의가 목을 베이는 처형을 당했는데, 그 중 상당수가 절두산에서 목 베임을 당했다. 너무나 많은 천주교 신자들이 목숨과 신앙 중에서 신앙을 선택하고 목숨을 내주었다고 역사는 기록하고 있다. 목에 건 묵주 십자가를 한 번만 땅에 던지고 발로 밟으면 목숨을 건질 수 있다는 대원군의 칙령에도 불구하고, 수천 명의 순교자들이 이것을 거부하고 죽어갔다. 이와 같이 죽음을 두려워하지 않았던 사람들은 초대 기독교 시대 때도 있었다. 로마제국이 기독교를 박해할 때에 기독교인들은 담대하게 신앙을 위해 목숨을 버렸다. 신앙을 갖는다는 것은 그리스도 안에서 새사람이 되었음을 의미한다. 그리스도 안에서 새사람이 된다는 것은 때가 오면 언제든지 죽을 수 있다는 것을 의미한다. 예수 그리스도는 죽음을 이기셨다. 예수 그리스도가 죽음을 이긴 것은 죽음을 회피하지 않고 받아들였기 때문이다.

죽음의 심리적 단계

임종자의 심리에 대해서 오랫동안 연구해 온 큐블러 로쓰(Elizabeth Kubler Ross)에 의하면, 죽어 가는 환자는 자신의 병이 심각하다는 사실을 자각하는 순간부터 마지막 순간까지 여러 단계의 심리적 과정을 거친다고 한다.[1] 죽어 가는 자의 심리적 발전 단계는 부인(Denial), 분노(Anger), 타협(Bargaining), 우울(Depression), 용납(Acceptance)의 5단계로 나누어진다. 그러나 이런 발전 단계는 누구에게나 모두 해당하는 것은 아니다. 죽어 가는 사람의 성격과 인격 수련의 정도에 따라서 바로 용납의 단계를 맞이하는 사람이 있는가 하면, 부정의 단계 아니면 우울의 단계로 빠져드는 사람도 있다. 또 부인의 단계에서 바로 용납의 단계로 뛰어 넘는 경우도 있다. 하여튼 상당히 많은 임종 환자들이 위의 다섯 단계의 심리적 과정을 따라 변화되어 가는 것만은 분명하다.

(1) 부인 단계

많은 환자들이 병원에서 사형선고나 다름없는 진단을 듣게 되면, "아니야! 나에게 이런 일이 일어 날 리가 없어!"라는 첫 번째 반응을 보인다. 분명한 사실인데도 그 사실을 받아들이려 하지 않는다. 사람은 누구나 너무 충격적인 사건 앞에서는 그것을 인정하려 들지 않는 경향이 있다. 하물며 생명을 잃게 되는 엄청난 사건 앞에서랴! 그래서 이들은 죽음의 현실을 애써 부정하는 것이다. 그러나 이것은 손바닥으로 하늘을 가리려는 것과 같다. 손으로 아무리 하늘을 가린다 해도 하늘이 가려질 리는 없다. 그러나 대부분의 환자에게서 이러한 부인 단계는 그리 오래 계속되지 않는다. 죽음의 실체를 부인하기 어렵다는 사실을 깨닫게 되기 때문이다.

(2) 분노 단계

죽음이 거부할 수 없는 실존이라는 사실을 실감하기 시작하면서 "하필이면 왜 나한테 이런 일이…."라는 질문과 함께 분노의 감정이 일기 시작한다.
"내가 무얼 잘못했기에?"
"해야 할 일이 얼마나 많은 사람인데…."
한편으로는 지금까지 살아오면서 세운 계획과 희망이 와르르 무너져 내리는 느낌을 받는다. 그리고 이런 식으로 자신의 죽음을 묵인하는 것 같은 하나님에 대해 분노를 나타내기 시작한다.
이 분노의 단계에서 환자는 마음속에 해결되지 않은 한이 많으면 많을수록 강도높은 분노를 폭발한다. 분노의 대상은 하나님일 수도 있고, 자기와 가까운 다른 누구일 수도 있다.

(3) 타협 단계

마음속에 쌓였던 분노의 감정이 어느 정도 발산되면 현실을 있는 그대로 볼 수 있게 된다. 이때부터 자신의 힘으로는 대처할 수 없는 죽음의 실체를 실감하기 시작한다. 그리고 이 죽음을 다스릴 수 있는 어떤 힘에 매달리게 된다. 죽음을 제어할 수 있는 힘의 소유자가 하나님이라는 것을 아는 사람들은 하나님께 간청해서 자신의 생명을 연장하려 한다. 과거에 포악했던 사람이 갑자기 선한 행동을 보이기도 하고, 어떤 맹세나 서약을 하면서 어린아이처럼 신에게 애걸하기도 한다. 재미있는 현상은 이전에 신앙을 가지지 않았던 사람들도 이 단계에 이르면 신에게 갖가지 약속을 한다는 점이다. 예를 들면, "이제부터 하나님을 믿겠다", "낫기만 하면 과거의 모든 잘못을 다 청산하고 가정에, 또는 다른 사람들에게 헌신하겠다."라는 것들이다. 이 타협에는 자신의 선한 행동을 담보로 해서 생명을 연장해 달라는 심리가 깔려 있다. 그리고 과거의 잘못된 삶에 대한 죄책감과도 깊은 관계가 있다.

(4) 우울 단계

환자는 점점 자신이 죽음에 가까이 다가가고 있다는 사실을 자각하기 시작한다. 자신의 힘으로는 물론 누구의 힘으로도 죽음의 현실을 물리칠 수 없음을 알게 된다. 그러면서 '이제는 다 끝났다'고 생각한다. 이 순간에는 자신의 살아온 과거를 되돌아보고 이루지 못하고 가는 것들에 안타까움을 느끼며 지금껏 올바르게 살아오지 못한 자신이 불쌍하게 여겨진다. 그리고 이제는 바라볼 수 있는 미래가 더 이상 존재하지 않는다는 사실에 가슴아파한다. 그리고 사랑하고 아끼는 모든 것들을 떠나야 한다는 사실도 실감한다. 이런 저런 생각들이 환자를 절망의 수렁으로 몰아넣고 급기야는 우울증을 가져다준다. 이 단계의 사람들은 다른 사람들과 말하고 만나는 것에 아무런 흥미를 느끼지 못하고 침묵하기를 좋아한다. 이 단계는 최후의 운명을 받아들이기 위한 예비적 과정이라고 할 수 있다.

(5) 용납 단계

이제는 죽음이라는 현실을 거부하지 않고 받아들인다. 문 밖에 세워 두었던 죽음의 천사를 집안으로 맞아들이는 것이다. 물론 반가워서 영접하는 것이 아니라 다른 도리가 없기 때문에 맞아들인다. 이 단계에서 느끼는 감정은 행복도 불행도 아닌 감정의 공백 상태이다. 이 상태를 먼 여행을 떠나기 전에 취하는 휴식에 비교할 수 있다. 용납의 단계에서는 환자의 관심 세계는 좁아지고 혼자 있고 싶어한다. 이것은 죽음이 임박했다는 신호이다.

임종자를 위한 상담

임종자가 죽음을 대처하는 방법은 그가 지금까지 살아온 삶에 깊은 관계가 있다. 평상시에 삶 가운데서 죽음과 많은 대화를 나누어 온 사람들은 죽음 앞에서 여유 있는 마음을 가질 수 있지만, 준비가 전혀 되어 있지 않은 사람들은 충격과 혼란을 경험한다. 이런 점에서, 임종자를 위한 상담도 두 가지로 나누어서 진행되어야 한다. 첫째로 일상적인 생활 가운데서 죽음과 만나고 대화할 수 있도록 돕는 것이며, 둘째로 죽음이 찾아왔을 때 직접적인 도움을 주는 것이다. 전자를 예방상담이라 한다면, 후자를 임상상담이라 할 수 있다.

(1) 죽음을 위한 예방 상담

1) 죽음과의 대화와 일기쓰기

필자는 큐블러 로쓰 교수 지도하에서 1년 동안 죽음에 대해서 공부한 적이 있다. 그 당시 큐블러 로쓰 교수가 우리에게 부여한 가장 중요한 과제는 1년 동안 매일같이 죽음과 나눈 대화를 일기로 써서 제출하라는 것이었다.

이 일기쓰기는 처음엔 "죽음아 너 어디 있니? 언제 나에게 찾아올 거니?"와 같은 조금은 유치한 대화부터 시작된다. 그렇지만 6개월쯤 지나면 죽음이 나를 돕는 상담자로 바뀐다. 갈등을 겪을 때나 상처를 입었을 때, 앞으로 어떻게 살 것인가를 죽음과 대화를 나누다 보면 어느 순간 해결점에 도달하는 것이다. 필자도 1년에 걸친 죽음과의 대화를 통해 불안과 두려움의 대상이었던 죽음을 나의 친구요 동반자로 느끼게 되면서 죽음에 대한 두려움을 극복할 수 있었다. 일단 죽음이 나의 문제를 도와주는 상담자가 되면, 일생을 마치는 날까지 함께 길을 걸어가는 친구가 될 수 있다.

2) 묘비명 쓰기

건강하게 살고 있는 사람들에게 죽음을 일깨워 주는 좋은 방법으로, 자신이 죽었다고 상상하고 자신의 묘비명을 스스로 써 보게 하는 방법이 있다. 이런 죽음 프로그램은 소그룹 단위로 진행되면 효과적이다. 프로그램이 시작되면 눈을 감고 자신이 죽을 나이를 상상해 본다. 70세든 80세든 나이는 자기 마음대로 정한다. 그 다음, 태어나는 순간부터 무덤에 묻히는 순간까지 자신이 어떤 삶을 살아왔는가를 생각해 보고 이에 적절한 묘비명을 생각한다.

5-7분 동안의 명상이 끝나면 눈을 뜨고 묘비명을 기록한 뒤, 서로 나누도록 한다. 묘비명은 스스로 쓸 수도 있지만 자신의 삶에 대해서 자녀들이나 친구들 또는 교인들이 쓰는 것으로 상상해도 좋다.

3) 죽음의 관

교회의 신앙 수련기간이나 소그룹 훈련기간에 시도할 수 있는 프로그램으로, 자신이나 동료가 염을 한 후 관 속에 들어가서 죽음을 실감해 보는 것이다. 이 프로그램은 그룹 성원들의 응집력이 어느 정도 강화되었을 때 시도하는 것이 효과적이다. 이 프로그램의 장점은 관 속에 누워 있는 사람이 자신의 죽음과 자기의 죽음으로 인해 남아 있게 될 주위 사람들에 대해서 새로운 자각을 할 수 있도록 도움을 줄 뿐만 아니라 관 밖에 있는 사람들에게도 유사한 경험을 하게 하는 효과가 있다. 단, 이 프로그램은 신경이 약한 사람들은 피하는 것이 좋다.

4) 무덤 속의 명상

시도하기가 좀 어려운 프로그램이긴 하지만, 죽음 훈련으로서는 가장 효과적인 방법이다. 여유만 있다면 교회의 정원 한 곳에다 무덤을 만들고 무덤 안에 관을 비치한다. 그리고 그 속에 들어가 누워서 자신의 죽음을 생각해 보게 한다. 이때 어떤 설교에 못지 않은 변화가 일어날 것을 믿는다. 가능하다면 기관이나 교회의 중요 직분을 감당할 사람들에게 의무적으로 이 무덤 속의 명상시간을 갖도록 한다면 더욱 효과가 있을 것이다.

5) 죽음에 대한 설교

청중은 죽음이라는 단어를 듣기 싫어한다. 청중의 무의식 속에 죽음에 대한 공포가 도사리고 있기 때문이다. 그렇지만 죽음이 절대로 피할 수 없는 친구요, 동반자라면 종종 죽음을 소재로 하는 설교를 통해서 청중을 도전시킬 필요가 있다.

(2) 죽어 가는 자를 위한 임상상담

죽어 가는 자를 위한 임상 상담은 죽음의 유형과 큐블러 로쓰의 임종자의 심리발전 단계에 따라서 방법을 달리해야 한다.

1) 죽음을 부인하는 단계

인간은 누구나 죽음의 순간에 내적, 외적으로 정리해야 할 일이 많다. 그런데 죽는 순간까지 자신의 죽음을 인정하지 않는 환자는 모든 문제를 남겨 둔 채 세상을 뜨게 된다. 정신적으로나 영적으로, 그리고 인간관계에서 누적된 문제를 정리하지 못하고 임종을 맞는 사람들은 대부분 불행한 임종의 모습을 보여준다. 이때 환자로 하여금 죽음을 수용하지 못하도록 인도하는 사람들은 바로 환자를 위로한다고 찾아오는 사람들이다. 이들은 환자에게 용기를 주기 위해 죽지 않을 가능성만을 계속 이야기해 준다. 신앙인들은 하나님이 살아 계시기 때문에 환자가 믿음이 있는 한 절대로 죽지 않을 것이라는 확신을 갖고 성경 본문에서 환자가 살아날 가능성을 암시하는 곳만을 찾아 읽어준다. 이 때문에 환자는 자신의 죽음을 직면할 여유를 가질 수 없게 된다. 주위에서 이와 같은 일들을 하지 않는다면 환자 스스로 자신의 죽음을 인식하고 대비한다. 그러므로 죽음을 부정하거나 '안 죽어 형'을 상담할 때는 "당신은 죽는다."고 이야기 할 필요도 없지만 "당신은 반드시 살아날 수 있다."는 등의 말도 자제해야 한다. 상담과정에서 상담자는 환자를 위한 하나님의 뜻이 무엇인지를 파악하여 환자에게 삶과 죽음이 모두 하나님의 섭리에 속한 것이며, 큰 은총이라는 사실을 말해줄 수 있어야 한다. 상담자가 하나님의 뜻을 결정해서는 안 된다. 이 단계에 있는 환자에게는 상담시에는 물론 기도와 말씀을 나눌 때에는 지나친 완쾌 일변도의 말들을 삼가고 환자로 하여금 자기 죽음과 대화할 수 있도록 도와야 한다. 옆에서 지나친 확신만 주지 않는다면 환자는 자신의 죽음과 대화하는 과정에서 다음 단계로 발전할 수 있다.

2) 분노의 단계

이 단계는 '내가 왜 죽어 형'에 해당하는데 자신의 마음속에 쌓인 감정들을 쏟아놓는 단계이다. 죽음을 동반자로, 그리고 친구로 수용하기 위해서는 반드시 무의식 속에 깔려 있는 부정적인 감정들이 먼저 정리되져야 한다. 마음속에 상처의 흔적이 남아 있는 한 누구도 자신의 죽음을 객관적으로 바라볼 수 없다.

분노의 감정을 누구에게나 쏟아내는 것은 깨끗한 마음으로 죽음을 맞이하기 위한 준비작업이라고 할 수 있다. 이 단계에서 분노의 감정을 거세게 발산하면 할수록 환자는 그만큼 빨리 수용의 단계로 성장할 수 있다. 다시 말해서, 분노의 감정을 드러내는 것이 환자 자신을 위해서 아주 유익하다는 것이다. 상담자는 이때 분노의 감정을 막지 말아야 한다. 환자가 나타내는 감정이 좀 유치하더라도 설득시키려고하지 말고 가능한 한 공감해 주어야 한다.

3) 타협과 간청의 단계

마음속의 응어리가 어느 정도 풀린 후에는 자신을 되돌아 보는 여유가 생긴다. 지금까지 살아오면서 사람들에게 잘못한 것과 하나님에게 잘못한 것들이 밤하늘의 별처럼 떠오르기 시작한다. 과거를 혼자만 뉘우치는 것이 아니라, 마음을 주고받을 수 있는 사람이면 아무에게나 과거의 잘못을 얘기하고 특별히 하나님에게 잘못한 것을 회개하면서 다시 회복될 수만 있다면 과거처럼 살지 않겠다고 다짐하기도 한다. 상담자에게는 이 단계가 가장 중요한 시간이다. 환자가 어떤 맹세를 해도, 그 맹세를 실행에 옮길 가능성은 희박하다. 그러므로 상담자는 환자가 하나님에게 서약하든 인간에게 서약하든 그 서약을 뒤로 미루지 말고 바로 실해에 옮기도록 도와야 한다. 예를 들어 환자가 지금까지 십일조 헌금을 이행하지 못한 것을 뉘우치면서 회복되면 꼭 십일조 헌금을 준수하겠다고 서약을 한다면 상담자는 그 자리에서 봉투를 주면서 양심 십일조를 하도록 도와 주어야 한다. 이때 환자의 말대로 환자가 회복될 때까지 기다린다면 환자는 죽는 순간까지 십일조 불이행에 대한 죄책감에 시달리게 될 것이다. 그러나 즉시 십일조를 이행하게 하면 환자의 마음속에서 적어도 십일조에 대한 죄책감은 덜어 줄 수 있다. 또 환자가 과거에 상처를 주었던 사람에 대하여 뉘우친다면, 즉시 그 상대를 만나서 용서를 구하도록 주선해 주는 것이 좋다. 이런 행동들은 환자로 하여금 자신의 죽음을 용납 할 수 있도록 도와줄 것이다.

4) 우울과 절망의 단계

이 단계의 환자는 사람들과 이야기하는 것을 싫어한다. 혼자 조용히 있고 싶어한다. 그러나 이 단계의 환자들에게 성직자는 큰 의미를 가지는 상담자이다. 상당히 많은 사람들이 죽는 날까지 아무에게도 이야기하지 못한 비밀을 갖고 있다고 한다. 그것은 수치스러운 비밀일 수도 있고 죄책을 불러일으키는 비밀일 수도 있다. 죽음 앞에 서 있는 환자는 이 죄책감을 용서받고 싶을 때가 있다. 이 때 가장 좋은 상담자는 성직자이다. 우울과 절망 단계의 환자를 상담할 때는 늦은 오후나 저녁 시간을 이용하여 단독 대면하는 것이 좋다. 짧은 시간에 비밀스러운 것들이 쏟아져 나올 것을 기대하는 것은 무리다. 충분한 시간을 가지고 대화하다 보면 마음속의 무거운 부담을 털어 놓게 된다. 비밀을 이야기한 후에는 환자의 얼굴 빛이 달라질 것이다. 좋은 상담자를 만나 마음속의 무거운 짐을 털어 놓을 수 있으면 환자는 우울과 절망의 단계에서 쉽게 용납의 단계로 발전해 간다.

5) 용납의 단계

이 단계에서는 환자가 마지막 죽기 전에 마무리 해야 할 것들을 차례차례 정리할 수 있도록 돕는다. 유언으로 남길 말이 무엇인지를 물어도 좋다. 환자가 가볍게 이 세상을 떠날 수 있도록 해 주는 것이 이 단계에서 상담자가 해야 할일이다. 용납의 단계에 다다른 환자는 미소로 죽음을 맞는데, 이때 영안이 뜨여서 자신이 가야할 곳을 보는 환자들도 있다. 필자도 한 젊은 여인이 죽어 가면서 목사님과 남편의 손을 꼭 붙잡고 하고 싶은 부탁을 다하고 난 다음 미소를 지으면서 "나는 하나님께로 가요."라는 말을 끝으로 숨을 거두는 것을 보았다. 용납의 단계란 바로 이런 모습을 의미한다.

영성의 성숙과정과 위기

1. 서론
2. 보편적 영성의 성숙과정
3. 종교적 영성의 성숙과정
4. 결론

서론

(1) 영성의 정의

우리는, "목사가 되기 전에 사람이 되어야 한다."라든가, "신자가 되기 전에 사람이 되어야 한다."는 말을 자주 듣는다. 위와 같은 말의 배후에는 심오한 진리가 숨어 있다. 먼저 인간다운 인간이 되지 않으면 신앙도 성숙되지 않는다는 뜻을 내포하고 있는 것이다. 모든 인간에게는 하나님을 받아들일 수 있는 그릇이 있다. 즉 하나님을 만날 수 있고, 성령이 임할 수 있는 바탕을 간직하고 있다는 얘기다. 이 바탕이 예비되어 있지 않으면 신앙을 가지고 있어도, 그에게서 나타나는 삶의 모습은 유치할 수밖에 없다. 나는 인간이 가진, 아니 인간이 날 때부터 하나님으로부터 타고나는 이 바탕을 영성이라고 부르고 싶다.

영성이란 모든 인간에게 내재하는 영혼의 핵으로, 하나님과의 만남을 가능케 하는 신적인 능력이며, 하나님의 성령이 임하는 자리이다. 이 인간의 영성은 정체되어 있는 상태가 아니라, 변화하고 성장해 가는 동적인 능력이다. 인간의 영성은 특정 종교와 상관없이 어느 누구에게나 내재하고 있는 생명의 핵이며, 생명의 씨앗인 것이다.

한 그루의 나무가 작은 씨앗에서 커다란 나무로 자라듯이, 인간의 영성도 작고 미숙한 단계에서 하나님과 만나는 단계에까지 성숙해 갈 수 있다. 한 그루의 나무가 자라기 위해서 주위의 환경에 잘 적응해야 하듯이 인간의 영성도 그가 몸담고 있는 사회환경과 밀접한 관계를 맺으면서 성장해 간다. 그리고 나무가 태양에서 힘을 얻듯이 인간의 영성도 하나님으로부터 끊임없는 양식을 공급받아 성숙해 간다.

(2) 영성의 구분

인간의 영성을 구분한다는 것은 어려운 일이다. 그렇지만 좀 무리를 한다면 대체로 두 가지로 나눌 수 있다. 즉, 보편적 영성과 종교적 영성으로 구분할 수 있는 것이다. 이미 언급한 대로, 인간은 태어날 때부터 영성의 씨앗(영성의 바탕)을 갖고 태어난다. 이 영성의 씨앗은 그와 함께 성장해 가는데, 그의 기질과 어린 시절의 경험, 그리고 환경에 지대한 영향을 받는다. 나무가 자라는 과정에서 어떤 상처를 입게 되면 성장이 지연되거나 어느 단계에서 성장을 멈추어 버리는 것처럼 영성도 성장을 멈추는 수가 있다. 그래서 인생의 나이로는 중년인데도 영성은 아직 아동기에 머물러 있는 경우도 있다. 이와 같이 인간의 성장과정에서 보여지는 영성이 보편적 영성이다.

다음으로 종교적 영성이 있다. 보편적 영성과 종교적 영성은 서로 밀접한 관계를 유지한다. 보편적 영성의 기반이 없이 종교적 영성의 발전은 불가능하다. 종교적 영성이란 보편적인 인간의 영성이 어떤 특정 종교에 몰입했을 때 나타나는 영적인 변화과정을 의미한다.

이 단원에서, 보편적 영성에 관한 내용은 주로 파울러(Fowler)의 신앙의 발달단계 이론에 힘입은 바 크고, 종교적 영성은 그뢰쉘(Groeschel)의 영성 발달의 심리학에서 많은 도움을 얻었다.

보편적 영성의 성숙과정

(1) 아동기 영성 - 충동단계

아동의 영성은 감정적이어서 느끼는 대로 생각하는 경향이 많다. 아동의 세계는 생동적이고 감정일변도이며, 때와 상황에 따라 한 가지 감정이 지배적으로 나타나는 것이 보편적이다.[1] 그러다가 인간의 한계를 넘어서는 초월적인 힘이 존재한다는 사실을 알게 되면서 신앙에 눈을 떠 간다. 이때의 아동은 기도나 선한 일 등, 하나님을 기쁘게 하려는 행동을 취한다.

그런 과정에서 그들의 영성도 함께 개발되어 가는 것이다.

아동기 때에는 가정이나 교회에서 아동의 건강한 영성 형성을 위해 주의를 기울여, 신학적으로 건전하게 정리된 하나님의 형상을 심어줄 필요가 있다. 이 시기에 아동의 마음속에 형성되는 하나님의 형상은 일상적인 생활경험이나 부모, 가정, 형제, 선생 그리고 교회생활에서 절대적인 영향을 받는다. 그러므로 이때 아동의 영성 형성을 위해 성서의 인물이나 훌륭한 신앙위인들의 생애를 들려주는 것이 바람직하다.[2]

이들은 또 어느 시기보다도 상상과 모방심리가 강해서 주변의 어른들로부터 신앙을 모방하는 경향이 있다. 그러므로 어른들의 행동과 분위기 및 이야기 등은 이들에게 지대한 영향을 미친다. 아동기의 사고는 직관적이며, 다른 사람들의 의견을 자기 중심적으로 이해하는 편이다.

파울러(Fowler)에 의하면, 아동기에는 아직 환상과 사실을 정확하게 구분하지 못하고 상징을 문자적으로 이해하는가 하면, 신인동형적 사고를 하게 된다고 한다. 그리고 선한 일을 해야 하나님의 응답이 있다는 관념에서 쉽게 벗어나지 못한다.

이 단계의 아동은 하나님의 사랑에 반응을 보이기 시작하는데, 자기들의 행위에 따라서 하나님의 사랑이 주어진다고 믿는다. 즉, 은혜를 조건적으로 받을 수 있는 선물로 생각하는 것이다. 성인들 가운데에도 이런 아동기 신앙의 수준에 머물러서 선한 일을 해야만 하나님의 사랑을 받는다고 믿는 사람들이 있다. 뿐만 아니라 그들은 하나님의 계명을 지키는 것이 구원의 필수 조건이라고 믿는다.[3] 이들은 그래서 자신이 하나님의 은혜를 받을 만한 수준에 도달했을 때, 하나님께서 상으로 은혜를 내려주시는 것이라고 생각한다. 이런 이유 때문에 교회나 병원, 학교 같은 시설을 건축하여 사회에 헌납하는 사람들도 있다. 이런 경우는 신앙의 모습이 외적으로 나타난 형태이다. 똑같은 자선사업을 하면서도 하나님의 환심을 사서 하나님으로부터 내려오는 복을 받기 위해 하는 사람이 있고, 하나님을 사랑하는 순수한 마음으로 어떤 대가도 기대하지 않고 하는 사람이 있다. 전자는 아동기 영성 소유자요, 후자는 성숙한 영성의 소유자다.

(2) 청소년 전반기의 영성-외부적 순응단계

사춘기가 청소년들의 영성에 영향을 미치는 심리적 특성을 보면, 우선 외적인 권위에 의해서 받는 영향이 있다. 이것은 다른 사람들이 자신을 어떻게 보아주는가에 지대한 관심을 기울인다.[4] 특히 자기에게 중요한 의미를 갖는 사람의 기대와 판단에 자신을 순응시키려는 경향이 있다. 즉 자기 스스로 판단할 수 있다는 사실을 인식하지 못하는 것이다. 이들은 또 자기들만 주위 세계에 순응하는 것이 아니라, 주위의 다른 사람들도 자기네처럼 어떤 주어진 원칙에 순응하며 살아야 한다고 생각한다. 따라서 다른 사람을 개인으로 보기보다는 소속된 집단의 일원으로 보는 경향이 있다. 그리고 한 개인의 삶은 집단적 관습의 자에 의해서 재단되어져야 한다고 생각한다.

사춘기의 청소년들은 자신들의 신념과 가치를 중하게 여겨 그 안에 머물러 있고자 하며, 밖으로 뛰쳐나가 자신의 세계를 새롭게 성찰하고자 하는 생각은 약하다. 이 단계에서의 위험은 순응주의적 경향이 지나쳐 과도한 의존성을 갖게 될 수도 있다는 것이다. 이때 중요하다고 여기는 인간관계에서 상처를 받을 때 하나님에 대한 절망으로 연결될 수 있다.[5]

사춘기 청소년들의 영성발달은 그들의 추상적인 사고의 능력에서 시작한다. 아동기에는 하나님의 모습을 하얀 수염이 달린 할아버지로 연상하는 경향이 있으나, 이 시기에는 하나님을 영적인 존재자로서 인식한다. 즉, 볼 수는 없으나 어디에나 계시는 분으로 생각하는 것이다. 12세 무렵에는 하나님을 추상적으로 생각할 수 있기 때문에 신학적인 사고가 가능해진다.

하나님에 대해 추상적이고 신학적인 사고가 가능한 시기에 청소년들은 신체적 변화와 함께 갈등과 불안 같은 심리적 위기를 경험하기 시작한다. 심리적 갈등과 회의를 겪으면서 하나님에 대해서도 회의와 거부감을 나타내는 수도 있는데, 하나님의 섭리라는 측면에서 보면, 이런 고통의 경험이 후에 그의 인생을 전환시키는 경우도 많다. 어거스틴도 청소년 시절에 충격적인 경험을 한 뒤, 하나님 앞에 돌아와 회개하고 감사할 수 있게 하는 동기가 되었다.

　청소년기는 아직도 감성이 강하게 작용하는 시기이지만, 지적이고 사색적인 사고를 할 수 있으며, 인생에 대하여 끊임없는 탐색을 시도하기도 한다. 이때 지나치게 의존적인 습관이 형성되거나 인간관계에서 깊은 상처를 받게 되면 영성이 성장하지 못할 수도 있다.

(3) 청소년 후반기의 영성-양심적 순응단계

　이 단계는 순응의 단계에서 양심의 단계로 넘어가는 과도기로서 자기의 내적인 삶에 더욱 민감해진다. 언제까지나 사회적인 원칙에 따라서만 살 수 없다는 것을 깨닫게 되며, 새로운 자아의식이 자라기 시작한다. 이전에는 외적인 권위에 따르는 영성이었으나 이제는 스스로 자신의 내부에 권위를 형성하는 영성을 갖게 된다.[6]

　양심적 순응단계에서 이들은 자기가 살고 있는 세계 안에 여러 가지 가능성이 상존하고 있음을 감지하게 된다.

(4) 청년기 영성-양심단계

　이 단계의 영성은 사춘기 이후에 주로 나타나는 영성 수준이지만 대다수가 이 단계에 도달하지 못한다. 상당히 많은 사람들이 30대 내지 40대 중반에 이르러서야 이 단계의 영성을 깨닫게 된다.

　양심단계에 도달한 사람은 이전의 타인 의존적인 생활태도에서 벗어나 자신의 정체성을 확립하고, 자신만의 의미 구조를 갖는 세계관을 지니게 된다. 이렇게 확립된 정체성과 세계관은 독자적인 성격을 지니며, 이것을 기초로 하여 자신의 행동과 다른 사람의 행동을 판단·분석한다.

이 단계의 신앙을 파울러는 비신화화 단계라고 정의했다. 지금까지 외적인 권위에 의해 지배를 받던 신앙이 이제부터는 자기 의존적인 신앙의 형태로 나타나기 때문이다.

이 단계의 사람이 다음 단계의 영성으로 진입할 때, 그가 속해 있는 집단의 이념과 사상에 크게 영향을 받는다. 자기가 속한 공동체에 너무 깊이 빠져서 헤어 나오지 못하면 다음 단계로의 도약이 어렵게 되는 반면, 과감히 탈피하면 통찰력과 정체성이 강화될 수 있다.

교회가 인습적인 신앙 분위기를 유지하면서 교인들로 하여금 습관화된 외적 권위와 집단의 정체성에 계속 의존하게 할 경우, 교인들의 영적 성숙은 더 이상 진전되지 못하고 제자리에 머물 수밖에 없게 된다. 그러나 이럴 때 개인이 어떤 특별한 충격이나 새로운 자극을 받을 수 있는 공동체를 만나게 되면 지금까지 자신의 영적 성숙을 차단하고 있던 교회공동체를 떠나가 버릴 수도 있다.

양심단계의 영성이 성숙되려면 외적인 권위에 대한 의존이 중단되어야 하고, 자신을 억누르고 있던 권위에서 벗어나야 한다.[7] 이전의 청소년 단계에서는 상징과 초월자가 동일시되었지만 청년단계에 이르면 상징은 초월자로부터 분리되고, 그에 따른 의미를 지니게 된다. 이전 단계에서는 상징과 의식 그 자체가 거룩한 것으로 생각되었지만, 이 단계에서는 비판적인 사고를 하게 되면서 상징이 주는 신성한 힘을 순수하게 신뢰하지 못한다.

이전에는 상징이 그에게 주도권을 가지고 힘을 행사했지만, 이제는 그 자신이 상징에 대하여 주도권을 행사한다.

청년기 영성 단계에서는 자기 양심의 법에 따라 살아가게 된다. 이들은 올바른 목적과 이상, 건전한 자기 반성, 책임감 등 성인으로서 지녀야 할 여러 가지 중요한 덕목에 대하여 생각하고 실천에 옮긴다. 이들은 도덕적 양심을 지니고 다른 사람들에 대해서도 책임감을 느낀다. 운명에 자신을 내맡기기보다는 자기의 삶의 방향을 스스로 선택하게 되며, 세계를 바라보는 시각도 성숙해져서 사랑과 미움, 시시한 것과 중요한 것, 의존과 독립, 내적인 삶과 외적인 삶 등을 서로 대극적인 것으로 보지 않는다.

(5) 중년기 영성-자애단계

자애단계의 영성이 중년기 이전에 나타나기는 어렵다. 이 단계는 도달하기에 무척 어려운 신앙의 차원이다. 이전까지는 의식에 의해 지배되는 삶이었으나, 이 단계는 의식과 무의식이 통합되거나 함께 만나는 단계이다.[8]

이 단계에서는 자신의 과거를 재조명하고, 깊은 내면에서 울리는 자아의 목소리에 귀를 기울인다. 그러면서도 자신이 지니고 있는 신화, 어느 특정한 사회 계층, 종교적 전통 또는 편견 등에 대해 비판적인 사고를 하게 되고, 이전의 흑백 논리에서 벗어나 변증법적인 관점에서 사물을 보고 이해하게 된다. 동시에 우주 만물의 상호 관련성에도 깊은 관심을 갖는다. 자신이 겪고 있는 고난까지도 인간이 살아가는 데 수반되는 자연스런 사건으로 이해하고 대처하는 능력을 갖게 된다.

이 사회의 모순과 역설성에 대해서 관대해지며, 지금까지 자신에게 위협으로 느껴졌던 현실이나 사건에 대해서도 회피하기보다는 직면하려는 태도를 보인다. 지금까지 자신을 억압해 온 억압적 사고로부터 자유함을 느끼고, 인간 개성을 소중히 여기기 때문에 다른 사람의 개성을 존중하게 된다. 자신의 한계를 깨달으며, 인간의 유대관계를 가장 값진 것으로 여긴다. 이 단계의 사람들은 마음속에 개인의 욕구와는 다른 어떤 충만감을 느끼게 된다. 그리고 계층, 종교, 민족에 의해 제약을 받지도 않는다. 자신만을 위하던 사고관념에서 벗어나 다른 사람을 위해 자신을 바칠 준비를 한다. 지금까지 자기가 쌓아 온 세계의 일부를 포기해야 함을 알고, 어떤 지고한 명령에 자신을 내맡기는 삶을 만들어 간다.

(6) 성숙기 영성-우주적 단계

우주적 단계의 영성은 모든 단계의 완성을 의미하며 극히 드물다.[9] 이전 단계에서 일어날 수 있는 모든 갈등을 초월하는 단계이며 자아가 통합되는 단계이다. 이 단계에 이른 사람은 하나님의 은혜와 사랑이 인간의 삶 속에 성육신 되어 존재하고 있음을 통찰하는 경지에 와 있다. 이들은 이 세계의 역사를 하나님의 성육신 된 말씀 속에서 이해하고, 하나님의 사랑을 자신과 이웃 가운데서 체험하며, 자신과 이웃을 통해서 세상을 구원하고 계시는 하나님을 체험하며 산다. 이들은 자신들이 이 세상에서 하나님의 은총의 도구가 되기를 원하고, 또 되기도 한다.[10]

파울러는 우주적 단계의 영성을 보편적 신앙단계라 불렀다. 이 단계에서는 절대적 사랑과 정의의 명령이 성육화되고, 현재가 초월적인 실재로 바뀌는 데에 관심을 갖게 된다. 이 단계의 신앙인은 초월적인 도덕성과 종교성을 구현하기 위해 자신을 전혀 돌보지 않고 그 일에 몰두하기 때문에 보통 사람들이 생각하는 상식의 기준을 뒤흔들어 오해를 사기 쉽다. 이들은 언제나 인류 전체와 우주적인 공동체를 추구하며, 이를 방해하는 편견과 불의에 맞서 사랑에 바탕을 둔 행동을 실천해 나가며, 탁월한 확신과 용기를 소유한 사람들이다.

지금까지 인간 성장단계에서 나타나는 영성을 파울러의 신앙발달 단계, 뢰빙거(Loevinger)의 자아발달단계, 헬미니악(Helminiak)의 영성발달 단계의 이론에 비추어 생각해 보았다.

인간의 영성은 인간의 발달과정과 병행하여 성숙해 가지만 그렇다고 영성의 성숙이 반드시 인간의 나이와 일치하는 것은 아니다. 어른의 영성이 아동의 수준에 머물 수도 있고, 아동의 영성이 놀라울 정도로 성숙할 수도 있다. 다만 영성이 나이가 들어간다고 해서 자동적으로 성숙해 가는 것은 아니라는 것이다. 인간의 영성발달은 이웃이나 환경과 밀접한 관계를 갖고 있다. 그러므로 인생을 살아가는 과정에서 겪게 되는 생의 경험들을 영성발달의 기회로 삼아야 한다. 또한 영성은 속해 있는 신앙공동체의 지원에 의해 크게 영향을 받는다. 건전한 신앙공동체는 건전한 영성발달을 촉진시키기 때문이다.

종교적 영성의 성숙과정

(1) 신비 체험(Awakening)

아브라함 매슬로우(Abraham Maslolw)에 의하면, 성숙한 인생을 살았던 사람들은 거의 모두 '신비 체험'(Peak Experience)을 했다고 한다.[11] 일상생활에서 신비의 체험을 자주 하는 사람은 영적으로 고차원의 경지에 이를 수 있다. 영적인 성장의 가능성을 풍부하게 지닌 사람은 다른 사람들이 무심코 지나치는 사소한 일에도 쉽게 감격하고 놀라며 그 속에서 우주적 진리를 발견하기도 한다.

특히 신앙을 가진 사람들 중에서 이런 사람이 많다. 일상사 속에서도 가슴 터지는 환희를 맛보기도 하고 신비한 깨달음을 얻기도 한다. 이런 경험을 통해서 그들은 하나님이 자신을 택하시고 부르시는 음성을 듣고 강한 소명감을 갖는다.

그런데 이런 신비의 경험들은 우리 삶 속에서 언제든지 일어날 수 있다. 갑자기 병으로 누웠을 때나, 웅장한 대자연 앞에 설 때, 혹은 아는 사람의 죽음 앞에서나 기타 삶의 여러 굴곡에서 우리는 나 아닌 또 다른 초월적 실재를 경험할 수 있는 것이다. 이런 신비의 경험을 통해서 우리는 하나님의 존재와 능력, 새로워진 예수 그리스도의 모습, 그리고 자신에게 뜨겁게 임하시는 성령을 체험할 수 있다.

이러한 체험은 자기 자신을 분명하게 바라볼 수 있도록 해 준다. 예술을 하는 신앙인들 중에서 위와 비슷한 경험을 하는 사람들을 이따금씩 볼 때가 있다. 진정한 예술-우리를 감동시키는-이란 이런 신비의 경험을 통해서 새로운 것들을 자꾸 생산하는 예술일 것이다.

이 신비의 경험은, 경험자에게 빛을 던져 주기도 하지만 동시에 갈등과 모순이라는 어두움을 드리우기도 한다. 신비의 경험을 했을 때 얼마만큼 적절히 대처하느냐에 따라 그의 영성도 달라지기 때문이다. 이것은 자신의 영성을 자극할 뿐만 아니라, 다른 사람에게까지 영향을 미친다.

일단 신비 체험을 한 사람은 그가 거기에 어떻게 반응하든 그는 이미 이전의 사람이 아니며, 이전의 상태로 돌아갈 수도 없다.

중요한 것은, 이러한 신비 체험에 긍정적인 자세로 대처하면 영성이 발전하지만, 이것을 부정하거나 소극적으로 대처하면 영적인 성장은커녕 오히려 퇴보해 버린다는 것이다. 다시 한 번 말하지만, 신비의 자각을 통해서 하나님으로부터 오는 소명의식을 깨닫는 일이 무엇보다 중요하다는 것이다.

(2) 정화 단계

신비 체험을 통해서 깨닫게 된 자신에 대한 자각은 오랫동안 지속된다. 신비 체험의 기억이 살아 있는 동안 또 다른 신비의 경험을 하는 경우가 많다. 이런 식으로 거듭해서 새로운 자신을 경험하게 되면 자연스럽게 정화단계로 넘어간다.

정화 단계에 접어든 사람은 신선한 영적 생활을 체험하면서 변화와 성장을 함께 이루어 나간다. 낡은 상처가 치유되는가 하면, 이기심이 줄어들고 마음속에서 충만한 생명력을 느끼게 된다.[12] 그러나 이런 생활이 어느 정도 지속되면, 어느 순간에 자기도 모르게 오랫동안 자기 내부에서 억압되 왔던 어두운 그림자, 즉 반항 심리가 머리를 쳐들고 일어나기 시작한다. 마음속에서 격렬한 갈등의 폭풍이 일어난다. 그것은 고통과 기쁨, 선과 악, 믿음과 불신 사이에 갈등이 일기 때문이다.

정화 단계에서 처음으로 자신에게 불어오는 이런 갈등의 폭풍을 잠재우는 일은 중요한 과업 중의 하나이다. 한 마디로, 갈등은 하나님의 뜻대로 살아보고자 하는 자신과 자기 멋대로 살고 싶어하는 자기와의 싸움이다.[13]

정화 단계의 성숙 과정이 올바르게 이루어지려면 갈등의 폭풍과 싸워 이겨야 한다. 정화 단계에서 이따금 나타나는 현상은, 아무리 깨끗하게 살려고 해도 순간적으로 하나님의 뜻과 정반대의 삶을 살게 되는 것이다. 이것은 인간의 마음 속에 도사리고 있는 죄의 본성 때문인데 이기주의, 자기 중심적 사고, 방종과 자만, 책임회피, 불의, 자기합리화 등등의 형태를 띤다.

이런 갈등들이 어느 정도 지속되면 부정적인 욕구가 슬며시 고개를 든다. 모든 것이 귀찮게 여겨지고 지금의 영적인 삶을 포기하고 옛날로 다시 돌아가고 싶은 충동이 일어나는 것이다.[14] 그렇지만 이런 현상은 정화 단계에서의 과도기로서 외부의 따뜻한 지도가 주어지면 극복될 수 있다. 이런 과도기의 사람들에게 복음서에서 예수님이 사도들을 어떻게 훈련시키셨는가를 들려주면 도움이 될 것이다. 예수님은 제자들이 연약해질 때나 세상적인 목표에 정신을 팔 때 호되게 꾸짖으셨다.[15]

이 과도기적 폭풍을 극복하고 나면 신비의 체험에서 얻었던 것과 같은 또 다른 은혜를 체험하게 된다. 신비 체험에서 부르심의 소명을 받았다면, 이제는 자신의 힘으로 하나님의 자녀가 된 것이 아니라 자신이 하나님의 은혜로 하나님의 자녀가 되었음을 깨닫게 된다.

이런 체험은 영성생활의 활력소가 된다. 하나님의 은혜를 확신하게 되고, 하나님을 향한 신뢰감이 깊이 자리를 잡는다. 이전에는 자주 불안과 공포에 사로잡혔었지만 이제는 소망이 보이지 않는 곳에서도 하나님을 신뢰하게 된다. 그리고 이런 신뢰감은 성령의 역사와 함께 온다고 믿는다. 하나님을 신뢰하는 상태가 얼마 동안 지속된다. 이런 신뢰의 과정을 통해서 지금까지 지니고 있었던 이기적인 자아들이 떨어져 나가기 시작한다. 하나씩 둘씩 자아들을 상실해 가는 과정에서 새로운 갈등이 또 한 번 머리를 드는데, 심한 불안감을 느끼게 되는 것이 이 시기의 특징이다.

왜 이런 불안감이 일어나는 것일까?

정화 단계에 들어선 사람은 새로 자각한 생동감 있는 모습으로 다른 사람들에게 접근한다. 그런데 자신의 태도가 그들에게 받아들여지지 않고 거부 당하기 일쑤다. 자신을 솔직하게 열어 보이고 나서 오해를 사기도 한다. 이런 경험이 거듭되면서 배신감을 느끼게 된다. 또한 사람을 용서해 보려고 애를 쓰는데도 쉽게 되지 않는다. 이런 갈등의 시간이 얼마 동안 지속되면서 마음속에 회의가 자리를 잡는다.

그렇게 되면 지금까지 경험할 수 없었던 무서운 싸움에 직면하게 된다. 노력하면 할수록 더 이상 지탱하기가 어렵다는 생각이 든다. 사람에 따라 다르지만 이런 어둠 속에서 하나님을 붙잡는 싸움이 몇 달이나 몇 년이 걸릴 수도 있다. 처절한 영적 싸움이 지속되는 동안 자기가 가진 것을 모두 잃어버리고 허탈감과 외로움의 수렁에 빠진다. 이런 허탈감과 외로움의 수렁에서 허덕이는 동안 모든 것을 상실해 버린 마음 한 가운데서 깊은 새벽의 고요가 깔리기 시작한다. 고요 가운데 새벽의 먼동이 터 오듯 신비스런 빛이 새어나오기 시작한다. 그때 지금까지 겪어 보지 못한 새로운 힘의 원천이 바로 거기에 있다는 것을 느끼게 된다.

이것이 바로 계몽단계의 시작이다.

여기에서 주목할 것은, 정화 단계에서 마지막으로 오는 위기는 새로운 도약의 징표라는 것이다. 그러므로 정화 단계에서 혹독한 절망에 싸인 사람들을 조금이라도 부정적으로 바라보아서는 안 된다는 것이다. 이것을 오히려 새로운 도약을 위한 몸부림으로 알고 도와주어야 한다.[16]

(3) 계몽단계

영성 생활의 초기에는 하나님을 저 먼 곳에 존재하는 분으로 생각하는데, 계몽 단계에 들어서면 초월의 하나님과 자신과의 관계에 관심을 가지고 믿음과 소망을 가지고 하나님께 더 가까이 가려는 모습을 보인다.

이제는 자신의 자유를 억압하던 심리적 요인도 사라지고, 자기를 지키려는 방어심리도 무너지며, 자신 안에 하나님이 살아 계셔서 역사하고 계심을 실감한다.[17] 계몽 단계의 사람은 하나님은 어디에나 계신다는 것을 알게 되며 기도가 시냇물처럼 흘러나온다.[18] 아름다운 세계와 선한 삶 속에서 예수 그리스도를 발견하고, 아무리 추한 곳에서도 그리스도의 십자가를 본다.

계몽 단계에 있는 신자의 마음은 뜨거운 사랑으로 가득하다. 성서와 성인들의 삶을 읽으면서 생명의 양식을 얻고, 자신의 삶에 깊은 존경심과 외경심이 자리잡는 것을 느낀다. 교회에서의 예배도 하늘의 예배와 다를 바 없어진다. 자신에게 어려운 고난이 부딪쳐 올 때도, 고난 가운데서 하나님의 신비스러운 말씀을 듣게 된다.[19]

계몽기 영성의 사람은 새로운 생명의 빛을 보는데, 그 빛은 자신에게서 나오는 빛이 아니라 자기에게 비추어지는 빛이다. 이 단계의 신앙인은 영성의 진로에 방해가 되는 것들을 쉽게 포기할 수 있게 되고, 이런 현상이 하나님의 은혜에 힘입은 것임을 안다. 다른 사람들에 대한 기대와 비판도 줄어들고 대신에 이웃을 수용하려는 마음이 강화된다. 그래서 모든 사람에게 친구가 된다. 영성발달 초기의 기도는 자기 독백이고 복음의 교훈에 자신을 비추어 보는 기도이다. 그러나 이 단계에서는 그리스도와의 조용한 대화로 바뀐다. 이전에는 시끄러운 모임이나 커다란 찬송과 기도가 도움이 되었으나 이제는 흥미 밖으로 물러간다. 말의 속도가 서서히 느려지고 찬송도 조용하고 부드러운 멜로디로 변한다. 계몽기의 영성에 있는 사람들은 기도 가운데서 하나님과 예수님의 임재를 실감하는데 자기의 의지나 노력과는 상관없이 되어진다.

이들에게 두드러진 현상은 고요한 가운데서 하나님의 음성을 듣는 관상의 기도를 드린다는 것이다. 관상의 기도란 기도 가운데서 자기를 잊는 깊은 경지의 기도이다. 그래서 기도하다가 시간을 잊어버리는 경우가 이따금 생긴다.

또 하나의 특징은 강하고 건전한 자아상의 현상이다. 하나님의 은사가 자기에게 주어졌다는 확신과 함께 긍정적 사고가 강화되고 어떤 모험도 감행할 수 있는 용기를 갖게 된다.[20]

파괴적인 면과 건설적인 면, 외향적인 면과 내향적인 면, 독립적인 면과 의존적인 면, 남성적인 면과 여성적인 면 등이 계몽기의 영성단계에 이른 사람들에게서는 서로 조화를 이룬다.[21]

정화 단계에선 어려움에 처한 사람들에게만 주어지던 사랑이 이 단계에서는 모든 사람에게 나누어진다. 또 하나 두드러진 현상은, 이들은 언제나 의에 주리고 목말라한다는 것이다. 그래서 정의가 손상을 입는 현장을 간과하지 못한다. 정화 단계에선 정의를 행하면서도 세상 사람들의 칭찬이나 보상을, 또는 이해를 기대하지만 이제는 그것을 초월한다. 고통과 배반을 안타까워하고 아파하긴 하지만 크게 신경을 쓰지는 않는다.

이런 평화로운 시기가 오래 계속되었으면 좋겠지만, 하나님의 역사는 여기에서 머물지 않는다. 또 다른 차원의 영성으로 성숙시키시는 것이 하나님의 목적이기 때문이다. 하나님의 역사에서 성장은 반드시 십자가의 고난을 동반한다.

하나님의 역사 원칙으로 보자면, 고난 속에는 새로운 차원의 성장과 도약이 내포되어 있다. 또한 성장과 도약이 일어나고 있는 현장에 또 다른 성장을 위한 고난이 도사리고 있다. 그래서 계몽기 영성의 평화가 다시 찾아오기 위해서는 필연적으로 견디기 힘든 태풍이 지나가야 한다.

주의해야 할 것은 계몽기 영성이 절정에 달했을 때 상당수의 사람들이 자만에 빠져서 영적 속물로 전락해 버린다는 것이다. 자기만 하나님의 은사를 받았다는 교만에서 다른 사람들, 특히 아직도 성장 과정에 있는 신앙인들을 무시하는 경향을 보이는 사람들도 있는 것이다. 계몽기의 평화로운 영성 상태가 얼마동안 지속된 다음 서서히 어둠의 그늘이 깔리기 시작한다. 그런데 여기에서 겪는 괴로움은 경험해 보지 않은 사람은 이해하기 어려울 정도다.

계몽기의 마지막 단계에 이르면 자신을 더욱 자세히 드려다 볼 수 있게 된다. 놀라운 능력을 가졌으면서도, 동시에 선과 악을 소유하고 있는 자신의 모습이 보인다. 자신을 비추는 빛이 너무 밝아서 자신이 생각했던 것보다 훨씬 추한 모습의 자신의 모습이 보이는 것이다. 그 순간 그토록 추악한 모습을 가진 자신에 대하여 깊은 충격을 받게 된다.[22]

무엇보다도 무서운 것은, 영적 욕심과 탐욕이다. 지나친 자만심과 자기만 하나님으로부터 특별한 임무를 받은 것처럼 확신하는 것이다. 이런 영적 교만에 빠지게 되면 삶 속에서의 다른 책임을 무시하는 경향이 나타난다. 영적 탐욕은, 자신에게 심한 불만을 느끼던 사람이 초월적인 영적 상태에 지나치게 빠져들어, 자신을 보상받아 보려고 할 때 자주 발생한다.

건전한 영성의 성숙은 자기에게 주어진 일상생활의 과업을 성실히 수행하면서 하나님을 만날 때 가능해진다. 또한 영적 자만심은 자신의 놀라운 영적 체험을 아무하고나 나눌 수 없을 때 오는 심리적 충격에서 비롯될 수도 있다. 이렇게 부정적인 방향으로 빠져들어 간 사람들을 도우려면, 이들을 거부하거나 비판하지 말고 수용해 주면서 이들이 가고 있는 길이 잘못되어 있다는 것을 이해시키고 올바른 길을 제시해 줄 수 있어야 한다. 그리고 이런 영적 탐욕이나 자만심이 영성 발달 과정에서 흔히 일어나는 현상이라는 사실도 일깨워 주어야 한다.

그리고 지금까지 순조롭던 영적 성장과정이 갑자기 느슨해지면서 미온적이 되는 경우도 있다. 이 때 모든 것에 흥미를 잃고 영적인 삶을 포기한 채 과거로 후퇴하는 사람도 있다. 이 때 성직자라면 의욕이 완전히 사라져서 목회를 하면서도 억지로 끌려 다니며 하게 된다. 지금까지 자신을 비추이던 빛은 어디론가 사라져 버리고 지금까지의 영적인 삶은 부정적으로 느껴지면서 우울증에 빠지게 된다. 어떤 사람은 이 때 어떤 일에 정신 없이 집착하게 되는데, 결국은 자기 욕구 충족을 위한 것이다.

이와 같은 고난 속에서 얼마동안 씨름하다 보면 어느 순간 칠흑 같은 어두움이 사라지면서 새벽의 여명이 밝아온다. 이때 더 높은 경지에서 하나님과 해후하게 되는 연합의 영성 단계에 들어서게 된다.

(4) 연합 영성 단계

연합 영성 단계도 앞서의 두 단계와 똑같은 단계를 밟아서 성장해 간다.

연합의 단계에 도달하는 것은 순수하게 성령의 은사에 의해서만 가능하다. 연합의 영성에 이르면 마음에 고도의 평정이 오고 청결해지며 어떤 시험과 유혹에 부딪혀도 노력 없이 자유자재로 자기의 행동을 조절할 수 있게 된다. 자기를 괴롭히던 심리적 갈등도 더 이상 느끼지 않게 된다.[23]

이런 영성은 인간의 영역이라기보다 신의 영역에서 이루어진다고 보아야 한다. 그러나 이런 태평성대가 어느 정도 지속되는가 싶으면 또 다시 태풍이 불어오기 시작한다. 자유와 해방을 맛보는가 하면 여지없이 깜깜한 먹구름이 덮이기 시작하고 외롭고 고독한 감옥에 갇히는 기분에 사로잡힌다. 하나님을 기쁘고 즐겁게 하고 싶은데도 그렇게 되지를 않는다. 대인관계도 모두 단절된다. 영적으로 고도의 경지에 다다른 사람들은 이번이 영적 위기의 마지막 단계라고 평가한다.

위와 같은 암흑의 수렁에서 얼마동안 시달리다 보면 또 다시 밝은 태양이 빛난다. 이 때 나와 하나님이 하나로 완전히 연합되는 영적 결혼 상태에 들어가게 된다.

결론

    인간의 영성 성숙은 자기가 자라온 성장 배경에 큰 영향을 받는다. 자라온 배경이 영성의 씨앗을 잘 움트게 하고 성장하게 하는 환경이었다면 하나님과 더욱 가깝게 만날 수 있을 것이다. 그리고 그렇게 성장한 영성이 어느 순간 뜨겁게 하나님의 역사를 체험하게 된다면 수없이 많은 고난을 겪으면서도 고도의 경지에까지 성숙해 갈 수 있을 것이다. 십자가의 고난이 없이는 부활도 없듯이 고난의 고비를 겪지 않고 하나님께 가까이 갈 수 있는 길은 없다. 이런 점에서, 예수를 따르기로 결단한 사람들은 수많은 고난의 고비가 예비되어 있다는 사실을 알고 있어야 한다. 그리고 이러한 고난의 고비는 또 다른 새로운 도약과 성장을 내포하고 있다는 사실도 알고 있어야 한다. 영성 발달 과정에서 자기 혼자만으로는 고도의 단계에 이르기 어렵다. 그래서 자기보다 더 많은 고비를 극복하고 넘어선 지도자들의 도움을 받는 것은 필수적이다. 지도자의 도움이 없으면 쉽게 영적 자만심과 탐욕에 빠져 영적 속물로 전락해 버릴 위험이 있다.

    마지막으로 고도의 영성차원은 인간의 힘에 의해서 오는 것이 아니라, 하나님의 은총으로 온다는 것을 이야기하고 싶다.

각주

제1장

1. John A. Sanford, Healing and Wholeness(N.Y. : Paulist Press, 1977), pp. 91-93.
2. C. G. Jung, The Structure and Dynamics of the Psyche, C. W. 8(Princeton University Press, 1975), p. 759.
3. John A. Sanford, Healing and Wholeness, p. 93.
4. Howard Clinebell, Well Being (San Francisco : Harper, 1992), p. 105.
5. 에리히 프롬에 의하면 인간은 세상과 다른 사람들에 대해서 관계를 갖는 방식이 있는데 비생산지향적인 관계와 생산지향적인 관계가 있다. 비생산지향적 관계 속에 순수지향적인 사람은 다른 사람으로부터 무엇인가를 얻어내는 데 주관심이 있고, 저장지향적인 사람은 자기가 가진 것을 고수하면서 가능한 조금만 주려는 마음이 강하고, 착취지향적인 사람은 수단과 방법을 다 동원해서 남으로부터 착취하려는 사람이며, 시장지향적인 사람은 사람의 가치를 물질위주로 평가하는 사람이다.
6. Dorothy Solle, Suffering, tr. by Everett R. Kalin(Philadelphia : Fortress Press, 1975), pp. 35-39.
7. Howard Clinbell, New Being, pp. 181-182.
8. 한국기독교장로회교육원, 『1993년 목회핸드북 : 희년을 향한 생명보전 목회』, pp. 18-19.
9. Otto Rank, Truth and Reality, tr. by Jessie Taft(N. Y. : Alfred A. Knopf, 1936), p. 158.
10. Larry L. McSwain and William C. Treadwell Jr., Conflict Ministry in the Church(Nashville : Broadman Press, 1981), pp. 51-79.
11. Rollo May, The Art of Counseling (N. Y. : Abingdon-Cokesbury Press), p. 158.
12. Archibald D. Hart, Coping with Depression in the Ministry and other Helping Professions(Woco : Word Books, 1984), pp. 16-22.
13. The Art of Counseling, p. 159.
14. E. H. Erikson, Life History and the Historical Moment(N. Y. : Norton, 1975), p.102.
    에릭슨은 인생 전체를 여덟 단계로 나누는데, 처음 네 단계는 유아기와 아동기에 일어나고, 다섯째 단계는 청소년기에 오며, 마지막 세 단계는 성인기와 노년기에 오는데 각 단계마다 그 나름대로 위기를 가져다 준다.

제2장

1. Rollo May, The Art of Counseling, p. 158.
2. Dorothy Solle, Suffering, tr. by Everett R. Kalin(Philadelphia : Fortress Press, 1975), pp. 41-42.
   인간의 아픔과 무관한 하나님은 초대교회 신학자들로부터 시작되었는데 이들은 "하나님도 아픔을 느낄 수 있는가?"라는 주제로 논쟁을 했었다. 하나님은 육적인 존재가 아니라 영적인 존재요, 영원한 존재이기 때문에 고통과는 무관한 분이요, 고통은 이 세상 사람들에게 한한 것이었다. 아리스토틀 사상에서 하나님은 친구도 필요없는 완전한 분으로 묘사되고 있다.
3. Ibid., p. 145.
4. Ibid., p. 146.
5. Elie Wiesel, Night, tr. from French by Stelle Rodway(N. Y. : Hill and Wang, 1960), p. 70.
6. K. Kitamori, The Pain of God(Richmond : John Knox Press, 1965), 책 전체 내용의 핵심.
7. 송기득, '아픔에 대한 신학적 이해', 『기독교 사상』 Vol. 303, 1983, 9월, p. 94.
8. D. Bonhoeffer, Temptation(N. Y. : MacMillan, 1965), pp. 222-223.
9. 송기득, '아픔에 대한 신학적 이해', 『기독교 사상』 Vol. 303, 1983, 9월.
10. Daniel Day Willams, Suffering and Being in the Future of Emperical Theology(Chicago : The University of Chicago Press, 1969), p. 181.
11. Ibid., pp. 182-189.
12. Dorothy Solle, Suffering, p. 2.

제3장

1. Edgar N. Jackson, Coping with the Crisis in Life(N. Y. : Jasonaronson, 1980), p. 13.
2. Charles V. Gerkin, Crisis Experience in Modern Life(Nashville : Abingdon, 1980), pp. 209-201.
3. J. Paul Brown, Counseling with Senior Citizens(Philadelphia : Fortress Press,

1968), p. 72.
4. Larry L. McSwain and William C. Treadwell Jr., Conflict Ministry in the Church(Nashville : Broadman Press, 1981), p. 58.
5. Howard W. Stone, Crisis Counseling, p. 5.
6. Lee Ann Hoff, Op. cit., p. 40.
7. Laurence D. Steinberg, The Life Cycle(N. T. : Columbia University Press, 1981), pp. 191-198.
8. Lee Ann Hoff, Op. cit., p. 40.
9. Ibid., pp. 42-43.
10. Tai Ki Chung, Pastoral Care for Korea Immigrants in the U.S.A. Experiencing Cross-Cultural Stress(Thesis-School of Theology at Claremont, 1983), p. 39.

제4장

1. Larry L. McSwain and William C. Treadwell Jr., Conflict Ministry in the Church, p. 58.
2. Ibid., pp. 55.
3. Stephen Murgatroyd and Ray Wolfe, Coping with Crisis(London : Harper and Row, 1982), p. 12.
4. Ibid., pp. 14-18.
5. Bernadine Kreis and Alice Pattie, Up from Grief(N. Y. : The Seabury Press, 1969), pp. 11-50.
6. Solle, Suffering, p. 71.
7. Howard Stone, Crisis Counseling, p. 20.
8. Solle, Op. cit., p. 68.
9. Howard Stone, Crisis Counseling, p. 15.
10. Solle, Suffering, p. 37.
11. Ibid., p. 73.
12. Kreis and Pattis, Op. cit, p. 27.
13. Solle, Op. cit., p. 125.
14. Raymond Corsini, ed., Current Psychotherapies(Itasca : F. E. Peacok, 1973), p. 21.
15. 강종찬, 『정신위생』 (서울 : 재동문화사, 1975), p. 31.
16. 윤태림, 『한국인』 (서울 : 현암사, 1970), pp. 22-23.

17. 이규태, 『한국인의 의식구조 II』 (서울 : 신원문화사, 1983), p. 137.
18. Solle, Op. cit., p. 126.

제5장

1. Howard Stone, Crisis Counseling, p. 25.
2. Ibid., p. 23.
3. Howard Clinebell, 『목회상담신론』, p. 292.
4. Daniel Day Willams, Suffering and Being in the Future of Emprical Theology, p. 189.
5. Stone, Op. cit., p. 20.
6. Lee Ann Hoff, People in Crisis, p. 60.
7. Stone, Op. cit., p. 21-22.
8. McSwain and Treadwell Jr., Conflict Ministry in the Church, pp. 55-56.
9. Howard Clinebell, Op. cit., p. 311-312.
10. Raymond Corsini, Current Psychotherapies, pp. 137-139.
11. Howard Clinebell, Op. cit., p. 315.
12. Ibid., p. 316.
13. Ibid., p. 317.

제6장

1. 박아청, 『아이덴티티의 탐색』 (서울 : 정민사, 1984), pp. 99-100.
2. 이춘재, 『청년심리학』 (서울 : 중앙적성출판사, 1988), pp. 4-9.
3. Ibid., pp. 101-103, 117-121.
4. 김제한 · 공석영 · 김충기 공저, 『청년발달심리학』 (서울 : 세광공사, 1981), p. 151.
5. Ibid., p. 151-152.
6. Howard W. Stone, Crisis Counseling(Philadelphia : Fortress Press, 1976), pp. 21-22.
7. Lee Ann Hoff, People in Crisis(Redwood City : Addison-Wesley Pub. Co. 1989), p. 399.
8. 토마스 고든, 이태영 · 황영자 역, 『아동, 청소년 그들의 세계』 (서울 : 홍익제, 1983), pp. 112-117.
9. 이춘재, 『청년심리학』 pp. 209-210.

10. 맥스웰 멀츠, 이정자 역, 『사이버네틱스』 (서울 : 현암사, 1987), pp. 27-37.
11. L. A. 젤리 · D. J. 지글러, 이훈구 역, 『성격심리학』 (서울 : 범문사, 1976), pp. 458-461.
12. Merton P. Strommen, Five Cries of Youth(N. Y. : Harper and Row, 1974), Ibid., p. 14.
13. Ibid., p. 17-19.
14. Ibid., pp. 20-21.
15. 오토 A. 피퍼, 전경연 · 강한표 공역, 『성과 결혼』 (서울 : 대한기독교 출판사), pp. 115.
16. Gorden J. Lester, When It's Time to Talk about Sex(St. Mienrad : Abbey Press, 1981), p. 53.
17. Willam E. Hulme, God, Sex and Youth(Saint Louis : Concordia Pub. House, 1968), p. 107.

제7장

1. 이형득, 『상담의 이론적 접근』 (서울 : 설영출판사, 1984), p. 67.
2. William C. Cranin, 서봉연 역, 『발달이론』 (서울 : 중앙적성출판사, 1983), pp. 248-251.
3. 이형득, Op. cit., p. 68.

제8장

1. E. H. Erikson, Identity : Youth and Crisis(N. Y. : W. W. Norton, 1968), p. 16.
2. Daniel J. Levinson, The Seasons of a Man's Life(N. Y. : Ballantine Books, 1979), p. 26.
3. Ibid., p. 30.
4. Janice Brewi and Anne Brennan, Mid-Life(N. Y. : Crossroad, 1982), p. 1.
5. Jim Conway, Men in Mid Life Crisis(Elgin : David C. Cook, 1978), p. 17.
6. John M. Oldham and Robert S. Liebert, ed. The Middle Years(New Haven : Yale University Press, 1989), p. 179.
7. C. S. Hall and V. J. Nordy, 이용호 역, 『융심리학 입문』 (서울 : 백조출판사, 1980), p. 138.
8. William E. Hulme Mid-Life Crisis(Philadelpia : The Westminster Press, 1980),

p.69.
9. Ibid., p. 11.
10. Lee Ann Hoff, People in Crisis, p. 411.
11. 이형득,『상담의 이론적 접근』, p. 99.
12. John A. Sanford, Healing and Wholeness, p. 93.
13. Victor Frankl, 이현수 역,『정신세계의 병리와 해부』(The Doctor and Soul, 서울 : 양영각, 1983), p. 140.
14. Ibid., p. 139.
15. Ibid., p. 121.

제9장

1. 한국사회복지협의회,『한국사회복지연감』, 1972, p. 109.
2. Paul W. Pruyser, "Aging : Downward, Upward or Forward?" Pastoral Psychology, Vol. 24(Winter, 1975), p. 108.
3. 양춘,『청소년 문제와 노인 문제』(서울 : 정음사, 1984), p. 173.
4. 이병주, "도시 노인의 현황과 문제점에 관한 연구"(석사논문, 연대행정대학원, 1980), p. 43.
5. Paul W. Pruyser, Ibid., p. 43.
6. Robert L. Kats, "Jewish Values and Sociological Perspective on Aging", Pastoral Psychology, Vol. 24(Winter, 1975), p. 135.
7. Don S. Browning, "Prepace to a Practical Thelogy of Aging", Pastoral Psychology, Vol. 24(Winter, 1975), p. 161.
8. 박재항 편역,『노후』(서울 : 이우출판사) 1977, p. 96.
9. Ibid., p.95.
10. William M. Clements, Care and Counseling of the Aging(Philadelpia : Fortress Press, 1983), p. 45.
11. Ibid., p49.
12. Richard Johns and Stephen Seinhouse, "Running as Self Therapy", Journal of Sports Med(19, 1979), p. 398.
13. 하워드 J. 클라인벨, 박근원 역,『현대목회상담』(서울 : 전망사, 1979), p. 150.
14. William M. Clements, Care and Counseling of the Aging, p. 7.

제10장

1. Elizabeth Kubler Ross, On Death and Dying(N. Y. : McMillan Pub. Co., 1974), p. 38.
2. Ibid., p. 39.
3. Ibid., p. 50.
4. Ibid., p. 82.
5. Ibid., p. 84.
6. Ibid., p. 87.
7. Ibid., p. 112.
8. Ibid., p. 114.

제11장

1. Daniel A. Helminiak, Spiritual Development(Chicago : Loyola University Press, 1987), pp. 66.
2. James W. Fowler, Stages of Faith(San Francisco : Harper and Row, 1976), p. 132.
3. Rohr and Martos, "Stages of Faith Develpment", Studies in Formative Spirituality(November, 1989), p. 280.
4. Helminiak, p. 67.
5. Fowler, p. 172.
6. Helminiak, p. 68.
7. Fowler, p. 179.
8. Helminiak, p. 85.
9. Ibid., p. 86.
10. Rohr and Martos, p. 285.
11. Borchert and Lester, ed. Edward E. Thornton, "Finding Center in Pastoral Care", Spiritual Dimensions of Pastoral Care, ed. by Borchert & Lester(Philadelphia : The Westminster Press, 1985), p. 15.
12. Benedict J. Groeschel, Spiritual Passages(N. Y. : Crossroad, 1984), p. 100.
13. Ibid., p. 77.
14. Ibid., p. 119.
15. Ibid., p. 120.

16. Ibid., pp. 131-134.
17. Ibid., p. 83.
18. Ibid., p. 140.
19. Ibid., pp. 142-144.
20. Ibid., p. 147.
21. Ibid., p. 148.
22. Ibid., p. 153.
23. Ibid., pp. 164-165.
24. Ibid., pp. 173-175.